汉译世界学术名著丛书

神圣王权理论

〔英〕约翰·菲吉斯 著

戴鹏飞 译

John Figgis
THE DIVINE RIGHT OF KINGS
本书根据剑桥大学出版社 1914 年版译出

汉译世界学术名著丛书
出 版 说 明

我馆历来重视移译世界各国学术名著。从20世纪50年代起,更致力于翻译出版马克思主义诞生以前的古典学术著作,同时适当介绍当代具有定评的各派代表作品。我们确信只有用人类创造的全部知识财富来丰富自己的头脑,才能够建成现代化的社会主义社会。这些书籍所蕴藏的思想财富和学术价值,为学人所熟悉,毋需赘述。这些译本过去以单行本印行,难见系统,汇编为丛书,才能相得益彰,蔚为大观,既便于研读查考,又利于文化积累。为此,我们从1981年着手分辑刊行,至2023年已先后分二十一辑印行名著950种。现继续编印第二十二辑,到2024年出版至1000种。今后在积累单本著作的基础上仍将陆续以名著版印行。希望海内外读书界、著译界给我们批评、建议,帮助我们把这套丛书出得更好。

商务印书馆编辑部

2023年11月

纪念

爱德华·亨利·穆尔

目　录

第二版前言 …………………………………………………… 1
前言 …………………………………………………………… 4
第一章　导论 ………………………………………………… 7
第二章　早期的君主制观念 ………………………………… 20
第三章　神圣罗马帝国与教皇制 …………………………… 37
第四章　威克立夫与国王理查二世 ………………………… 61
第五章　从亨利四世到伊丽莎白时期英格兰的王权 ……… 74
第六章　纳瓦拉的亨利和萨利克法 ………………………… 96
第七章　从詹姆斯一世到詹姆斯党人 ……………………… 121
第八章　被动服从与英格兰教会 …………………………… 154
第九章　不抵抗与主权理论 ………………………………… 189
第十章　结论 ………………………………………………… 219
盛开的亚伦之杖或1646年的神圣权利 …………………… 230
伊拉斯图与伊拉斯图主义者 ………………………………… 252
巴托鲁斯与欧洲政治思想的发展 …………………………… 294

附录一　涉及王位继承权的相关法律摘录 ………………… 322

目 录	
附录二　第八章与第九章中所涉及文本的摘录……………	325
索引…………………………………………………………	351
译后记………………………………………………………	358

第二版前言

自从本书初版问世以来,已是时过境迁,沧海桑田。不过,这本书大概还是保留了1896年版的样子,但原因并不完全在于我对当时写下的这些文字还算满意。然而,在当前这个当口上要就这个主题重写一本新书也是不太可能的事情。因此,不做变动,保留最基本的内容看起来是更加得当的做法。

从历史的角度来看,这本书最主要的缺陷在于没有论及路德(Luther)的影响。于此,我已经在拙著《从热尔松到格劳秀斯》*(*From Gerson to Grotius*)中的"路德与马基雅维利"一章中尽力加以弥补。[①] 早期的史料依然十分匮乏,读者可以参考卡莱尔(Carlyle)先生的《西方中世纪政治理论史》(*History of Political Theory in the West*)一书中讨论早期教会的服从理论与不抵抗理论的若干章节。其次,之前在写作有关长老会的章节的时候,我并不了解长老会教义的阐发者们[至少自卡特莱特(Cartwright)和安德鲁·麦尔维尔(Andrew Melville)时代以来]是多么深地受到

---

* 即指《从热尔松到格劳秀斯的政治思想研究(1414—1625)》(*Studies of Political Thought from Gerson to Grotius 1414—1625*)。——译者(如无特别说明,均为原书注)

① 借此机会,我想说明在那本书中证明耶稣会士时反复出现的一个严重错误:我"从众犯错",错误地解释了他们体制中的某项惯例,仿佛它是一个旨在犯罪的修会。它实际并非如此。

两个王国理论的影响。关于这点,我去年5月在利兹大学就"1646年的神圣权利"所做的一次讲座可以多少有些弥补。这次讲座的内容附在本书下半部中。

在历史叙述方面大体上都一如从前,不需要进行多少修订,尽管要进行扩充也是很容易的。不过,麻烦的是在处理政治结构方面。关于主权理论,关于小的团体同国家之间的关系,关于"高级法"的观念,作者的观点都发生了重大的改变。诸如阿克顿(Acton)、梅特兰(Maitland)之类的大师们的智慧也给了作者很大的帮助,从基尔克(Gierke)的巨著中也获益良多。麻烦的是不知道该如何处理第九章,不过我也几乎没有做什么改动。笔者当前的观点可参照上面提及的那次讲座,同时也可以参读附录的有关巴托鲁斯(Bartolus)的文章。在最近的一部著作《论现代国家中的教会》(Churches in the Modern State)中,作者的观点得到了进一步的发展。初版最后一段话也被删掉了,因为现代资本主义的理论和体系都已经发生了改变。

关于巴托鲁斯的那篇文章是1905年投给皇家历史协会的,并刊载于该协会的会刊中。此次出版也得到了皇家历史协会的同意。同时,我也要感谢《神学研究杂志》(Journal of Theological Studies)惠允我重印出版于1900年的有关伊拉斯图(Erastus)和伊拉斯图主义的论文。整本书的写作都笼罩在奥斯丁学派的阴影之下,这是贯穿本书的一大缺陷。

絮叨这么多,权且算是不成功的辩护。新的版本就要出版,我也已经尽了最大努力。

最后,在结束这篇序言之前,我必须衷心感谢我的朋友,三一学院教授西德尼-伍尔夫(Mr. C. N. Sidney-Woolf)。他不仅通读了清样,还非常出色地完成了索引的制作。尤其令我感到意外欣喜的是,西德尼-伍尔夫教授在完成这项工作的同时也非常用心地遵从了我明确的意愿。并且,他也给了我们一次学习了解巴托鲁斯的机会[①],他的这本书非常深刻,也富有同情心,澄清了中世纪思想史中一个模糊的领域。

约翰·菲吉斯

复活堂(House of the Resurrection)

于米菲尔德(Mirfield)

1913 年 12 月 3 日

[①] *Bartolus of Sassoferrato*, by C. N. Sidney-Woolf, Cambridge University Press, 1914.

前　　言

我要感谢亲王奖（Prince Consort Prize）的评委们，感谢他们的宽容，准许我大篇幅地扩充、几乎等同于重写四年前的这篇论文。尤其要感谢已故的西利教授（Professor Seeley），他建议我应当考察16世纪法国的政治理论，并努力去探索它们对英格兰思想的影响。即便如此，我依然十分清楚本书存在的严重不足。对于一项几乎同中世纪到现代的一切政治思想都有联系的理论，在有限的时间内是不可能对其进行充分论述的。也许在将来的某一天，我才有能力更加充分地论述政治理论自中世纪以来所经历的发展历程。这本短小的著作至多只能算是一份基础性的提纲，它既不完整，也不敢被妄称为最终的定论。为了尽可能地集中于研究主题，我已经避免过于细致地讨论对立的一些理论，例如原初契约和正在流行的人民主权理论。另一方面，我尽量将各个思想流派的一些重要论述都放在了脚注之中，希望能够以此帮助人们理解所讨论的理论的真实性质和目的。不过，为了防止注释变得过于繁复，我在附录中收集了一些文段，试图以此阐明本书第八章及第九章所讨论的一些问题。

三一学院的尼科尔森先生（Mr. R. A. Nicholson）好心地帮助我通读了全文，并制作了一份勘误表。在本书出版的过程中，还有其他一些朋友也给予了帮助和建议。在此,一并向他们致以由衷的感谢。

约翰·菲吉斯

第一章 导论

曾经有一位现代的作家说过:"从没有任何一种理论像神圣王权那样被批驳得体无完肤。"①但是,那些竭尽全力嘲讽、责难神圣王权理论的人通常都没有花精力去理解这一理论。依照现代政治思想的出发点判断,神圣王权理论是荒谬不经的。这似乎已经成为一个不证自明、毋庸置疑的观点。但是,现代的视角并非唯一的视角,同时,我们眼中的神圣王权理论的荒谬性也并非该理论最有趣或最重要的特点,除非它能够促使我们进一步探求神圣王权的真实含义与价值。"神圣王权理论"并不是由于它的荒谬性才有别于 17 世纪的其他政治理论。与其对立的原初契约理论在理论上丝毫不比它更合乎逻辑。同时,在实践中(如果我们考虑到它对卢梭产生的影响)它甚至比不可侵犯的王位世袭权和被动服从观念产生更大的危害。值得注意的是,尽管麦考雷(Macaulay)极其鄙视神圣权利的支持者,但他也不认为,神圣王权理论的反对者就能够在当今的政治思想家之中引人注目。对于所有过时的理论,我们不仅要阐述它曾经存在这一事实,同时更好的做法是探究构成

---

① Gairdner and Spedding, *Studies in English History*, 245. 另参见嘉德纳(Gairdner)为《有关理查三世和亨利七世两朝的说明性书信与文献》(*Letters and Papers Illustrative of the Reigns of Richard Ⅲ. and Henry Ⅶ.*)所写的前言中的评论(Ⅺ—ⅩⅢ)。

这些理论的诸多观念(这些观念是该理论必然的组成部分),并将其置于产生该理论的历史环境中加以考察。大部分人都可以毫无理由地欣然接受一种信念,但是如果缺乏适当的动机,他们肯定不会这么做。因此,对于正确地理解一项理论而言,我们首先必须了解导致其流行或衰微的原因(causes),之后我们才能更好地评判人们在该理论还流行的时候支持它或在该理论逐渐过时的时候贬低它的真正理由。[1]

此外,尽管当神圣王权理论被置于一系列单调乏味的预设之中时看起来似乎是荒谬的,但是我们并不能由此推导出,对于它的支持者而言,除了对于我们而言的意义外,它不再具有任何其他意义。人们可以证明,与神圣权利观念相反对的一些理论更加荒谬,更加毫无意义。而如果考虑到其产生的环境以及它试图反驳的对立理论,神圣王权理论似乎就是必要的,甚至也是明智的。"被动服从"和"神圣权利"(Ius Divinum)的战斗口号对于那些亲身参与论战的人来说具有的重要意义肯定不同于对于其他人所具有的意义,因为其他人并不记得曾经发生过一场论战,也根本无法理解这些口号的含义。辉格派史学家的方法显然就是孤立地看待历史现象,并将其置于真空(in vacuo)中进行考察。依照这种方式,任何政府理论只要不再对现实产生影响,就势必显得荒谬。他们并不想考量"被抛弃的信念"的真正意义和价值。人们已经证明,早期的自由贸易论者错误地认为,信仰重商主义理论的人要么是十恶

---

[1] 贝尔福先生(Mr. Balfour)认为,这两种理论最有说服力地阐述了如下事实,即信念的动机(causes)是完全不同于信念的理由(reasons)的。参见 *Foundations of Belief*,216—217。

不赦的恶棍,要么是无可救药的蠢蛋。他们错误地以为,只要一项理论过时了,除了少数人的自私自利以及多数人的愚昧无知外,就没有任何理由再倡导这项理论了。① 对于那些嘲弄神圣王权支持者的人来说,情况不也正是如此吗?

此外,神圣王权理论也不应被认为是某位孤独的思想家出于理论上的兴趣而产生的作品。它曾经是一项极其流行的理论,在教堂中被布道,在市场中被宣传,在战场上被人们见证。那些与神圣王权理论相关联的人名并没有随着时间一同消逝,而是由于他们的杰出才华而流传下来。菲尔墨(Filmer)并没有被视为一位有着一大群追随者的先知或思想大师。他只不过比其他一些作家更加杰出一些,同时也更加臭名昭著一些,因为其他人的名字和作品在大家的记忆中都已经湮灭了。因此,一项如此广泛传播的信念显然更多的是迫切现实的产物,而不仅仅是理智活动的产物。无论是对理想政治方案的热情还是对政府性质进行讨论的科学激情都无法产生一种如此狂热的信念。只有历史环境的压力才能产生神圣王权的信念。同时,事实上,神圣王权理论甚至也没有被16、17世纪理想共和国的构思者们重视。也许没有任何其他政治方案会比宣称以神圣权威为基础的理论更加理想化了。然而,无论是法国还是英格兰的保王派作家的作品中,都不存在任何宣传的内容。相反,有些作家不遗余力地宣称,只要某个国家已经建立起了某种形式的政府,无论是选举君主制还是共和国,他们都不想对

---

① Cunningham, *History of English Industry and Commerce*, Part Ⅱ. §§307,357.

这些政府形式有所指摘。① 同时也没有任何人像法国大革命时期人们想要废除君主制那样强烈地渴望建立起普遍的君主制。在很大程度上，16、17世纪的政治神学作家们的视野都局限于某个处于特定发展阶段的具体的国家。法国人确实能够在大卫王国中发现一个由萨利克法（Salic law）统治的国家的典范。而英格兰人则会在神圣王权中发现对英格兰王位继承法的神圣认可。但是，除了为特定的政体寻找到上帝的依据，无论法国人还是英格兰人的讨论范围都不会超出自己的国家。神圣王权理论更多的是历史事实的产物，而非思想的产物。从普遍接受以及该理论的现实目标方面考虑，可以得出一些显见的结论。首先，一种被如此普遍接受与热烈信仰的信念必定表达了人类根深蒂固的本能；其次，一项得到如此充分的阐释，并且是作为某个特定时期的杰出产物的理论，它必定是一连串历史原因导致的结果，并且它必定是为了满足现实的需求。因此，如果是这样的话，在社会发展中，它必定能够发挥某种特定的功能。本书的目的就是对这点进行探讨。

从最彻底的神圣王权理论中可以做出如下推论：

一、君主制是上帝神圣授予的制度。

二、王位世袭权是神圣不可侵犯的。 王位继承权由长子继承制的法律所约束。基于出生取得的权利不得因任何篡夺行为、持续时间长短、继承人的无能力或任何废黜的法律而丧失。只要继承人依然在世，依照世袭继承权，他就是合法的国王，即便篡夺者的王朝已经统治了一千年。

---

① 例如，希克斯（Hicks）所写的《约维安皇帝》（*Jovian*）。

三、国王只对上帝负责。君主制是纯粹的,主权完全归属于国王,国王不受法律限制。所有的法律都不过是国王意志的体现,而所有的宪政形式以及议会的存在都完全取决于国王的意愿。国王不得限制、分割或转让主权,不得以此损害其继承人享有完全的权利。混合或有限君主制的术语本身就是自相矛盾的。

四、不抵抗和被动服从是上帝要求的。无论在任何情况下,抵抗国王都是一种罪恶,应当受到谴责。如果国王发布了有违神法的命令,人们应当遵守的是上帝而不是人,但是人们也应当遵循早期基督徒的典范,必须耐心地忍受违反法律应遭到的惩罚。

以下的引文用当时人们的语言描述了神圣王权理论:

"我们依然坚信并坚持认为:我们的国王的权利不是来自人民,而是来自上帝;国王只对上帝负责;臣民的职分并非是创造或批评主权者,而是荣耀并服从主权者;主权者是通过王位继承的根本法而产生的,无论任何宗教、法律、错误或废黜行为都不能改变或消灭主权者。"[①] "我们必须服从,无论是积极地还是消极地;在所有合法的命令的情况下,我们必须积极地服从;而当统治者发布的命令并不违背上帝的某些命令的时候,我们就必须遵守统治者的命令,做他所要求的事情。但是,当统治者提出的要求和上帝的命令相反时,我们就不能再积极地服从统治者了;我们可以或者必须拒绝按照统治者的

---

① 引自1681年剑桥大学致国王查理二世(Charles Ⅱ.)的信,参见 *History of Passive Obedience*, p.108。

意志行动(不过这里我们必须清楚,这种情况是矛盾的,我们也不能为了自己的顽固寻找良心的借口),在这种情况下,必须服从上帝而非人。但是,这也仅仅是被动服从的一个理由;我们必须耐心地忍受着统治者由于我们拒绝服从而施加给我们的惩罚,并且不能为了保护我们自己而反抗国王。"①

"假设亚当本人还在世并且行将去世,那么必定存在一个人,也唯有一个人会是他的继承人,尽管关于谁才是他的继承人方面的知识已经完全散失了。"②

神圣王权理论通常能够得到许多《圣经》意象和经文的支持,其中最重要的一些列举如下:撒母耳应犹太民族的要求而创设了一位国王;③大卫拒绝碰触"上帝的受膏者";经文"帝王借我坐国位;君王借我定公平";④描述尼布甲尼撒(Nebuchadnezzar)的梦的文段,该文段声称"至高者在人的国中掌权,要将国赐与谁,就赐与谁";⑤"凯撒的物当归给凯撒,神的物当归给神";⑥基督对彼拉多所说的话:"若不是从上头赐给你的,你就毫无权柄办我";⑦早

---

① *Whole Duty of Man*, Sunday XIV. §5. 霍布斯(Hobbes)引用了这段文字,认为它最有说服力地表达了"支持国王的理论"。(*Behemoth*, Part I., p. 80)

② Filmer's *Patriarcha*, Chap. I., §9.

③ 《撒母耳记》(上)7:10—18。关于撒母耳到底是想描述一位实施自身主权权利的善好的国王还是一位僭主,存在极大的争议。(本书中《圣经》的译文引自和合本,英文原文引自《圣经》詹姆斯国王版。——译者)

④ 《箴言》8:15。

⑤ 《但以理书》4:17。

⑥ 《路加福音》20:25。

⑦ 《约翰福音》19:11。

第一章 导论

期基督徒的行为;以及最重要的是,圣彼得和圣保罗提出的服从既有权威的直接要求:"凡掌权的都是神所命的。所以抗拒掌权的,就是抗拒神的命;抗拒的必自取刑罚";"你们必须顺服,不但是因为刑罚,也是因为良心"。① "你们为主的缘故,要顺服人的一切制度,或是在上的君王。"②

菲尔墨和其他一些人宣称父权制是《创世记》中能找到的最为纯正的君主制形式。因此父权制便成为与神圣王权理论最为相称的一种理论形式的基础。但是,父权制理论并非普遍的,并且也没有任何理由将父权制视为是神圣王权理论的核心。

此外,涂油礼所具有的圣礼性质也并未在国王神圣权威的表现中起到极大的作用。理查二世(Richard Ⅱ.)毫无疑问地坚信,涂油礼授予了不可磨灭的标记,并且和其他所有合法的权威相比,王权所具有的圣礼性质无疑由于这项古老的仪式而得到了加强。③

---

① 《罗马书》13:1—7。据称,坚持认为 κρίσις 指的是严格意义上的谴责,这点是极其重要的。单单对于这点,哈蒙德(Hammond)就写了一篇详细的论文。
② 《彼得前书》2:13—17。能够证明国王只对上帝负责的一个有利的论证就是如下经文:"我向你犯罪,唯独得罪了你。"(《诗篇》51:4)一位法国作家曾经引用这段文字证明弗赖辛的奥托(Otto of Freising)享有的权威,并且莱斯利(Leslie)也和其他人一样利用了这段经文。
③ 通过如下著名的诗行,莎士比亚与其是要表达理查二世本人的情感,还不如说是表达了神圣王权支持者的情感:
"汹涌的怒海中所有的水,
都洗不掉涂在一个受命于天的君王顶上的圣油。"
毫无疑问,理查二世认为,涂油礼授予了王权圣礼的性质,并且这种圣礼的性质会长久地保留在民众的心中。但是,当君主地位处于危机的时刻,世袭继承权不可侵犯的理论的支持者们就会尽量地降低涂油礼的作用。任何对涂油礼的强调都会使国王仅仅成为一项官职,并导致支持王权原初具有选举性特征的理论。

但是，在 16、17 世纪的论战中，涂油礼这项仪式起到了完全不同的作用。在法国，联盟*的支持者们认为，涂油礼是成为国王的必要步骤，而亨利四世（Henry Ⅳ.）作为一名异端不能被兰斯的大主教（Archbishop of Rheims）涂油，因此他永远也不能成为名正言顺的国王。在英格兰，民权派的作家们继续指出，加冕誓约可以作为契约理论的证据，限制君主权威。因此，无论在法国还是英格兰，相反的观点都认为，涂油礼并不重要，也并未授予与众不同的恩典；国王无论在加冕之前还是加冕之后都是国王；而抵抗"未加冕的"国王也肯定应当遭受谴责。"上帝的受膏者"这一术语只不过是人们通常用来描述国王神圣人格的一种形式；使用这一术语的作家们并不认为涂油礼这一仪式具有任何圣礼性质。毫无疑问，保王派神学家所持的如下观点也是人们通常秉持的观点，这位神学家用明确的术语宣称，"王室的涂油礼并未授予任何恩典，只不过对国王的合法权威进行宣布"。确实，没有任何其他观念能够和不可侵犯的世袭继承权的观念相提并论。①

---

* 16 世纪法国宗教战争期间的天主教联盟。——译者

① *The Royal Charter granted unto Kings*, Chap. Ⅲ. 国王受膏意味什么？"君主的涂油礼（unxit in regem）只不过增加了一项适当的资格，只不过排除了篡位者；它授予国王施行统治的权利，而并未授予其良好的统治天赋；只不过授予其统治的权利，而并未授予其正当的统治天分。""涂油礼是一项预示着主权，预示着服从君主、对王室效忠的神圣仪式。"在引用了大卫对亚玛力人（Amalekite）残害上帝所膏的君主的判决之后，厄舍尔（Usher）继续写道："确实，这必定不仅是我们应当服从我们的君主的主要基础，同时也是其他对于君主的效忠的形式的主要基础。除了君主通过下面尘世的选举或王位继承而获得的权利之外，我们还应当审慎地增加一项权利，即国王从上面获得的涂油礼。"（*Power of the Prince*, p. 125）显然，涂油礼并未被视为涂油这一圣礼所授予的恩典，而是被认为等同于上帝授予了国王职位。参见柯克（Coke）对加尔文案的评论。"加冕仪式只不过是一种尊严的仪式（royal ornament），只不过是　　（接下页注释）

第一章 导论

因此,正如上文所描述的,这种理论必定不仅和政治有密切的关系,同时和神学也有关联;因此就不能依照神学与政治已然分开的这个时代的观点对它进行判断。如今,尽管人们仍然不时听到有人依据重要的宗教观念来调整国际政治或国家间的关系,然而没有任何人会主张,政治是神学的分支。在政治争论中,人们也许会或多或少真诚地诉诸基督教情感,但是他们不再将政治理论视为基督教教义的一部分。神圣王权理论属于这么一个时代,在这个时代里,不仅是宗教,而且神学也都和政治不可分割地联系在一起,甚至功利主义的情感如果想要被普遍接受,也都必须存在宗教的基础。所有人都认为,任何政府理论都必须具备某种神圣权威的形式。几乎没有人会暗示,那些不相信国王神圣权利的人会对他们对手的论证方法产生任何异议。直到17世纪末,民权支持者的思想氛围和神圣王权支持者的思想氛围一样都是神学的。

(接上页注释) 使王室后裔变得庄严,它并非君主权利的组成部分。"他继续引用了两位神学院牧师的例子,他们认为,在詹姆斯一世(James I.)加冕之前,抓捕并囚禁詹姆斯国王都不能构成叛国罪。这种理论理所当然会遭受到法官们的谴责,法官们认为,无论在加冕之前还是之后,国王都是名副其实的国王。(7 Reports,10 b)值得注意的是,虽然《少女的悲剧》(The Maid's Tragedy)和《威严的国王和忠诚的臣民》(The Royal King and Loyal Subject)都着重强调王权的神圣性质,但是无论哪一部著作都并未暗示王权的神圣性质是通过涂油礼获得的。此外,在法国,支持亨利四世的塞尔万(Servin)立场鲜明地否认涂油礼具有任何非同寻常的意义,认为它只不过是一种虔诚的仪式。布莱克伍德(Blackwood)似乎持一种不同的观点:"是否像祭司那样,举行加冕典礼的君王,就像神通过涂油礼的特选?因为祭司和先知当时涂在君王身上的油,是犹如圣礼一般的神圣象征。"(Apologia pro Regions,p.15,另参见 De Vinculo Religionis et Imperii,pp.232,314)但是这种观点并不普遍,只停留在文本上。

确实,约翰·霍尔(John Hall)无视《圣经》意象和保王派的权威;①但是大部分人还是满足于依照他们对手的论证思路进行论战。他们指出,《圣经》一直以来都被人们误解了,那些阐明抵抗的权利与义务的经文都被人们忽视了,而早期的基督徒展示出的被动服从的美德也仅仅是因为他们自身无能为力。甚至原初契约也能在撒母耳制定的"王国法律"中找到《圣经》的理想典范。到17世纪末期,随着洛克(Locke)、西德尼(Sidney)甚至一些更加杰出的保王派作家们的努力,政治开始进入了一个更加现代的时期。但是大部分作者并不认为,政治理论能够在神学基础之外得到建构,或者能够不依照《圣经》的权威而得到论证,其中《背教者尤里安》(*Julian the Apostate*)的作者约翰逊(Johnson)就是一个很好的例子。无论是支持无限服从的作家还是支持民权的作家,尽管他们毫无疑问都深切地体会到抵抗的功用(utility)或者危害,然而他们都依然试图通过诉诸《圣经》,将自身的理论建立在一个不变的基础之上,使其获得一个超验的基础,保证任何新的仅仅诉诸便利性的观点都不能损害他们的理论的说服力。因此,为了正确地判断16、17世纪的政治理论,我们就不能从现代的视角出发,因为现代所有的政治理论都公然宣称是功利主义的;②而在它们所处的时代里,神学与政治在理论上和实践中都是密切联系在一起的。神圣王权理论已经和任何现代政党的信条都没有任何密切的

---

① *The Grounds and Reasons of Monarchy* prefixed to *Harrington's Works*, p. 8.
② 西季威克(Sidgwick)教授证明了现代政治唯一的功利主义特征(*Elements of Politics* 34)。

第一章 导论

关系了。这点是无需证明的,同时也没有任何人会有疑问。然而,我们必须探究,这种政治的神学理论(theological theory of politics)是如何应对神权的政治理论(political theories of ecclesiastical power)产生的影响。

此外,神圣王权理论还假定了"主权"的事实。在中世纪时期,奥斯丁意义上的主权观念在任何国家都不存在。记住这点之后,人们立马就清楚,必须考察保王派作家提出的毫不妥协的绝对主义在多大程度上仅仅只是在表达一种思想(这种思想对于他们而言是一种全新的发现)。尽管主权观念是作为教皇与皇帝声称的普遍的最高权威而出现的,但是在民族国家试图挣脱教皇控制谋求独立的斗争中,人们也有类似的理由来利用主权观念。也许,像奥斯丁这样的作者很难理解,如果不承认如下的前提,即一个国家中必定存在某个最高的权威,它能够制定法律,并因此高于法律,那么一种国家理论如何成其为国家理论。然而,可以肯定的是,主权观念是十分现代的,并且某个人或组织在国家中具有充分的最高权威这种思想根本没有进入中世纪时期论述英格兰政治的那些作家们的头脑中。布拉克顿(Bracton)根本不了解奥斯丁意义上的主权,并且明确否认君主权威具有"不受法律约束"的特征。[①]在封建主义(无论何种程度的封建主义)以及教皇和教会法的主张

---

① 参见 Pollock and Maitland, *History of English Law*, I.160。"国王处于法律之下这种观点甚至连王室法官也敢于无畏地表达出来的观点。因此,在每一个国家中都必定存在某个人或某些人组成的超越法律之上的确定的组织,存在着某个毫无权利也毫无义务的'主权者'的观念便被否定了。"另见 p. 208,及 Bk. II. Ch. II. §13, The King and the Crown。

都得到公认的情况下,主权的观念如何能够产生呢?① 此外,为了将神圣王权理论置于政治与神学相互斗争的时代背景中考察,我们就必须探讨神圣王权理论在多大程度上是在表达初现端倪的主权观念(无论神圣权利的反对者们是否意识到了这种观念),以及神圣权利理论同霍布斯所阐发的更加系统化的主权理论有何种关系。

  中世纪的帝国派作家试图拒绝教皇制的主张,因此他们便发展出了主权的基本观念。正如上文所述,这一事实表明,同罗马的冲突是神圣王权理论产生的真正根源。此外,只要教皇要求最高政治权威的主张在当时依然是一个主要的因素,那么政治就不可避免地带有神学的特征。而这一事实又进一步表明,神圣王权理论的历史在很大程度上和宗教改革的政治层面紧密地联系在一起。因此,为了了解17世纪所使用的这些理论武器在当时是被如何锻造出来的,我们就必须研究更加早期的教皇与皇帝之间的冲突。在这场冲突中,人们发现,教皇派作家首先为他们的主子教皇提出了一种主权理论;而教皇派的主张遭到了帝国派作者的反对,他们认为并非教皇而是皇帝才是真正的主权者,并且皇帝是由上帝直接任命的主权者。在这里,后来的主权理论的主要因素都已经登场了。

  国王神圣权利观念的流行在一定程度上要归咎于宗教改革,这一点已经得到普遍的承认。② 因此,既然已经证明神圣王权理

---

① 梅因已经证明,奥斯丁的主权观念实际上是无法适用于原始社会和半发达国家的。参见 Maine, *Early History of Institutions*, Lectures XII, XIII。

② 关于这点,可以参见嘉德纳很有价值的一篇论文。Gairdner and Spedding, *Studies in English History*, 245 sqq.

第一章 导论

论是人们反对教皇政治主张获得胜利的主要因素,那么人们也没有理由谴责神圣王权的支持者们开历史的倒车。既然神圣王权理论是必要的,并且它也发挥了自身的功效,那么人们也就没有理由无情地嘲弄那些支持神圣王权的人们。人们不应当从一项理论已经被更好的理论所取代的角度,而应当从它超越了有害或者过时了的理论的角度来对它进行评判。

这一主题具有重大的意义。它标志着中世纪思想模式向现代思想模式的转折。在对神圣王权理论进行研究的过程中,我们发现它一端联系着诸如但丁(Dante)、奥卡姆(Ockham)这样的思想家,另一端则联系着洛克和卢梭(Rousseau)。而洛克和西德尼虽然提出了"自然权利的观念",但是由于他们的血液中具有强烈的功利主义的基因,因此他们显然也是边沁(Bentham)和穆勒(Mill)的先驱。然而,神圣王权理论的历史不仅仅弥合了中世纪思想和现代思想之间的鸿沟,同时它还证明了,理论不可避免地必须依赖于历史环境。人们往往容易忘记,历史事实是理论的生身父母,而不仅仅是事实的学说,政治思想不可避免地要同政治的发展联系在一起。但是,研究神圣王权理论的学者千万不能忘记这点。另一方面,由于历史环境的压力而产生的理论也必须承担巨大的现实使命,这点也是无可置疑的真理。它表达了现实的需求,并帮助人们做出决断,判断出什么才是他们本能地认为重要的事物。没有任何其他理论像神圣王权理论一样是历史环境的造物,而它也不辱使命,为英格兰民族国家摆脱教皇的控制提供了某种智识与理论基础。这些便是本书下文将详细论述的主题。

第二章 早期的君主制观念

波洛克(Frederick Pollock)爵士曾经这样描述17世纪成熟的王权理论——它"既非理性,也缺乏原创性,甚至一点都不古老"。[1] 然而,王权却能满足人类历史悠久的本能。在远古时期,人们就以某种形式保持王权的神圣性。尽管17世纪的理论主要都是出于当时迫切的需要而被加以阐发,但人们还是不能否认,其理论的某些部分中存在着一种忠君的情感——这种情感和人类社会一样历史悠久。大多数原始部落中,首领的身上似乎都环绕着某种辉煌的光晕。有时候首领具有神奇的、超自然的治愈能力,这是其能够统领各个部落的基础。当时的部落也许还没有产生任何确切的关于神圣性的定义;或者有时候,人们会认为国王就是神的真实化身。弗雷泽(Frazer)在《金枝》(*The Golden Bough*)中曾经提到许多事例,都能表明此类观念的存在。同时,他还表明,王权和祭司之间存在密切的联系。"国王同时也是祭司"(Rex est mixta persona cum sacerdote)这一格言所要表述的就是曾经存在的一个事实;它既体现了王权的神圣性,同时更多地反映了人类普遍的情感。

随着时间的流逝,国王就是一尊神灵的信念被如下的观念所

---

[1] *History of the Science of Politics*, 65.

替代,即国王是神灵的后代。正如印加人宣称他们是太阳之子一样,神圣血统的观念也是符合英格兰历史开端时期理论的最初萌芽。诺曼征服之后,事态的变化使王权制度得以发展。当移居到不列颠的各个共同体逐渐发展时,英格兰早先存在的各个弱小的王国发现,可以很好地通过直接主张自己作为沃丁(Wodin)的后代而强化各自的权利,也就是利用某些超自然的标准对抗新的权威。

随着基督教的引入,服从乃神圣命令的观念就得到一种新颖的、更加持久的力量的支持。为了良心的安宁而忍受服从成为了一项义务。大卫王国的神圣制度、祭司国王麦基洗德(Melchisedec)的神秘特征以及圣彼得(S. Peter)和圣保罗(S. Paul)十分明确的命令——所有这些都不可能,并且事实上也没有被忽视。早期基督徒的坚忍服从就是一个例子——虽然后来抵抗权的辩护者们也许能够对之进行合理的解释,但早期基督徒的服从不可能被人们轻易遗忘。早期基督徒的坚忍服从虽然没能被凝练成一项关于统治的本质的确切理论,或被凝练成一项关于在极端状况下服从的限度的确切理论,但它们在整个中世纪都培育了一种情感,认为国王以及所有拥有权威的人都是上帝的代理人,因此抵抗国王及权威的命令一般来说都是一种应遭到谴责的罪行。野心勃勃的教皇,诸如希尔德布兰德(Hildebrand),后来确实宣布,所有世俗政府都是邪恶的起源。但是,在某种程度上,人们内心都普遍认为,国王的权力是来自上帝的,服从国王是一种宗教的义务,这点也是基督和使徒们教导与实践的。它并非一种理论,但是它为某种理论得以产生提供了材料。在任何时候,历史环境都会驱使人们去寻找这么一种理论。我们可以举787年教皇专使乔治(George)和提奥非拉克特(Theophylact)对他们在英格兰的活动的报告为例。[1] 像拒不宣誓者(non-juror)那样,他们诉诸《但以理书》第四章、《罗马书》第十三章和圣彼得的话。他们引用一项禁令,这项禁令甚至禁止人们在思想上诅咒国王;他们还提到所有弑杀君主的帮凶,认为他们和犹大一般。显而易见,教皇专使使用当时最寻常的方式要求人们服从世俗政府。显然,他们并没有提出关于不可侵犯的权利的抽象理论,也没有提出关于绝对主权的抽象理论,甚至也没有提出绝对不得抵抗的理论。必须记住的是,当后来的保王派作家们引用《圣经》来证明服从的义务或将国王称为上帝的代牧,为了证明自己的目的而运用《圣经》中牵强的对比和扭曲的解释时,他们只不过是在追随数个世纪以来的潮流。[2] 所有这些做

---

[1] Stubbs and Haddan, *Councils* Ⅲ. 453, Cap. Ⅻ., *De ordinatione et honore regum*. "我们提醒所有人,统治者同声相应、同气连枝,他们把他选拔到王位之上,授予他本人一个管理其百姓的神圣不可侵犯的政府……没有哪个君王不听从他,他就是主耶稣基督。每个人都赞同这是亵渎宗教之事……身处永远的锁链之中,与叛徒犹大为伍。"

[2] 拒不宣誓者莱斯利对博内特(Burnet)感到万分气愤,因为后者宣称神圣王权理论是宗教改革的产物。"没人会比他更加清楚,国王从上帝那里获得他们的权利这种观念在世界上是有着悠久历史的,既不是始于宗教改革,也不是始于教皇制。古代所有的教父们都拥有这种观念。并且,他们是从《圣经》那里了解到这种观念的,《圣经》中有大量的言辞证明了这种观念。"(*The Good Old Cause*, §2)至于成熟的王权理论,毫无疑问博内特是正确的,而莱斯利是错的。不过,在关于这些观念从何处产生(正如第19页的引文所表明的那样),莱斯利也是完全正确的。要是基督教的教父们知道自己劝诫人们服从帝国皇帝的话语被用来证明拒不宣誓者的理论,他们一定会大吃一惊,这点是毫无疑问的;而我们没有任何理由认为,拒不宣誓者丝毫不清楚,自己的理论无论在哪个方面都是和古代的观点完全不一样的。

法都有着悠久的历史。① 唯一新颖的是,人们试图从中引申出一整套连贯一致的关于政府本质、关于主权者同臣民之间相互关系的理论。

至于英格兰早期的君主制,人们普遍认为,它并非依循长子继承制的法律,并非是严格世袭的。不过,必须记住的是,尽管贤人会议(Witan)有权选举②与废黜国王,但他们只能将自己的权利限制在王室家族内部。哈罗德(Harold)伯爵的例子是不同寻常的,但是至少人们并未证明他的选举是合法的。③ 尽管君主的权力被限制在相对有限的范围内,然而国王的神圣性在许多方面是得到保证的,国王的和平具有更高的性质,远远高于其他人的和平之上。④ 在阿尔弗雷德时期,叛国罪的法律(law of treason)正在形成,我们发现对国王人身的保护正变得越来越重要,尽管它仍然只是普通法律的一部分,背叛国王的行为仍然只是在程度上不同于背叛领主的行为;不过,从中我们已经能看到发展成后来的叛国法(code of high treason)的种子。⑤

诺曼征服之后,君主的权力得到了迅猛的增长。不过,选举性

---

① 有关教父以及中世纪早期中这些理论的发展,参见卡莱尔的《西方中世纪政治理论史》。卡莱尔先生举了许多例子表明,将王权的起源归于人类的堕落的做法完全不会同如下信念相矛盾,即服从乃是宗教义务。

② 在《法兰克-高卢》(*Franco-Gallia*)中,欧特曼试图证明存在一种类似的选举的做法,而且作为法兰克人的古老习俗,只能在王室家族选举。

③ 在这点上,朗德先生和弗里曼先生存在争议。*Geoffrey de Mandeville*, 8, 437, *Norman Conquest*, Ⅲ. App. C.

④ 见 Stubbs, *Constitutional Hist.* Ⅰ.§72; Pollock, *Oxford Lectures*, 65; Pollock and Maitland, *Hist. of Engl. Law*, Ⅰ. 22。

⑤ H.E.L. p.28,及 Stubbs, *Select Charters*, p. 62。

王权的理论在威廉（William）及其儿子们的统治时代中也得到了有力的增强。一方面，斯蒂芬（Stephen）统治时期的斗争表明，在当时世袭继承权的理由还并未被视为具有决定性作用。另一方面，王后获得了大量的支持这一事实表明，人们开始赋予长子继承制越来越大的重要性。

如果主权的理论在当时就得到了人们的认可，那么毫无疑问，对君主权威进行的所有理论上的限制都会被清除得一干二净，因为国王是国家中拥有至高无上权力的人。但是这种理论并不成立，而且在理论上也对国王保留了许多宪制上的限制，而且不久之后就被人们在实践中加以利用了。

此外，征服者强制所有地主只能向其宣誓效忠，不能向其他任何人宣誓效忠①，包括其直接的领主。这种做法扩大了服从中央权威的义务的范围，并且为彻底的忠君理论提供了基础。人们经常指出，这种做法的意义在于能够防止封建主义的最大弊端，即主权被无限分割。

这也许是为什么在另外一方面，诺曼征服直接导致形成了一些原则，它们成为神圣王权理论的重要因素。虽然诺曼征服存在引入封建主义的政府原则的风险，但是征服者影响了封建土地保有原则的产生，或至少将所有可能影响人们充分承认封建土地保有原则的因素都凝聚在一起。② 国王现在不仅仅是国家的（national）代表，同时还是最高的地主；直接或间接地保有所有的

---

① Stubbs, *Select Charters*, pp. 81, 82.
② Stubbs, *Constitutional History*, I. §94.

土地。"贯穿于整个末日审判书中的这一伟大趋势"①不仅最终导致了领土主权概念②的产生,同时也将王位的继承吸收进正在形成的关于封地继承的法律中。诺曼诸王绝不仅仅是民族性的君主(national monarchs)。他们还是拥有丰厚地产的领主。并且那些最初只用于调整封地继承的规则已经被用于王位继承之上了。王权的选举性特征开始退出历史的舞台,而那些在土地方面导致严格的长子继承制产生的影响因素则将逐渐地在王位继承方面也产生类似的、长子继承的效果。在此之前,王位部分地是选举性的;并且在王位逐渐变成世袭制之前,我们有充分的理由认为,王位应当在已故君主所有健在的子嗣之间进行分割,就像我们在中世纪早期的王国中经常看到的那样。③ 但是,随着国王成为最大的地产主之后,长子继承制规则的兴起就能够保证,王位继承权不会被分割。仅仅是由于公法与主权的观念还未发展出来,这种情况才是可能的。因为人们还无法把国王视为和其他人一样的自然人,或者人们还无法将调整王位继承方面的规则同一般的继承法区别开来,因此人们不可避免地会将王位继承的法律同封地继承的法律等而视之。国王是地位最高的(par excellence)地主,他的土地的继承也应当适用和其他人的土地继承相同的法律。④

---

① Pollock and Maitland, *History of English Law*, vol. I. p. 46. 另参见第210页:"英格兰的每一英亩土地以及每一项财产权都可以用如下一项简洁明了的公式加以表达:Z tenet terram de…domino rege。"
② Maine, *Ancient Law*, 106.
③ Pollock and Maitland, *History of English Law*, II. 260 sqq.
④ *Ibid*. I. 497,498."人们认为,国王也是严格依照继承的权利而保有他的土地的。人们可能很难区分国王的土地和王权。……王位的继承并不像现在这样是一个与众不同的现象。"另参见 I. 209."事实上,国王是一位拥有巨大财富的人,同时还是一位拥有高度特权的人;然而,他的权利依然不过是放大了的(amplified)和强化了的(intensified)私人权利。"

最近已经有人证明,很可能是最高领主的利益——他想让某一个人负责处理所有的封建事务——导致长子继承制的形成。因为世袭继承中最合乎自然的做法并非是长子继承制,而是平均分配。尽管土地保有者可能希望他的土地应当在子嗣中平分,不过这种做法将不能满足王室的目的,于是王室就介入进来,并制定了不分割继承的规则。当这项规则普遍地适用于私人土地时,世袭制王权的观念就取代了选举性的王权;正是由于这一事实,当王位继承权变成世袭制时,王位继承权就不再是平分而是由长子继承。[①] 人们有很多理由设想,征服者会按照许多法兰克君主们遵循的原则将他的王国在子嗣之间分割。而且狮心王理查(Richard Coeur de Lion)拒绝向他的兄弟亨利(Henry)效忠,因为兄弟之间是平等的。[②] 然而,长子继承制最终取得了胜利,并且不仅适用于其他封地,同时也适用于王位继承。

布拉克顿经常引用的"国王的案子"(case of the king)既可以证明长子继承制在当时还未被充分接受,同时也可以证明王位继承已经和封地的继承完全同化了。一方面,约翰(John)不顾严格的长子继承制而继承了王位,并且将其兄长的儿子阿瑟(Arthur)排除在王位继承之外;这两种做法都足以证明典型的长子继承制并未被接受。另一方面,人们认为,这个案子使得权利问题一直悬而不决,[③] 直到1241年阿瑟的姐姐去世之后才得到解决。并且这个案子可以说明,在私人土地的情形下,法律保护占有,即便在叔

---

① Pollock and Maitland, *History of English Law*, Ⅱ. 260 sqq.
② *Ibid*. Ⅰ. 505.
③ Bracton, *De Legibus Angliae*, ff. 267 b, 282, 327 b.

第二章　早期的君主制观念

叔和并未亲自占有土地的兄长的儿子之间发生争议的情况下，同样如此。①

值得注意的是，约翰王的案子同时也被记载在胡伯特（Hubert）大主教所做的演说中。因为胡伯特大主教的演说似乎最有力地对选举性王权进行了论证，并且表明（在加冕仪式之后）加冕誓约所具有的约束力。另一方面，王权的领土性特征正在变得突出。约翰是英格兰的王（Rex Angliae），而不再是盎格鲁的王（Rex Anglorum）。不过，新近的作风表明，一种关于国王具有神秘而正式的人格的观念正在冉冉升起。

在屈从教皇方面，约翰的统治具有重要的意义。只要约翰所处的地位得到承认，哪怕是不情愿的承认，同时教皇的宗主权也由于向教皇支付贡奉而得到承认，那么，除了上帝，国王高于其他任何人的表述就只不过是在表达一种爱国情感而非描述实际现状。但是，1366年对教皇的主张的最终拒绝以及与之同时提出的对教皇主张的抗议②就成为了后来"英格兰王国是一个帝国"这一论断的基础，并且包含了诉诸上帝恩典以反对教皇意志这种做法（这是神圣王权理论的存在理由）的最初萌芽。

值得进一步注意的是，无论在何种情况下，教皇制虽然为了实现自身的目的都愿意放松效忠约束，但是它并不偏爱宪政政府本身。约翰及其儿子的残暴统治在很大程度上倚赖教皇的支持。

这里无需提及《大宪章》（Magna Charta），但是我们要提及一

---

① Matth. Paris, *Chronica Majora*, II. 454, 455.
② *Rot. Parl.* II. 290.

个众所周知的事实,即《大宪章》第61条比英格兰历史上其他任何法律都更加明确地赋予抵抗权合法地位,并使得统治与服从真正地同契约相关。

爱德华一世(Edward Ⅰ.)的继位标志世袭君主制又向前发展了一步,同时,加冕的重要性和必要性又被削弱了。这个时期的历史故事妇孺皆知。爱德华的父亲去世时,他正参加十字军,并不在国内。贵族们由于担心长期的空位会导致祸患,因此在先王驾崩四天之后选举他为国王。爱德华从他被选举之日起开始统治,并且在将近两年的时间里没有被加冕。王位是通过世袭继承权以及贵族们的意志得到主张的。① 因此,作为王权中的一项必要因素的加冕就逐渐被搁置了,而"虽然国王去世了,但君主的权威并不因此中断"的观念开始产生。不过,当时的人们还并未提出"国王永远不死"(the king never dies)的观念;但是这种观念的基因已经产生了,而且后来那些主张加冕仪式仅仅是一种形式以及继承王位的君主即便没有加冕也是"名副其实的国王"的人们都正确地捍卫了自己的观点,即他们只是在遵循爱德华统治时的先例。②

随着爱德华二世(Edward. Ⅱ.)的继位,选举本身被废弃了,并且他迅速继承王位而没有留下空位期。因此,历史环境的压力以及封建土地法的影响共同促成了长子继承制观念的胜利,即世袭继承权成为国王产生过程中唯一重要的因素。王位继承权不再是选举性的,也不再取决于加冕,而是取决于只有上帝才能决定的

---

① Rymer, *Foedera*, Ⅰ.497.
② *Majestas Intemerata*, p.45.

第二章 早期的君主制观念

继承上的次序。即便当时人们并未意识到世袭继承权是不可侵犯的,并且在王位的延续性方面不允许产生中断(无论多么短暂的断裂),但是,到14世纪初,王位世袭继承理论的所有要素都已经准备就绪了。王位继承权变成了一项与生俱来的权利(birthright)。

不过,爱德华二世统治时期还有着更深层次的意义。有人已经指出,宪政体制的发展导致人们反对提升君主特权,导致人们试图从君主特权的控制中解脱出来。① "每一次对国家权利的确认都是在反对君主的专制权力。"作为立法活动渊源的议会的发展强调了议会中君主的权力(the power of the Crown in Parliament)与君主个人性权力之间的区分。国王如今可以主张他们个人性的特权,主张发布法令的权利,以便随意曲解议会的请愿——将请愿转化成议会立法。因此,14世纪所有的宪制斗争都围绕着棘手的君主特权问题展开。一方面,民众的权利被凝聚在一个确定的体系中;另一方面,国王努力提升其个人地位,并且试图将其地位视为是一项独立的、高于宪政体制的事物。在议会变成国家的基本要素之前,除了在税收方面之外,国王没有理由主张超出法律之外的权威,因为除了一些无足轻重的限制之外,国王本人就是法律的渊源。国王本人不仅是全国至高无上的地主,同时还是正义的源泉,是政府权威,即便不是法律的制定者,也是法律的修订者。但是,当议会取得了通过请愿制定新的法律的权利,并且在1322年

---

① Stubbs, *Const. Hist*. II. §§247,273. "一方面,议会所取得的每一项成就都被视为数量极其有限的特权之一;另一方面,王室所做出的每一项妥协都是对主权不受限制、不受侵犯的潜能的削弱。亨利三世所提倡的主权理论要比亨利二世、理查二世和爱德华一世所提出的主权理论都更加具体和明确得多。"

这项权利成为了专属于议会的权利之后①,国王自然而然就开始区分国王本人的权利和他在议会中的权威。因此,议会的发展不仅是围绕着君主权力与特权展开的直接斗争的源头,同时还是区分国王个人权利与政治权利(这种区别在后世才被人们大量地了解到)的源头。

在当时,国王个人权利与政治权利之间细微的区分并非是毫无意义的。甚至在爱德华二世时代,这个问题就已经成为广受争议的一个问题。这种区分显然就是驱逐加维斯顿(Gaveston)的理由之一。1311年的法令指控他"侵犯了君主的权力与尊严,凌驾于国王与人民之上"。后来的"长期议会"也会将这些罪名加在斯特拉福德(Strafford)身上。然而,不久之后在对斯宾塞家族(De Spencers)的审判中,区分国王与王位的理论遭到了谴责。② 而且,

---

① "新令的废止"。值得注意的是,这项法律的通过是为了捍卫国王而非人民。其目的是为了保护国王的自由不受到将来的法令制定者贵族(lords ordainers)的侵犯。*Statutes of the Realm*,I.189.

② 以下是谴责的文字:"宣誓效忠和效忠誓约更多是出于王位的理由而不是出于国王本人的理由,并且其约束力更多源自王位而并非国王本人;它更多地约束王位而并非国王本人;并且在王室地产得到继承之前,没有任何宣誓效忠是属于国王本人的;因此,如果国王偶然地偏离了理性的指导,介于王位的权利,其忠诚的臣民还是应当受到对王位所做出的誓约的约束,指引国王,使王位状态再次得到理性的指导,否则忠诚效忠誓约就不应当得到遵守。那么,人们肯定会问,应当怎么指导国王?是通过法律的途径还是通过暴力?通过法律的途径,人们的冤屈有可能无法得到昭雪,因为人们自己没有法官,法官都是国王的法官。在这种情况下,如果国王的意志没有遵循理性,他当然只会使自己的错误得到保持和确认;因此,为了拯救效忠誓约,当国王无法使冤屈得到昭雪,无法平复人民普遍地遭受到的伤害,无法消除对王位造成的伤害,人们便决定,冤屈、伤害可以通过武力得到消除,因为国王必须依照他的誓约统治人民和忠诚的臣民,并且他的忠诚的臣民也必须协助国王的统治,在他犯错误时给予帮助。"可以看到,这些观念正是"长期议会"所坚持的观点。《未受侵犯的王室权威》(*Majestas Intemerata*)一书的作者充分地利用了如下的事实,即国王的政治权利与其个人性的权利的区分是"斯宾塞叛国罪"的一部分。柯克的加厉文案(7 *Reports*,11 a)将其称为一项"可谴责的和被谴责的观点"。*Statutes of the Realm*,I.182.

17世纪的作家们都有能力指出,驱逐斯宾塞家族的法律可以作为一项证据,证明如下观念的不公正,即为了捍卫王位而对国王本人发动战争是合法的。

英格兰没有屈从于"成文法",而只服从民族古老的习惯法,这是英格兰历史的光荣,尽管许多现代的法令,例如亨利二世(Henry II.)的令状,已经成为了习惯法的一部分。也许,在中世纪时期,这个事实,就像普遍流行的封建理论一样,极大地阻碍了主权理论的生长,除了神圣罗马帝国之外。主权理论对于12或13世纪的英格兰律师们来说似乎是极其荒谬的。封建观念在中央集权权力的压制下依然十分强大;并且在封建理论中最重要的一项观念就是,主权权力可以进行无限的分割。毫无疑问,通过代表制的拟制,人们甚至似乎能够将封建体系放在奥斯丁式的主权这一普罗克拉斯提斯之床(Procrustean bed)上。不过至少人们都会承认,只要封建主义还具有力量(不管是理论上的力量还是影响了实践),没有任何一个国家能够向最敏锐的头脑显示,存在一个既不享有权利也不承担义务的、至高无上的主权。诺曼底(Normandy)公爵或者后来的加斯科尼(Gascony)公爵同法兰西国王的关系,苏格兰的宗主权,以及选举权问题(王室律师必须绞尽脑汁才能将选举权视为是来自君主权力的授权[①]),所有这些问题对于想要提出主权理论的人来说都是致命的。确实,封建关系的本质似乎更加倾向于支持如下的观念,即政府建立在契约之上。

[①] 见 Maitland, *Introduction to Select Pleas in Manorial Courts*;另见 *History of English Law*, I.559。

同时，主权这种理论也是没有必要的。只要习俗被视为是法律的主要渊源，立法的范围受到限制，那么奥斯丁的主权理论就只能停留在一种抽象的理论，在现实中并不具有适用性。对于主权观念的兴起，必须存在一个成熟完善的国家，存在相当数量的立法活动。而这两项条件在布拉克顿的时代都不具备。主权这么一项理论唯一能够借鉴的渊源就是罗马法和教会法。但是，如果有作者将其注意力转向罗马法学，他是很难用罗马法来解释现实的。而教皇的主张（无论是获得承认还是未获承认的），教会法的存在，教会司法权宽广的范围以及教士的利益，所有这些都足以阻碍主权理论的形成。[1] 因此，主权理论只有适用于组织完善的国家才有价值；而在当时，民族国家仍然在形成之中。[2]

那么，如果人们了解到布拉克顿没有或不可能提出主权理论，人们就不难理解，他提到的国王的权利显然不同于完整的主权权力。布拉克顿用明确的言语宣布，国王要受法律约束。对于现代人来说，布拉克顿的许多文段似乎是前后矛盾的；例如如下的表述，即除了上帝，国王不受任何人约束，但国王并非处于法律之上。那么法律的渊源在哪里呢？如果国王或其他任何个人或某些人都不处于法律之上，那么法律的约束力源自哪里？对于我们来说，这种矛盾是显而易见的，因为我们并不理解如下的观念，即习俗有可能是事实上的主权者。现代的读者第一次打开布拉克顿的论著时难免会犯的错误就是，或者指责我们的作者自相矛盾，或者以某种

---

[1] *History of English Law*, I.160,1.
[2] 见 Maine, *Early History of Institutions*, Lectures XII, XIII。

奇怪的方式将布拉克顿认为能够约束国王的法律仅仅等同于道德法或自然法。这种错误事实上就是17世纪那些不谨慎的小册子作家们经常犯的。当时的历史环境已经在他们的内心中根植下一个观念，即在每一个国家中，都必定存在某些主权者。看到布拉克顿和布里顿（Britton）赋予国王一些看似具有主权性质的权利时，他们就兴高采烈地得出结论，认为在13世纪，国王的权力被认为是不受任何法律限制的。除非他们提出国王具有一些道德与宗教上的义务，否则他们全然无视论著中提到的关于国王应当服从法律的观点。并且这种看法也并非出于有意识的不诚实。他们专注于主权的观念，并且认为，在布拉克顿看来，主权如果不是寄托在国王身上，就不可能寄托在任何其他人身上。他们采纳了在他们看来唯一可能的解释，并且推断出，在13世纪君主的权力在法律上是不受限制的。一旦他们认定了这一事实，17世纪的保王派作家就像奥斯丁一样深深地着迷于主权的观念，并且他们所采取的行动看起来也是自然而然的。人们认为，"要是（主权理论）在13世纪就被接受了，那么英格兰的君主制肯定已经变成僭主政治了，因为除了国王之外，人们再也找不到主权可能寄托在谁身上了"。[1] 要是这样的话，人们就可以由此推论，那些丝毫不怀疑主权理论在13世纪并未被接受的人必须设想当时英格兰的君主制是绝对主义君主制。

因此，这就不难理解，为什么17世纪的保王派作家们引用布拉克顿的频率仅次于引用《圣经》。并且，尽管他们肯定读到过明

---

[1] Pollock and Maitland, *History of English Law*, I.160.

确的、完全相反的观点,但他们还是带着足够的善意将布拉克顿视为能够证明自己主张的理论的真实性的不可辩驳的证据,即英格兰在中世纪时期是绝对君主制,仅仅受到(通常是极不公正的)革命的制约。①

他们发现,人们反复地宣称国王是上帝的代理人;②王国中所有的人都处于国王之下;除了上帝,国王不受任何人约束;国王没有同侪(peer);如果国王违反了法律,国王唯一需要做的就是等待上帝的惩罚,因为国王的所有臣民都不可能惩罚他;③任何判决只要宣称国王的行动或令状是无效的,那么这一判决就不可能是有效的;④我们的国王陛下对王国内的所有人都拥有普遍的司法权;所有的权利(除了精神权利)都掌握在国王的手上;⑤国王之所以被拥立为国王,其目的是为所有得到上帝眷顾的人带去公正的司法;⑥陪审员如果做出不利于国王的裁决,会受到处罚;⑦除了国王自己的同意之外,任何人都不能强迫国王纠正自己的不公正行为,因为人们不能将必要性施加到国王身上;⑧他们发现,布里顿将所

---

① 《未受侵犯的王室权威》这本50页的小册子处处都在诉诸布拉克顿和布里顿等的权威。另参见 Jenkins, *Redivivus*。科威尔(Cowell)引用了布拉克顿的权威证明自己如下观点的正确性,即"国王由于其绝对权力而高居法律之上"。(Prothero, *Statutes and Constitutional Documents*,409 及注释)

② Bracton, f. 1 b.
③ *Ibid.* ff. 5 b, 6, 369.
④ *Ibid.* f. 34.
⑤ *Ibid.* ff. 55 b, 412.
⑥ *Ibid.* f. 107.
⑦ *Ibid.* f. 290 b.
⑧ *Ibid.* ff. 368 b and 389 b.

第二章　早期的君主制观念

有普通法视为是从君主权威衍生出来的;①国王宣布,他的君主权威是不可侵犯的②,并且国王是自身意志的唯一解释者。③

　　缺乏批判精神的时代的作家们由于头脑中存在"国家中必定存在某种高于法律的权力"这种观念,因此会认为,13世纪的法律学者肯定会认为国王就是高于法律的。人们会轻易地忽视了国王应当服从法律这一观点④,将其当作是一个费解的短语,或者认为作者只不过是要区分国王与僭主——前者是依据自然法即道德统治,而后者则是肆意地统治。17世纪的保王党人都乐于承认,主权者渴望通过确定的规则进行统治;他们仅仅否认,国王不能合法地改变规则。他们不再想要一个不依照法律统治的国王,这点和现代的作家们是一样的。他们认为议会拥有主权,议会有权废除所有既存的法律,他们也许会希望每一届议会都能够废除其前一届议会的全部法律。他们同时希望国王服从于神法,依照王国的法律统治。他们是在这个意义上理解布拉克顿的论断的,即国王

---

　　① Britton, I.1.
　　② *Ibid.* I.221. "国王也不能剥夺他们的王冠和追求美貌的权利,除非他们的继承人记住。"这也是17世纪的作家们的逻辑,他们证明议会和人民的所有权利都必须被妥协,任何时候都可以被收回。
　　③ Britton, I.414.
　　④ Bracton, ff.5 b, 34. 在这一段非常详细的文段中,不依照法律进行统治的国王被认为不是上帝的代理人,而是恶魔的代表。这段文字可以用于加强保王派的观点,即布拉克顿仅仅将道德法视为是高于王权的。他们必定是像上文我们所解释那样理解这段文字的;因为任何作者无论多么心存偏见,都不可能忽视在同一文段中提到的关于法律至高无上的有力论断,而他们正是引用这段话论证君主的权力。布拉克顿是一本一直被掌握在他们对手手中的书,并且如果缺乏他们思想中某些此类的论证,他们就不能面对它。参见下一个注释。

应服从上帝与法律。①

人们还可以在布拉克顿中发现的另外一项观念有助于产生对长子继承制神圣性的信仰。尽管13世纪法律学者的"只有上帝才能确定继承人"的观点②主要涉及的是私人财产继承,但是它必定逐渐极大地加强了支持严格世袭继承制的情感。它促使人们将世袭继承模式应用于王位的转移上,作为某种高于单纯的人类选举的神秘方式。继承人的出生是上帝的裁判,并且拥有和神明裁判或抽签一样的神圣性质。民众的选举有可能会犯错,选出不合适的人选;而作为我们无法探测其智慧的上帝在确定继承人时是不可能犯错的。

总之,王权似乎一直以来都被视为以某种特殊的形式受到神圣权威的保护;并且基督教的影响在各个时代都被认为是支持这种看法的;从某个家族中选举出的英格兰的王权到14世纪已经完全变成世袭性的;加冕不再被视为缔造一位国王不可或缺的程序;在13世纪对英格兰法律的系统论述中存在许多丰富的材料,这些材料对于后来的时代里那些缺乏历史感并满脑子装满了主权理论的人们来说,容易形成误导,让他们认为,英格兰的王权在中世纪行将结束时就已经是严格的世袭制的,并且根本不受宪法上的制约。

---

① 能够证明这是一种普遍观念的最强有力的证据是菲尔墨著作中著名的文段。在这个文段中,菲尔墨鲁莽而费力地解释布拉克顿所有令人费解的论述。他认为,对表明国王在他的伯爵法庭和贵族法庭中拥有一个监督者的词句应当做如下解释,即国王自己同意接受这种限制,因此这种限制并不具有真正的权威,因为国王的同意是可以撤回的。在鲁莽地解释完这项困难之后,他想当然地认为,布拉克顿提出的"国王受到法律约束"只不过是意味着国王应当利用法律进行统治,因此国王只受到法律指引性力量的约束,而不受法律强制性权力的约束。(*Freeholders' Grand Inquest*, p. 12.) 这种解释矛盾的方法正是保王派作家们所热衷的。

② Bracton, f. 62 b.

第三章 神圣罗马帝国与教皇制

中世纪理想国家的观念体现在关于神圣罗马帝国的理论中。历史的发展没能实现神圣罗马帝国的理论产生现实的影响,而这又引起一场论战;从这场论战中便逐渐地发展出后来的国王神圣权利的基本观念。神圣罗马帝国理论是一个崇高的梦想,它试图形成一个完美的国家,拥有两个选举出的首领,一个是世俗的首领,一个是精神的首领,两者相互配合以维持和平,保证基督教世界的人们生活得井然有序。作为一项政策,它试图将罗马帝国体系中所具有永恒价值的因素和对于上帝之城的实现来说不可或缺的因素结合起来。不过,除了查理曼大帝(Charles the Great)或者奥托三世(Otto Ⅲ.)甚或亨利三世(Henry Ⅲ.)转瞬即逝的辉煌时期,这项理论大部分时候都只是一场梦想。不过,17世纪产生的争论利用了教皇与皇帝早先斗争时所形成的框架。如果神圣罗马帝国不曾存在过,或者如果神圣罗马帝国成功地实现了体现在其自身之中的理想,那么有可能就根本不会产生神圣王权理论。[①] 宗教改革时期所产生的政治思想的全部观点只有参考其对手的观念或方法才能够得到解释,他们或者代表教皇或者代表皇

---

① 神圣权利的主张最早都是由教皇的对手即皇帝派和保王派们提出的。Gardiner, *History of England*, Ⅷ. 182.

帝的主权主张而写作。如果人们没有充分理解早期的神圣情感,就完全无法真正理解后来产生的神圣王权理论。因此,对围绕着教皇与皇帝的主张而产生的争论进行的研究将有助于解释体现在后来的神圣王权理论中的大部分观念的根源;并且将使我们体会到当时的思想氛围,神圣王权理论只有在这种氛围才能够形成。

神圣罗马帝国,无论其权力多么虚幻,只要人们还将其作为一项目标孜孜以求,那么它就是一项证据,表明在17世纪结束之前存在一项最重要也是最有特色的政治思想,即相信政治与宗教之间存在密切联系。以基督为国王、基督的两位副手作为尘世统治者的帝国观念是一种神权政治观念。如果不了解这种观念,人们就无法解释如下奇怪的事实,即为什么人们会坚信国家中存在两个平等首领这种不可靠的理论。基督是帝国的真正首领,而教皇和皇帝都只不过是从上帝那获得其统治权力的执行者,他们本身并没有终极的权威。[①] 存在两位相互独立的并且被认为都是根本上从属于一位最高统治者的高级长官,这并不难理解。但是,只有当人们生动而鲜明地意识到基督作为基督教世界最高统治者这种地位时,一种理想的国家才是可能的。在这个国家中,世俗权威和教会权威彼此共存,并且各自都主张拥有"强制性的"(coactive)权力。

---

① "同一位国王的两位副手之间的敌对是不可思议的,他们应当相互支持,辅助对方。在涉及整个基督教世界福利的所有事项上都需要他们二者的合作。"(Bryce, *Holy Roman Empire*,第102页及第七章整章。)

第三章 神圣罗马帝国与教皇制

神圣罗马帝国背后隐藏的观念认为,理想的国家是上帝直接统治尘世的王国,并且要成为一名基督徒就不能崇拜任何其他偶像。只有当基督作为国王直接统治的特征消失,两个从属性的权威各自开始主张完全的独立性和至高无上性时,人们才发现在教皇和皇帝既存的地位之间存在不可调和的矛盾。随着这个过程的进行,首先是教皇(作为神圣权威最显而易见的托管人),之后是皇帝(他被认为是通过上帝的拣选和任命而获得其职权)开始主张自己是通过世界最高统治者的神圣权利而成为基督教世界名副其实的至高首领。但是,无论对于教皇还是皇帝来说,他们都并未使尘世政治体的观念同神圣王国的观念脱离关系。无论是皇帝还是教皇,他们都被迫主张各自的神圣权利,因为他们都并不将自身仅仅视为以人类便利为出发点而创建的世俗国家的统治者。他们都不仅仅是为了满足转瞬即逝的需求而人为地创造出来的国家的统治者,他们将自身视为由上帝拣选的统治者,是由基督创立的、作为宇宙永恒秩序的一部分的神圣组织的统治者。

因此,无论教皇和皇帝各自主张最高权威的理由是什么,人们应当认识到,他们所立基的理论在本质上都是宗教性的。任何一方都不曾梦想着神权的领域可以同政治相分离,或者可以在启示之外找到政治理论的渊源。他们双方都认为,除非能够从宗教义务以及基督教诲方面证明对手的观点是错误的,否则就不能算真正驳倒对手的观点。卜尼法斯八世(Boniface Ⅷ.)认为,否认教皇享有最高政治权威的人就是异端。而帕多瓦的马西利乌斯(Marsiglio of Padua)则认为,所有那些承认教皇享有至高政治权威的人才是异端。神学能够以某些方式教导人们真正的统治理论,教导人们国家中不同种权力之间的关系,教导人们主权者和臣民之间相互的关系。对此,任何人都不会产生质疑,并且它一直都是政治争论(无论其中混杂了多少哲学或历史的观点)的基础,不仅仅是整个中世纪政治争论的基础,同时还是直到神圣王权理论消失、人们不再努力捍卫或反对一项已经消失了的理论的时期的政治争论的基础。

此外,皇帝在理论上作为世界最高统治者的地位必定会对民族国家中任何清晰的主权观念的发展产生阻碍性的影响,无论影响多么微弱。在英格兰,由于坚持英格兰国王享有皇帝的地位,[①]因此这种影响微乎其微,或几乎就不存在。不过,在14世纪有一位无知的作者曾经宣布某部他不喜欢的法律是无效的,因为这部法律没有得到皇帝的许可。[②] 这一事实虽然不能证明其观点是正确的,但至少可以证明,在人们的思想中还残留一些痕迹,过去时代的痕迹,认为皇帝拥有普遍的主权。就法兰西而言,奥卡姆的威廉的作品也只能证明如下一个和事实完全不相符的观念,即14世纪的皇帝依然对法兰西的国王们拥有不可侵犯的主权权利。[③]

---

① 参见 Freeman, *Norman Conquest*, Ⅰ.132,133,及 Appendix B,552—556。
② *Mirror of Justices*, Lib. Ⅴ. c. 5, p. 195.
③ "皇帝享有太多承认法国和其他国家君王的自由;然而,没有哪种模式是法国君王的,并且完全与帝国无关,而且没有哪种模式次于帝国。就此而言,能够毁灭帝国的却不能毁灭皇帝。"(*Dialogus*, Pars Ⅲ. Tr. Ⅱ. Lib. Ⅱ. c. 7; Goldast, Ⅱ. 908.)在第九章中,奥卡姆认为,所有国王都必须服从皇帝,即便皇帝没有提出这种要求,而且国王们也不了解这个事实。

第三章　神圣罗马帝国与教皇制

此外,在神圣罗马帝国是凯撒、弗拉维乌斯及优士丁尼的帝国的延续这种观念中,人们可以发现主权理论所必须的许多材料,并且这些材料都是民族国家当时并不具备的。但是,如果任何权力胆敢擅自降低皇帝的威望,将国王置于和皇帝一样的地位,就像英格兰或法兰西国王那样将自己称为皇帝①,那么人们很自然地就要将罗马法学家们为皇帝的主张所做的论证转移到国王身上,将其视为所有王权的核心,只要享有皇帝般权力的王权才是真正名副其实的王权。② 晚近时期所使用的皇帝的权利这一短语是等同于主权的,这点就足以证明主权理论渊源于何处。③

这项工作最终由帝国中的另外一项权力完成,这项权力质疑并最终摧毁了世俗统治者所有的现实目标。人们会开始怀疑,皇帝作为世界最高统治者,作为普遍主权者和国际性仲裁者的主张④是否曾经被付诸实际,因为新的民族开始逐渐意识到其民族的生命。然而,事实上,人们可以确定的是,皇帝的主张被教皇的

---

① 理查二世在承认博福特的合法地位时是这样描述他自己的:"王国绝对的皇帝。"(*Rot. Parl.* Ⅲ.343.)普雷勒的乌拉尔认为:"每个国王都是他的王国的首领,是他的帝国的皇帝。"(*Goldast*,Ⅰ.51.)

② 朱尔(Jewel)主教认为,皇帝曾经拥有的权利"如今已经为国王们共享的权利,因为这些国王们如今控制着整个帝国的各个组成部分"。*Apology*,Works,Ⅲ.98.

③ 《上诉法》(*The Statute of Appeals*)在其序言中一段知名的文字中写道:"英格兰王国是一个帝国。"这点即是一个证明。因此,这里显而易见的是帝国的权利被等同于主权权利。

此类短语只有放在如下事实背景下才能得到解释,即人们普遍认为,真正的主权,即独立而不受质疑的权威,渊源于各个王国将其权利等同于最初仅限于帝国的权利。

④ 见 Bryce,*Holy Roman Empire*,Chap. ⅩⅤ. *The Empire as an International Power*。

行动阻止了。① 为了建立自己对最高权威的主张，教皇们都努力缩小皇帝们的特权，并且他们宁愿承认其他国王的权威，也更加不愿意承认皇帝的权威。因此，所有的君主国都可以自由地挪用皇帝古老威严的外表；这种威严一直以来都属于以权力理论为形式而"不断急剧增长的帝国"，尽管这种权力理论从未被付诸实施，皇帝主权的主张也从未得到实现。在教皇与皇帝的斗争中衍生出一项理论，这项理论注定要在将来反教皇的斗争中发挥重要的作用，并且在宗教改革期间当教皇约翰二十二世（John XXII.）毁灭巴伐利亚的路易（Lewis of Bavaria）时完成了一项几乎难以完成的任务。这项理论就是世俗政府不受教皇控制的神圣王权理论。它在 14 世纪作为皇帝的神圣王权开始形成。在 16、17 世纪，随着一些重要的增补（这些增补要比人们通常所认为的更加不重要），这项理论自身进行了改革，并最终发展成为国王的神圣王权理论。

那些构成神圣王权理论基础的所有观念最早正是在教皇对普遍的至高权威的要求的逐渐发展中被第一次提出的。这些观念还形成了主权的概念，即主权完全不受有组织的人类社会的某些权力制定的实证法的约束，以及这种主权是由上帝授予给某个单独的人的观点，以及对主权的抵抗是最严重罪行的观念。由于在国家中教皇与皇帝的关系十分微妙，因此这二者不可避免地迟早要为争夺最高权威而展开斗争。这两种权力在彼此不同但界限不明

---

① 威克立夫（Wycliffe）明确地认为，帝国的分裂是由于教士们主张世俗权力导致的。*De Officio Regis*,252.

第三章 神圣罗马帝国与教皇制

的领域内相互协作的情形绝对不可能持久。对权力的欲望伴随着社会中统一性的需要,迟早会要么促使世俗首领,要么促使宗教首领为自身提出绝对至高权威的主张。人们将不可避免地产生如下的观念,即无论是作为世俗国家还是作为神圣秩序的影像,基督教共同体的统一只有通过承认这两种权威中的一种作为最高权威才能得以确保。同样无可置疑的是,这二者中任何一方事实上都有充分的理由主张至高权威。即便在处境最佳的情况下,皇帝甚至都很难维持他作为德意志国王的地位,防止封建主义的分离趋势;而他作为世界的统治者对于其他国家的权威(也许除了查理曼大帝曾经拥有过这种权威外)只不过是一种幻影。另一方面,教皇却能够声称,除了某些限制之外,教皇的司法权能够得到所有西欧国家的承认,并且能够得到有效的实施。在所有国家中都存在很大一批人服从教皇法庭的权威,并且在一些仅仅涉及积极的教会事务方面,例如遗嘱和婚姻案件中,教会法还调整俗人的生活,并迫使有些人到教会法庭(curia)中为正义买单。因此,针对皇帝的主张就产生出了一项关于教皇主权的完整理论,这点丝毫也不会使人们吃惊。后世的人们也许会对教皇的这种主权是直接的还是间接的,是迫在眉睫的还是建设性的产生争议。但是,从希尔德布兰德的时代到卜尼法斯八世以及约翰二十二世的时代,教皇主权的理论在不断发展,并且它当然是一项关于主权乃神圣王权授予的理论。"教皇全权"(plenitudo potestatis)的理论所表明的就是教皇对主权权力的要求,它认为这项权力是由上帝直接授予给圣彼得及其继任者们的。① 教会法学家们将君士坦丁赠礼作为教会世俗统治权的证据,并且把握十足地指出,帝国已经从东方"转移"到西方了,这就可以证明,从查理曼大帝时期起,皇帝的权威源自教皇。为了支持教皇所主张的对选帝侯适合性的评判,教皇便诉诸如下事实,即除非皇帝获得教皇亲手加冕,否则皇帝只不过是当选的皇帝(Emperor-elect)而已。教皇可以在经文中找出大量的文段支持祭司权力高于君主权力的主张;并且只要他愿意,他可以轻易地将许多表面上相反的感觉都打消掉。教皇可以随时利用大的光和小的光*这种意象,用它们来指代精神权力和世俗权力(这点是显而易见的);而双剑则更是恰如其分地描述了教皇在精神与世俗双重领域的权威;基督曾经宣称其门徒只需要握有这双剑就足够了。因此,教皇就可以宣称,他是不可能受到皇帝约束的,②并

---

① 托马斯·阿奎那在这点上所持的观点相对而言是比较中庸的。不过他认为,所有的国王都应当服从教皇,并且宣称在世俗政治中德鲁伊所拥有的巨大权威可以证明祭司权力对于君主权力具有天然的优势(De Regimine Principum, I.14.)。这本著作后半部分的作者(无论其真实作者是谁)的观点更加极端;他着重提出了一种绝对君主国的"全权"理论,这种全权被授予给了教皇,并且引用教皇对帝国所拥有的司法权作为例证。值得注意的是,在其对《罗马书》第8章所做的评注中,托马斯·阿奎那非常小心地避免产生任何争论;不过托马斯在这里所采取的观点似乎完全不同于后来卜尼法斯八世所主张的观点。(对托马斯·阿奎那的政治理论更加详细的论述,见 Poole, *Illustrations of the History of Mediæval Thought*, Chap. VIII. *The Hierarchical Doctrine of the State*.)

* 这里指《创世记》1:16 中提到的"于是神造了两个大光,大的管昼,小的管夜"。在教会理论中,太阳与月亮的双重的光的隐喻用来指代教会的精神权力和世俗统治者的权力。换言之,月亮的光亮隐喻世俗君主的权力,太阳的光亮隐喻教会的精神权力,因此,世俗君主的权力是来自教会精神权力的映射。——译者

② "A saeculari Potestate Pontifex prorsus nee solvi nec ligari valet."(*Decret*. Dist. XCVI. c. 7.)

且，只要帝国的法律和教会法相冲突，那么帝国的法律就将归于无效，①尽管教会可以利用皇帝的法律实现自己的目标。② 因此，皇帝作为教会的儿子而非主权者就必须服从于教皇③，因为难道不正是君士坦丁将王位以及所有君主的尊荣都赠予给了西尔维斯特（Sylvester）教皇吗？④ 教皇可以单纯出于自己的意图而加冕皇帝，不过教皇高于皇帝的最终证据在于帝国的转移。⑤ 君士坦丁堡的拉丁皇帝要求圣彼得的命令必须服从世俗君主，对此，英诺森三世（Innocent Ⅲ.）可以做如下回应：首先，皇帝的要求只适用于那些从皇帝那获得了世俗财产和收入的人；其次，教会服从君主只有在出于上帝的利益的情况下才是必须的，因此如果上帝通过他的代牧发出了完全相反的命令的话，这项服从义务也是完全有可能被忽视掉的；第三，对皇帝命令的服从也并非完全无条件的。他还可以提出先知的使命，即"我今日立你在列邦列国之上，为要施行拔出，拆毁，毁坏，倾覆"*，并且，在从天空中的两种光的隐喻中得出令人振奋的结论之后，教皇就可以最终驳斥皇帝对圣彼得的使命所产生的争议。⑥

---

① *Decret*. Dist. Ⅹ. c. 4. 下一章我们将会涉及通常所采用的推理方法。"你们获得说话的自由了吗？你们愿意接受基督的律法使权力受制于祭司的声音吗？他放弃了我们的权力；他放弃了我们的许多完美的原则。或者，假如道成肉身，假如天上胜过大地，假如神为人树立榜样，你们的正义永不被看见？"

② *Decret*. Dist. Ⅹ. c. 7.

③ *Ibid*. Dist. ⅩⅭⅥ. c. 11，"假如皇帝是天主教徒，儿子就不是教会的主教。"

④ *Ibid*. c. 13.

⑤ *Decret. Greg*. Lib. Ⅰ. Tit. Ⅵ. c. 34.

* 《耶利米书》1：10。——译者

⑥ *Decret. Greg*. Lib. Ⅰ. Tit. ⅩⅩⅩⅢ. c. 6. 有一种更加令人满意的解释认为，服从并不是对"国王"的服从，而仅仅是对"至高的国王"的服从。

教皇拥有至高无上的权威,能够解除臣民对其君主的忠诚,并且能够推翻国王。众所周知,这种关于教皇权威的理论牵涉一项关于普遍君主制的主张。① 显然,"全权"的理论体现了主权理论中最重要的要素,体现了"国家(state)的统一只有通过确立某个不受质疑的最高权威的形式才能实现,这个最高权威颁布的法律不受任何合法的批评"这个理念。此外,它也明确肯定,神圣的君主制度是政府统治的一种形式。这就是教皇所要求的地位。因此,人们就能感受到在国家中统一的必要性,由此人们就不得不确立各种理由。而人们是通过主张教会与宇宙的统一来确立这种理由的,他们主张教皇是直接从上帝那里获得其权力的,除了上帝,教皇不再服从于任何人。这种观点在教皇教令《至圣合一论》(*Unam Sanctam*)中得到了最为清晰明确的表达。因此,卜尼法斯八世在明确地提出教会的统一、所有政府的统一以及提到基督不可侵犯的外衣(coat)之后宣称,拥有双头的政治体是畸形的怪物。他利用了双剑的形象宣称,虽然教会无法使用实在的(material)剑,但实在的剑是为了教会的利益而被使用的;并且他进而宣称,世俗的权力必须服从于精神权力,世俗权力不涉及的就要由精神

---

① 巴克莱(Barclay)如下的文字可以证明教皇的至高权威,同时它也可以证明君主制优于其他政府形式:"上帝其实在自己的特殊人群之中表现了统治方式,一个这样的十法官首长。同样地,基督向我们展示了类型,彼得构成了最神圣的个人君主……而不是到了这个程度,完美的皇帝奥古斯都都在自己之后发展出了不完美的统治形式;他想要一个统一的等级,无论哪个天主教君主都认识牧者,什么东西足以说明,有多少其他的统治类型是一个王,几乎所有民族,不管是野蛮人和兽性的民族,都把自然的力量隐藏起来,并促进榜样的首要源头。"(*De Regno*,82)

第三章 神圣罗马帝国与教皇制

权力加以裁判,并且至高的精神权力只对上帝负责。他引用了耶利米(Jeremiah)的使命作为证据,证明上帝直接授予了他至高无上的权威;并且最终给予耶利米如下的命令——抗拒掌权的,就是抗拒神的命。①

因此,这里值得注意的是一直持续到 17 世纪人们所一直使用的论证方法和论点。教皇为他自己主张一项要求充分主权的理论,教皇是国王,是唯一名副其实的国王,仅对上帝负责。教皇认为统一是政府的灵魂,每个政府都必须拥有某个至高的首领作为其统一的中心;并且基督教共同体(Christian commonwealth)就是一个君主国,这个君主国的至高权威就在教皇自己身上。他否认在共同体中存在两项至高权威(一项是世俗权威,另一项是教会权威);他认为一项权威必须服从于另外一项权威。他认为,他的权力仅仅源于上帝,而并非源于任何其他尘世的中介。他认为,无论以什么理由都不允许对教皇这一被神圣授予的主权进行抵抗;而为了证明他的这种不得抵抗教皇命令的理论,他运用了如下一些文本,这些文本在后来成为了人们反对教皇的重要武器。人们认为,国王也是上帝的代牧,因此抵抗国王也是值得谴责的。

因此,这里就产生了一种由神圣王权产生的政府理论,它与国王的神圣王权理论是正相反的。人们会发现国王的神圣王权理论可以在教皇至高权威的理论中找到存在理由(raison d'être),这丝毫也不应当使人吃惊,因为国王的神圣王权理论是作为教皇至高权威理论的对立面而存在的。

---

① *Extrav. Commun.* Lib. Ⅰ. Tit. Ⅷ. c. 7.

再者，值得注意的是，上文所描述的理论本质上是一种服从理论，是一种以宗教为基础的服从理论。必须把这一事实牢记在心。为了追求他们自身的目的，教皇们常常被迫解除许多共同体内的效忠誓约。教皇的支持者们也会略微地提及臣民对其主权者的义务。在他们对教皇权威的追求中，人们发现教皇们正在促成一种原初契约的理论，这种理论是17世纪各种民权理论的根基。然而，这些都是教皇的地位所始料不及的。就其本质而言，教皇的至高权威理论所要求的是所有人无条件地服从；比起国王的神圣权利，它建立在更加强硬的永恒惩罚的基础之上。

希尔德布兰德确实认为，所有世俗的政府都源于邪恶。① 对于奉承一位僭主是否合法这个问题，索尔兹伯里的约翰（John of Salisbury）做出的回答是十分古怪的。他认为，弑杀一名僭主是合法的，而奉承僭主也是合法的。② 托马斯·阿奎那（S. Thomas Aquinas）的观点显然要更加明智得多。在关于一个民族（nation）是否能够协同一致共同抵抗僭主的为非作歹这个问题上，阿奎那在一则附论中谈道，这种王权已经不再是政治权力，它是堕落的产物。③ 最后，在教皇谕令《兄弟》（*Si Fratrum*）中，约翰二十二世采取的是充分主权的主张，他认为皇帝的权威只不过是教皇的授予，在空位期，皇帝的权威又会回归到教皇手中。④ 因此，在约翰二十二世看来，皇帝和其他世俗官员并没有什么差别，他不过是其他世

---

① Migne, *Patrologia*, 148, 595.
② *Policraticus*, Ⅲ.15.
③ *De Regimine Principum*, Ⅰ.6. 他显然明确地认为，个人是禁止抵抗主权者的。
④ *Extrav. Joh.* Tit. Ⅴ. c.1.

俗权力的代表——这点正如辉格派理论家们赋予国王的特点一样。然而,所有这些并不是因为这些人相信统治和服从就像草蛇灰线一样并不重要。这是因为在他们看来,统治是神圣的事情,并且服从是作为神圣律法不可或缺的一部分,因此他们不能将世俗政府授予其他更低的权威。所有的权力都来源于上帝,因此,世俗权力仅仅是次要的,并且必须服从于精神权力。服从统治者是神圣的裁断,因此所有人都必须服从教皇——不同于国王或皇帝的权威,它是神圣权威的源泉。而国王或皇帝的权威正如某些人所说的那样,只不过是源于人类的;或者像另外一些人所说的那样,它只不过是上帝通过教皇为中介而被授予的。尽管服从国王也许意味着要解除对直接的领主即国王封臣的效忠,但人们依然必须服从国王。不过,皇帝是上帝的封臣,因此他是可以在教皇的命令之下被推翻的,因为教皇的言语就是上帝声音。至此,教皇们所提出的主张都代表了臣民普遍的、反抗他们的主权者的权利,这点正如英格兰的约翰王和亨利三世,或者西班牙的国王的情况。不过,一旦他们对国王充分信任,他们也会成为王权的有力支持者。教皇可以解除臣民的效忠誓约意味着只要教皇没有解除此种誓约,那么臣民的效忠誓约就是有效的。本质上说,教皇至高权威理论是一种服从的理论,是一种所有政府"从严格而单纯意义上来说"都是神圣体制的理论,它将完全的主权授予给某个单独的首领。这项理论相伴产生的抵抗权理论只不过是其意外的产物,这种抵抗权理论认为世俗统治者都是次等的,他们的权威仅仅是被授予的。而绝对的君主是仅从上帝那获得其权利的,因此服从就是神圣命令的要求;而这两点正是教皇统治理论的根基。

因此，针对教皇的这些主张，帝国派作家必须构造出一些理论武器。材料是现成的。教皇曾经要求完全的主权，因为共同体是一个统一的共同体，因此共同体中存在两个权威是不可思议的；而帝国派作家也必须做同样的事情。教皇曾经以君士坦丁的赠礼以及帝国的转移为证据主张对皇帝的主权；因此，帝国派作家必须证明，即便君士坦丁的赠礼是事实，它也是无效的，并且证明帝国的转移被人们错误地解释了。他们必须主张，因为帝国是不可分割的，因此君士坦丁就不能将永久的权威授予给教皇，并且教皇非但没有使查理大帝成为皇帝，相反他仅仅是同意了一个既成的事实；因此，教皇根本就不拥有对神圣罗马帝国的选帝侯们所做的选举进行审查的权利，也不具有审查某个已占据皇帝席位的人是否适当的权利，虽然事实上教皇一直都在行使着这项权利。最后，教皇曾经为他自己的主权要求神圣的权利，而皇帝也必须为自己要求神圣权利。他必须证明，帝国是从上帝那直接获得的，而不是从教皇那里获得的；因此，皇帝作为上帝的代牧，就不可能成为教皇的封臣；而《圣经》中有关支持对教皇的无限服从的文段如果得到适当的解释，就会成为支持皇帝权威不受约束的证据；经文"我的国不属这世界"表明，教皇所提出的至高权威的主张是错误的。否认教皇至高权威的并不是异端，相反那些要求教皇最高权威的人才是真正的异端；"凯撒的物当归给凯撒"这段经文所提出的命令以及基督对皮拉多所说的话"若不是从上头赐给你的，你就毫无权柄办我"，这些都证明教皇并不拥有普遍的主权，同时证明世俗的统治也是神圣授予的。总之，教皇的神圣权利和皇帝的神圣权利是针锋相对的。

帝国派作家们首先主张,如果在法律与统治体系内同时存在截然不同的两项权力,彼此竞争要求权威,那么"政府的灵魂——统一"就早已不复存在了。因为"任何王国要是自身相互反对,它就不可能存续"。这是帕多瓦的马西利乌斯的《和平的保卫者》(*Defensor Pacis*)①所要做的大部分工作,同时也是奥卡姆的威廉的伟大的《对话》(*Dialogus*)②以及但丁的《论世界帝国》(*De Monarchia*)③的主题。奥卡姆的威廉的大部分作品都可以恰如其

---

① *Defensor Pacis*,Ⅰ.17;整个第二篇都在批驳教皇的理由,认为教皇是帝国混乱不安的罪魁祸首。参见霍布斯《利维坦》第三卷"论黑暗王国",在这一卷中,和帕多瓦一样,霍布斯也认为罗马教会是国家和平的敌人。

② 例如如下的文段:"不仅是那个因发生内讧濒临垮台和毁灭的社会,而且还包括那个因为自己的统治方式趋于分裂和接近分裂的社会。但是,假如信徒的集会有两个部分,一个具有至高无上的法官,另一个却被组织得趋于分裂和接近分裂。"奥卡姆依照他自己的方式感受到了领土主权的观念,尽管它和早期的帝国理论是完全不同的:"权力不仅不能承受在同一群臣民身上的分享,也不能承受在同一个地方的分享。因为正如没有哪个法官愿意自己的臣民服从其他人,他也不愿意任何其他人在其臣民生活的地方享有权力。那么,假如在同一个民族或臣民之上存在着许多法官,这样一个信徒的社会将是危险的;而且,假如在同一个地方在不同信仰的臣民之上设立了许多至高无上的法官,这个社会也是危险的。正因如此,让教士有一个至高无上的教会法官,即教皇,而又让平信徒有一个至高无上的世俗法官,即皇帝,这是不恰当的,因为教士和平信徒是在同一个地方生活在一起的……除非是一个市民共同体,那些一起生活的共同体没有哪个是在其政治生活上管理得好的。对于那些信徒来说也是如此,正如他们在基督内都是一个身体(《罗马人书》12;5),那么他们在市民生活中也应是一个身体或结合。但是,那种有着各个不同的至高无上的法官、首脑或统治者的共同体不是一个市民的共同体,正如那些没有单一国王的共同体不是一个王国一样。"(*Dialogus*,Pars Ⅲ. Tr. Ⅱ. Lib. Ⅲ. c. 19.)

③ 但丁认为,上帝的意志也不能和自然相违背;显然通过这种观点,他认为上帝是不可能同意在帝国内存在相互竞争的统治权的,也不可能同意任何世俗的权威能够限制"世界的主人"的行动。(*De Monarchia*,Ⅲ.)

分地以"混合君主制的无政府状态"为标题。

这种对国家统一的重要性的强烈感受不仅是大部分反教皇的情感的基础,同时也是那些反对单独一个人作为国家首领的人的情感的基础。无可否认的是,"统一作为政府的灵魂"理论上在君主国中要比在任何其他政府形式中更加容易彻底地实现。至少主权权力不会陷入分裂成两个敌对派系的危险之中,而这种分裂的危险正是代议制政府常常发生的事情。君主或教皇不用像议会或枢密院会议一样担心派系倾轧。如果人们考虑了这种因素,并且同时考虑到,人们普遍承认反对教皇的主张是必须不惜一切代价保卫国家统一这种情感的基础,那么人们就不会轻易地批评17世纪或14世纪的那些学者[①]——他们不仅认为主权者只有一个而不是两个,同时主权者还只能是一个人,否则国家的统一就无法得到保障。这是一个引人注目的事实,17世纪的人们所提出的这种主张和14世纪的学者们所提倡的观点几乎如出一辙。奥卡姆冗长的论著就是要证明皇帝"至高无上,高于所有人,所有事"[②];而他的这种主张和后来代表国王权威反对教皇干涉的著作家们的逻辑并无二致;唯一的区别仅在于,奥卡姆将教皇视为国家内部的一

---

① 确实,但丁更加激进地坚持这种观点,并将其作为自身论证的基础,证明人们需要一个普世的君主制。*De Monarchia*, Lib. I.

② *Dialogus*, Pars III. Tr. II. Lib. III. cc.16—23. 难道还有其他文字能够比如下的文段更加充分地表达皇帝是"至高无上"这种观点吗?"因此可以得出结论:除非它整体上和每个部分都有一个至高无上的法官和统治者,在他的直接或间接管辖之下每个人的过犯都得到他或他的下级法官的审判,信徒的集会在市民生活上是不会得到最佳的管理的,它的政治生活方面也是如此。"(*Ibid.* c.20). 我用斜体强调的文字表明,世俗政治并非作者最首要的考虑。*Supra*, pp.39—41.

第三章　神圣罗马帝国与教皇制

种权威,而英格兰的作家们则将其视为外国主权者。

主权理论似乎还存在其他的构成要素。反教皇的理论家们坚持的一项原则就是主权是不可转让的。因此,但丁①和奥卡姆②都认为,君士坦丁的赠礼肯定是无效的,因为皇帝不会毁灭帝国。奥卡姆主张,主权既不可分割,也不可削弱,更不得转让,③尽管奥卡姆所理解的服从的观念和后世人们所理解的并不一致。到17世纪,所有这些观念又重新出现了。国王虽然给议会授予特权,但是主权是不可转让的,因为被授予的特权可以被收回。国王依照法律统治是因为国王本身的美德,而并非由于国王必须受法律约束。国王不得削弱主权权力而损害其继承人的权利。

甚至后来的学者们聚讼纷纭的一些与众不同的问题在当时也得到了讨论。教皇派学者们坚持加冕礼的重要地位,将加冕礼视为皇帝从教皇那获得其职位的一种方式;这点和后来的学者们将加冕礼视为国王与人民之间签订的契约的证据如出一辙。《论君主的至高权威》(*De Regimine Principum*)后半部分的作者将涂油礼视为教皇(作为神法的阐释者)对国王的权威的证据;并且因此上帝通过其代理人便可以对国王行使权威。④ 另一方面,与之对立的学者们则认为,加冕礼在授予皇帝或君主权力的过程

---

① *De Monarchia*, Ⅲ. 10.
② 奥卡姆的观点认为,帝国并非由教皇所创立,因此此后帝国也不可能附属于教皇;皇帝所采取的一切附属于教皇的行动都是无效的,因为这将摧毁帝国。*Dialogus*, Pars Ⅲ. Tr. Ⅱ. Lib. Ⅰ. c. 18.
③ "罗马帝国既不能变小,也不能分裂,至少在没有民众整体的明确或隐含的一致意见的情况下如此。"(*Dialogus*, Pars Ⅲ. Tr. Ⅱ. Lib. Ⅰ. c. 31.)
④ *De Regimine Principum*, Ⅲ. 16.

中并非是必不可少的,皇帝或君主的权力在加冕礼之前就已然存在。① 这点和后世的学者们的观点是完全一样的。还存在许多观点,完全以希克斯的方式证明,异端也可能是服从统治的合法臣民;在这点上,人们尤其强调背教者尤里安(Julian)的例子;正如支持亨利四世的法国作家以及反对排除法案的英国作家们一样,他们都主张,既然最初的基督徒都效忠于尤里安,那么异端之后代这一事实也不能阻碍其对继承权的主张。

不过,仅仅这点还是不够的。证明在一个稳定的国家中国家统一的必要性意义并不大。和皇帝派作家一样,教皇派作家也热衷于强调统一。诚然,要是教皇主权的梦想在实践中完全得到实现,那么在统治权威方面也并不会缺乏人们孜孜以求的统一性。证明教皇主张的不便或者皇帝权力的功用也并没有什么用处。对于一个主张其所执行的权力是直接来自上帝的对手来说,便利性的考虑以及功利理论又能派的上什么用场呢?因此,打败教皇主张唯一有效的办法就是发明一种与之对立的理论,即皇帝的权利也是直接来自上帝的。

比起其他一些帝国派作家来说,但丁更加清醒地意识到这种必要性。也正是这点赋予《论世界帝国》独特的价值,它作为一部论辩作品,其价值在许多引人注目的方面都要高于其他作品。但丁站在帝国的立场上正面反对教皇以神圣权利而提出的普遍主权的主张。他表明,普遍君主制也是由上帝授予的,罗马帝国是由上

---

① "他们在加冕之前即具有剑的权力和世俗行政的权力,那也是他们在这之后具有的。"(*Dialogus*, Pars Ⅲ. Tr. Ⅰ. Lib. Ⅰ. c. 22.)另外,比较同作者的 *Octo Quaestiones*。

第三章 神圣罗马帝国与教皇制

帝授予而获得其地位的,因此皇帝就并非是从教会而是直接从上帝那里获得其权威的。既然所有的权力都是源于上帝,如果皇帝的权力是完全合法的,那么唯一的问题是皇帝的权力是直接来自上帝还是通过教会的中介而获得。但丁十分小心谨慎地反驳教皇派的每一个观点,因此间接地证明,皇帝的权威是直接来自上帝的,并最终直接地证明了这个观点。即便除了《论世界帝国》之外但丁不曾写下其他著作,人们也必定会禁不住对但丁的才智崇拜得五体投地;因为这部作品充分地展现了但丁论辩的清晰与雄辩,在后来的数个世纪里,它都是对教皇权利或者教会干预世俗政府统治的做法最为有效的回应。尽管《论世界帝国》带有经院特征,但其智识的深度与所涉及主题的广度就已经使这部作品远远高于其他大部分同主题的论著了。

我们往往都只是钦佩马西利乌斯①的政治哲学,将其尊为宗教宽容的最早提倡者,并且也很容易认识到,他曾经清晰明确地提出了代议制民主的观念。然而,人们也不应当忽视如下事实,即《和平的保卫者》引起人们广泛兴趣的现代特征必定在一定程度上掩盖了其论辩的价值。作为对教皇主张的驳斥,《和平的保卫者》远没有但丁短小精悍的作品那么有力,并且也缺少了洋溢在《论世界帝国》每一页中的那种乐观精神。

---

① *Defensor Pacis*, I.12,13. 对马西利乌斯哲学的进一步阐述及其同现代思想的关联,见 Poole, *Illustrations of the History of Mediæval Thought*, chap. 9, *The opposition to the temporal claims of the Papacy*; *Wycliffe and Movements of Reform*, 28—42。关于他对宗教宽容的论述,见 Creighton, *Persecution and Tolerance*, 94—97。

此外，不论是帕多瓦的马西利乌斯还是奥卡姆的威廉，他们在很大程度上（尽管并非唯一地）主要关注功利的论点；而对于一个站在坚信具有神圣性质的权威的立场上的对手而言，功利的目的似乎是不相干的。此外，这两类作者都同意臣民具有某种抵抗主权者的权利。[①] 这种主张在很大程度上会变得对教皇制有利。因为如果对君主的抵抗或约束得到证明，那么显然神法也必然会得到证明，而除了基督的代理人之外，还有谁能够解释神法呢？再次，马西利乌斯提出的真正的立法权威是人民的这一观点虽然预示了一些现代的观念，但是它却削弱了自身作为"论辩家"的地位。因为它削弱了皇帝的尊严与权威，而皇帝的权力是唯一有可能被视为和教皇平起平坐的权力。如果正如马西利乌斯所主张的那样，皇帝想要对教皇拥有强制性权威，他就必须具有完全的尊严与权威。[②] 但是这种观点显然是不可能成立的，因为皇帝并非被认为是真正的主权者，而仅仅是作为执行真正主权者——人民——的意志的官员。对上帝的代理人进行裁判这么崇高的一项特权却被安放在一位仅仅是代议性的皇帝身上，这种做法在许多人看来必定是荒谬不经的；对于这些人来说，卡诺萨（Canossa）*就是教皇权威的终点（terminus a quo），尽管他们所提出的教会统治权的理论要远远超出格里高利七世（Gregory Ⅶ.）或英诺森三世所追

---

① *Defensor Pacis*, Ⅰ. c. 18. 奥卡姆认为君主制是最佳的政府形式，因为人们可以更加容易地管束单个的政府首领。"人民便于修正统治者（假如通过这样的劝谏的话），也便于惩罚和罢免，他们人数众多。"*Dialogus*, *Pars* Ⅲ. Tr. Ⅱ. Lib. Ⅰ. c. 13。

② *Defensor Pacis*, Ⅰ. 12, 13.

* 北意大利的一个小镇，1077年神圣罗马帝国皇帝亨利四世在此向教皇臣服，他光脚在雪地里站了三天三夜，希望教皇格里高利七世收回对他的革除教籍令。——译者

第三章　神圣罗马帝国与教皇制

求的狂野梦想。

奥卡姆的威廉和帕多瓦的马西利乌斯都认为,皇帝的权力来自上帝。但是他们二人都认为,帝国的体制甚至帝国的存在本身都是人类世俗的制度[①],如果在将来帝国违背了功利的原则,帝国就可以被摧毁。对于他们二者而言,帝国是由人创建的,而不是上帝神圣恩赐的。不过,马西利乌斯认为,比起教皇来说,皇帝是更加充分、真实地作为上帝代理人的身份而存在的。只要选民的权利依然有效地得以实施,人们就几乎不可能提出任何此类由上帝直接授职的主张(而这种主张正是世袭君主制所主张的)。然而,尽管马西利乌斯[②]和奥卡姆的威廉都清楚,必须赋予皇帝的权利某些神圣的性质,但是他们都过分地被功利原则所影响,而没有将这一点作为其作品的核心。诚然,在一段对于现在的许多听众来说十分类似于霍布斯的启示的文段中,奥卡姆将人民作为帝国的渊源。[③] 无论如何解释,相比于但丁的看法,这种观点更不具有历史真实性。但丁的看法牢牢地把握住如下的观念,即帝国是唯一从上帝那里获得的,因此,他并没有将选民视为自己选择皇帝,而仅仅将其视为在宣布上帝的选择。[④]

在主张至高无上权威的过程中,教皇不仅和正在日渐衰败的

[①] *Defensor Pacis*, I.18. *Dialogus*, Pars III. Tr. II. L. I. cc. 8, 29—31. 马西利乌斯明确地驳斥了对由上帝直接授予的摩西式政体进行讨论;他仅仅关注通过人类法律创建起来的公国(principalities)。(I.9.)

[②] *Defensor Pacis*, II.30. 马西利乌斯极力地阐明《罗马书》(第 13 章)的真实含义,并且措辞严厉地宣布,违背上帝的意旨就是有罪的。(*Ibid*. II.25)

[③] *Dialogus*, Pars III. Tr. II. L. I. c. 8.

[④] *De Monarchia*, III.16.

帝国的力量相冲突,同时也同新兴的欧洲民族国家产生了冲突。这些民族国家的力量正在一年一年地增长,而封建主义在中央权力的面前节节败退。如果除了亨利四世去往卡诺萨的旅行之外,中世纪最具戏剧性的成就也许就是美男子菲利(Philip the Fair)对卜尼法斯八世的驳斥了。卜尼法斯八世认为教皇超越所有尘世的权威,具有至高无上的地位。在教皇教令《至圣合一论》①中,卜尼法斯八世将教皇的权威推崇到最高的地位;而卜尼法斯八世遭受到的毁灭也构成了后来法国反对教皇提出的所有政治主张的起点。

从这时起,法兰西不受教皇干预的自由就被帝国派作家们绝望地羡慕着。② 正如在帝国中的情形一样,从这时起,法兰西的作家们就开始发展出某种关于世俗政府的神圣权利的理论。这点丝毫不会令人感到诧异。14世纪的一位作家就着重强调,法兰西国王统治的王国是唯一地来自上帝的。③ 另一位作者则争论说,基督面前的所有祭司都仅仅是象征性的,而王权更加古老,因此二者之中后者更加崇高。④ 他认为,教皇的权威不可能直接来自上帝,因为要是那样的话,君主就是教皇的仆从(因为他是基督徒),而这种情况是和《罗马书》第八章的内容相矛盾的。在《罗马书》第八章

---

① *Supra*, p. 49.

② 在为皇帝地位进行辩护的过程中,奥卡姆就不断地引用法兰西国王的事例,因为法兰西国王是公认的不受教皇干涉的。

③ "他在没有任何手段的情况下持有和占有他的上帝的国度,不是让自己从任何人身上、从天主教的教皇那里持有它,只是作为一个人,只是作为他的代牧。"(Goldast, I.49.)

④ *De Potestate Regia et Papali*, cc. 4,5.

中,国王而非教皇被认为是上帝的代理人①;他进而又依照通常的方式从"不可难为我受膏的人"(Touch not mine anointed)以及其他一些文段进行论证。②

因此,在中世纪开始时期,政治在本质上被视为神学的一个分支。之后教皇由于自身地位遭受到的危机而不得不逐渐地为自身主张至高无上的主权权威(由神圣权利保障的主权权威,不服从此种权威就是道德上的犯罪)地位。此后,针对教皇的观点,皇帝的支持者们以国家统一的必要性为基础也构想出了一种主权理论;针对教皇所提出的作为上帝代理人而享有至高地位的主张,所有支持皇帝的作家们在一定程度上(但丁是最为清晰、最为充分地)表明,皇帝的权威是由神圣权利的授予而存在的,并且它也是由上帝的恩典而非教皇的恩赐而产生。他们利用《圣经》中的经文律令要求教皇服从皇帝,而针对这点,卜尼法斯八世鲁莽地发布了一道要求对教皇无限服从的教令来与之对抗。最后,支持法兰西国王的作家们也采取了这种与之类似的立场。作为主权权威基础的统一的必要性以及世俗政府的神圣权利不受教皇干预这两点是帝国派作家最根本的观念。人们提出皇帝的神圣权利并非是为了皇帝本身的目的,而只是为了反对由教皇所提出的类似的神圣权利的主张。他们双方都承认,权力是来自上帝的,他们都清楚,在国家之中必须存在某种高于法律的至高无上的权威。但是,从一个方面来看,所有权威都具有神圣起源这种观点同时也暗示了精神权

---

① *De Potestate Regia et Papali*, c. 11.
② *Ibid.* c. 14.

力的至高无上的特征。这些看法只有通过如下的观点才能加以反驳,即世俗政府不仅仅是上帝许可的,同时事实上也是上帝授予的,并且世俗君主直接地从上帝那里获得其权威,不受任何其他权威的干涉;或用江顿的约翰(John of Jandun)的话来说就是,皇帝的权力直接来自上帝而非教皇。

第四章　威克立夫与国王理查二世

在中世纪,思想与学问都是国际性的。因此,如果中世纪早期在欧洲大陆进行得如火如荼的争论并不存在于英格兰,这就是一件怪事了。此外,奥卡姆的威廉本身就是英格兰出身的牛津学者。英格兰很久以来就宣称自己是一个帝国;自诺曼征服和亨利二世时期,不受教皇干涉或多或少就已经成为英格兰政治家们的心愿。即便在完全臣服于教皇的时期,英格兰的贵族们也能够用一条有力的否定性短语——盎格鲁的法律永世不得改变(nolumus leges Angliae mutari)——抵抗试图用教会法规则取代英格兰继承法的努力。[①] 爱德华一世非但没有屈服于教谕《教士不纳俗税》(*Clericis laicos*),相反,他宣布教士不受法律保护;从这个时期起,英格兰就通过了一系列的立法限制教皇的主张。鉴于所有这些原因,对教会怀有偏见的作者或对自身地位具有崇高理想的君主都有可能宣称,英格兰的国王具有完全的"自由",即完全的主权,并且主张英格兰的王位是通过神圣权利产生的。在威克立夫的著作中,我们能找到这种表达,并且在我们所能搜集到的资料中,神圣王权也是国王理查二世坚持的明确的王权理论的基础。

---

① *Statute of Merton*, c. 9.

一

威克立夫写了《论王室职位》(De Officio Regis)一书,其目的不仅仅是要通过剥夺教士的教产以确认主权者有协助教会的义务,[1]其直接目的更是为了提升王权的地位以反对教皇的权利。不过,这位作者对王权的实际提升建立在十分类似于帝国和法兰西所提出的理论之上。[2] 在世俗事务上,国王是上帝的代理人,正如在精神事务中教士是上帝的代理人一样。不过,国王的尊荣高于教士,因为国王代表了基督神格(godhead),而教士则仅仅代表了基督的人格(manhood)。[3] 因此,在世俗地位和权威方面,精神权力不及世俗权力,尽管在精神权威方面,教士要高于国王。英诺森三世著名的教令就被消解了,并且从中产生出了一项世俗权力具有完整主权的理论。[4] 威克立夫承认,在世俗权威和教会权威

---

[1] De Officio Regis, 216. 这里参考的是威克立夫协会的版本。

[2] Ibid. 73. "除非以神法为基础,否则不可能存在人类的权利。"这是所有反教皇派作家们的重要基础,在此基础上,他们建构自己的神圣王权理论。除非通过神法,否则不可能存在任何人类的权利。但是人类的权利是确实存在的。因此,神圣权威必须确保这些权利的存在。从类似的大前提出发,教皇得出结论认为,所有人类权利都必须以教皇为中心;由此教皇也能够最终废除这些权利。那些清楚证明世俗政府存在的重要性的作家们不得不争辩说,人们可以无需通过教皇的授予而由神法获得真正的权利。

[3] Ibid. 12—14. "据此可以看出,因为基督的代牧应当在理性之下进行管理,通过这理性他才是基督的代牧,通过这理性他才与上帝相关。"

[4] Supra, p.48. De Officio Regis, 34—36. 威克立夫的论证比表面上看起来的要更加清楚易懂。因为英诺森的信仰仅涉及优先性的问题,有可能被人们解释为仅仅暗示要求在"教会与国家"间关系上有发言权。可以对比1893年红衣主教沃恩(Cardinal Vaughan)在市长官邸所做的关于"教皇与女王"关系的演说。

第四章　威克立夫与国王理查二世

之间,一项权威必须能控制另外一项权威。但是他认为,更加完美的国家之上不会再有更高的权威;基督净化神殿的行为是一项帝王的(imperial)行动,而基督献身的行动则是一项祭司的(sacerdotal)行动;因此,君主权威处于更高的地位。① 在一个国家中,必须存在一个至高无上的首领,否则国家就会一片混乱;而世俗权威就是这个首领,并且国王仅仅在世俗领域中处于至高无上的地位还是不够的,他必须在所有事务中处于至高地位。② 威克立夫并不确定在两项权力中到底哪一项才是真正伟大的,但是他知道,无论在上帝眼中还是在人类看来,教皇都不可能高于皇帝;因为教皇只是皇帝的阁臣。③ 除此之外[根据圣奥古斯丁(St. Augustine)的观点],亚当是最早的国王,而该隐则是最早的祭司。④ 祭司不应当拒绝被称为国王的祭司。⑤ 威克立夫运用了通常的论证与阐释方法。在君士坦丁赠礼之前,教皇是皇帝的臣民

---

①　*Supra*, p. 48. *De officio Regis*, 137. "因此,基督像帝王一样把买卖人扔进神殿。在 *Ex Multis* 的第一章第三节,走上十字架是祭司的行为。那么,第一个权力在祭司当中有行动者的理性,第二个真正的权力有脱离祭司的被动者的理性,这从一条自然原理可以看出,即'主动在被动之前',王权高于祭司的权力。"

②　*Ibid*. 138,139. "同样,这种权力要么出于平等主体,要么从属于另一种权力。假如事实上存在着没有一种权力从属于对方的情况,那么按照人法,这种权力就会导向整体的混乱。"值得注意的是,威克立夫的目的并非国家,而是教会;政治依然仅仅是神学的婢女,世俗国家是为了教会的利益而存在的。

③　*De Officio Regis*, 143. "我可以大胆地断言,不管对于人类来说还是对于上帝来说,无论是我们的教士的宣称还是圣经经文都没有使教皇位于恺撒之上。因为,管理圣事不是权威的工作,而是奴役的代理,但它引领和指示这样的管理。然而,因为教皇在名声上是这样伟大,以至于他在人世间就是恺撒。"

④　*Ibid*. 144.

⑤　*Ibid*. 197.

(liegeman),并且从此以后教皇也不可能不再是皇帝的臣民。① 皇帝曾经废黜过教皇。② 除非把《罗马书》第3章或者《彼得前书》第2章的内容都理解成是世俗权力,否则其他一切都是诡辩。③

威克立夫不允许国王服从于实证法律。国王应当遵守自己的法律,但是国王的服从是自愿的,而不是被强迫的。因为国王是不受法律约束的(solutus legibus);并且当人们提到法律可以制约国王时,人们所指的只是道德法或神法,而非实证法。④

对于威克立夫而言(正如对于奥卡姆而言),国家统一的必要性是王权至高地位的主要证据。⑤

这样就产生了一种主权理论,这种理论以国王的神圣权利为基础,并且国王绝不会服从于教皇。几乎难以想象,像威克立夫这么伟大的作家在写自己的著作时会忽视奥卡姆的作品。尽管它所使用的论证方法并不完全相同,并且整部作品在见识与洞见方面要逊色于奥卡姆的作品,然而它们的结论是一样的。因此从这点来看,无需做过多的假设,我们就可以认为,帝国派作家们的理论在这个方面影响到了英格兰的思想。

威克立夫的统治理论以恩典为基础,因此一位邪恶的国王不

---

① *De officio Regis*,202.
② *Ibid.* 128.
③ *Ibid.* 67.
④ *Ibid.* 93 sqq. 在定义完理性法或自然法之后,威克立夫继续写道:"契约法通过政治才能在这样的公平的条例和颁布之上指示人类调整民事所有权,因此最初的君王是其法律的奠基者。"
⑤ *Ibid.* 246.

第四章　威克立夫与国王理查二世

能施行真正的统治,这点无需多言。① 然而,在威克立夫的体系中,这点并不会妨碍不受限制的服从理论。② 在其著作的大部分篇幅中,威克立夫坚持的都是不受限制的服从理论,赞成被动服从,并且引用了救世主以及原初的基督徒的例子作为证据。③ 不过在其他地方,他又提出与之矛盾的看法,他首先认为,人们是能够通过抵抗的方式④(威克立夫所谓的抵抗几乎和被动服从差不多)进行服从的,接着他又认为,反叛的义务甚至弑杀僭主都是可能的服从方式。⑤ 在这方面,我们不可能指责威克立夫前后矛盾。事实上,这种前后矛盾在马西利乌斯和奥卡姆身上也同样存在。他们二人都着重地强调《圣经》的权威是禁止抵抗的,然而在很多时候,他们似乎又赞成抵抗。

事实上,这种前后矛盾是自然而然的,能够被理解。14世纪的作家们都投身于创设一种反教皇理论的工作中。在一项理论的初创时期,不要指望这项理论在所有方面都能和谐一致。例如,这种情况就体现在当时正在被创设并发展的国王的神圣王权理论中。然而,对抵抗权(无论对其进行何种限制)的承认毫无疑问地使反对教皇的所有努力露出了真面目。一旦最低限度的抵抗权得到了承认,异端就有充分的理由利用这点进行抵抗,而教皇无论如

---

① *De Officio Regis*, 17. 僭主拥有权力(power),但缺乏统治权(dominion)。"他们实际上按照自己的统治享有权力和地位……但是,这种权力不是所有权。"

② 对于威克立夫的王权理论的阐述,见 Poole, *Illustrations of the History of Mediæval Thought*, Ch. Ⅹ.; Wycliffe, *Movements of Reform*, Chap. Ⅵ.

③ *De Officio Regis*, 6 sqq.

④ *Ibid*. 82.

⑤ *Ibid*. 201.

何都有权对异端进行裁判。威克立夫谴责了所有抵抗僭主的人,除非他是依照神法进行抵抗;他和功利主义式的服从没有任何关系。[①] 因此,威克立夫实际上主张在世俗领域内必须彻底服从的理论,但是间接地他又授予作为神法解释者的教皇可以对任何国家进行干预的权利。威克立夫剥夺了君主的独立地位,却并未确立起民众的自由;并且他的理论如果在实践中被付诸实施,便既可以用于支持正统[②]国王的残暴统治,又可以用于支持好管闲事的教皇的干涉活动。这就使得威克立夫的理论融国王神圣王权理论与教皇至高权力理论的所有缺点于一身,而散失了这两项理论中的任何优点。不过威克立夫本人并未预见到这个问题,而且其著作的主要意图在于论证王权的普遍权威,以及各个阶层都具有必须服从王权的宗教义务。在宗教宽容变成了人们普遍接受的信条或者教皇、教士在精神事务上的权威被驳斥之前,除非通过绝对不抵抗理论与神圣王权理论,否则人们根本无法找出一条充分有效的途径来反驳教皇对最高政治权威的主张。然而,必须承认,即便在宗教方面,威克立夫和马西利乌斯都是反教皇主义者和伊拉斯

---

① *De Officio Regis*,8.″'带来不义的要么是个人的原因要么纯粹是上帝的原因。对于第一种原因,在福音的劝谕之后,忍受是最好的解药。如果纯粹是上帝的原因,一个基督徒大胆地和顺从地进行抵抗的话,那么在福音的非难之后,置于首位的总是趋向死亡。因此,在这两个方面都需要忍受,卑微地服从上帝对不义的裁决。'而且,逾越这种规则的人抵抗权力和上帝的法令是要被判罪的,那些反叛的人所做的尤其如此,这是世俗权力热衷的剧本。″只要经过适当修改,威克立夫的观点就变成贝拉明(Bellarmine)的观点了。

② 这里所谈到的"正统"的含义应当在公认的精神权威(无论是教皇还是"贫穷的教士")的层面上加以理解。威克立夫的理论事实上使世俗权力臣服于精神权力,并且能够证实所有的教会政治理论。

图主义者,他们不会承认教皇在信仰与道德方面具有最高权威。中世纪的理论家们发现了后一种途径,并且逐渐地趋近于前一种方式。不过,他们并没有像后来特色鲜明的神学家们那样明确地、坚定不移地将神圣权利宗教宽容宣布出来;而他们的理论无论在实践还是理论中都没能实现其目标。

二

威克立夫的思想是否曾经对理查二世产生过影响,这一点存在疑问。同时,也没有任何证据能够表明,威克立夫的王权理论源于帝国派作家们的著作。然而,至少可以确定的是,人们无法不受约翰二十二世和巴伐利亚的路易之间爆发的巨大争论的影响,并且站在皇帝一边的作家们所表达的观点尤其受到英格兰人的欢迎。同样无可否认的是,关于这一时期英格兰要求不受教皇干涉的主张可能能够轻易促使一位像理查二世一样心智狭隘的人为自己主张神圣权利所赋予的绝对君主地位。他最不可能忽视重要的《侵犯王权罪法》(Statutes of Praemunire)的前言的重要性,该前言认为,"英格兰的王权从古至今以来一直都是独立的,在所有涉及英格兰王权至尊地位的一切事项方面,它在世俗方面不服从于任何人"。[①] 如果情况确实如此,理查二世就会小心谨慎地维护"王室的权利和自由"不受侵犯,并且尽力保证没有任何议会或贵族的联合行动能够迫使他轻微地削弱王权。尽管我们发现理查二

[①] 16 Ric. Ⅱ. c. 5, Statutes of the Realm.

世由于在教皇面前降低了自己的尊贵地位而受到攻击,①然而,这毫无疑问是一桩共谋行动。理查二世试图获得教皇的权威支持什鲁兹伯里(Shrewsbury)议会进行的巨大宪制变革。当这是出于他的利益的时候,他十分情愿地要求阿伦德尔(Arundel)大主教应当依照教皇的命令调派到圣安德鲁斯;然而,在内维尔(Nevill)大主教的案件中,当教皇的调遣令被人们当作一项政治武器来对付理查二世的时候,他又向教士们抱怨教皇调遣(translation)这种习俗真是令人厌恶。而如果他们坚定地反对罗马教廷,理查二世也会提供自己的帮助。②理查二世无法理解为什么教皇会要求废除侵犯王权和妨碍圣职推荐(Quare Impedit)方面的"立法",尽管他高兴地了解到,神圣的教皇并不想削弱英格兰王室的权利和自由。③当他站在教皇一边时,这是出于直接的便利的理由;在骨子里,他和亨利八世(Henry Ⅷ.)一样,都是反对教皇的。④确实,他被指控妨害教会法庭。⑤

但是,无论理查二世是否受到了威克立夫的著作以及皇帝派

---

① *Articles of Deposition*, c. 10. 另参见 Walsingham, Ⅱ. 203;在废除《空缺圣职继任者法》(*Statute of Provisors*)方面,国王和岗特的约翰被认为比议会更加倾向于对教皇屈服。

② Walsingham, Ⅱ. 228.

③ John Malverne in Appendix to Higden, Ⅸ. 256.

④ Walsingham, Ⅱ. 108; Higden, Ⅸ. 26.

⑤ *Articles of Deposition*, c. 29. 在有关圣埃德蒙兹伯里(S. Edmedsbury)修道院院长选举的争论中,我们得知,国王向教皇派出了使者,要求他们对教皇说,国王的意志在这件事情上是不会动摇的。Appendix Ⅳ. to Higden's Polychronicon, Ⅷ. 452; Walsingham, Ⅱ. 68. 后来,理查二世屈服了,令沃星汉姆(Walsingham)极为厌恶。"如同安利甘教会的贻害,教皇和教廷也日渐骄奢淫逸。"(*Ibid.* 97.)

第四章　威克立夫与国王理查二世

作家们的理论的影响,他确实坚信国王地位的神圣性,坚信他的王位要比先前任何国王的王位都要"独立",并且因此全身心地建立起专断的统治。他总是小心翼翼地"守护""保卫"自身的王位和尊严。他以教条主义(doctrinaire)的政治家的尖酸口吻反复不断地宣称,他没有做任何会贬损国王特权的事情。当贵族们威胁要推翻他时,他退缩了,但"不放弃国王的权利"。① 他发自内心地认为,1386年的委员会是无效的,因为它违背了君主的权利。② 他是法律的唯一渊源,他不受习俗的约束;③他认为国王是出于上帝的恩典,是源于继承权,④因此他坚持不懈地努力,保证国王自由不受侵犯。

理查二世是不仅仅停留于文字上的。他篡改议会的卷筒卷宗;⑤他修改或废除由议会两院通过的立法。⑥ 他肆意地行使搁置法律的权利,这些权利远远超出了爱德华三世(Edward Ⅲ.)时期的习俗;他以各种形式表明,他不认为法律或习俗能够约束他的行动。不过,在其统治的最后一年中,他的观点得到了最为充分的表

---

①　John Malverne, Appendix to Higden's *Polychronicon*, Ⅸ.115.
②　理查二世似乎已经感觉到,只要他同意了这个委员会的要求,那么实际上他就放弃了王位。Walsingham, Ⅱ.152. 另参见 *Rot. Parl.* Ⅲ.224,"国王在整个议会面前对议员表达了强烈的反对,因为在他看来议会阻碍了他的权力。这么做他的权力乃至他的自由就得以挽救和保存"。
③　"君王……任性而又大胆地说,法律从口出,有时存于心里,自身即可立法和变法。"*Articles of Deposition*, c.16.
④　*Rot. Parl.* Ⅲ.339.
⑤　Walsingham, Ⅱ.227; *Articles of Deposition*, c.8.
⑥　Walsingham, Ⅱ.48."但是,倘若事后没有任何内在的效果,议会立法为何有用呢? 拥有私人顾问的君王其实通常会拖延、变更或废止,在议会当中在具有之前,整个王国不仅是共同体,而且也是贵族立法。"*Articles of Deposition*, c.17.

达,并且几乎就在宪制中得到了体现。在 1397—1398 年的议会中,他成功地让议会取消了对接任贵族(Lords Appellant)的宽恕;在诺丁汉,他采纳了对法官意见的批准,这些意见谴责了 1386 年的改革委员会,并且宣布该委员会的组织者犯下了叛国罪,并且赋予王权安排议会事务的权利——这将有可能完全阻碍"先昭雪冤屈再提供资助"(Redress of grievances before supply)这一议会准则的发展。最后,国王还劝说议会将其权威授予给一个常设的 18 人委员会。①

毫无疑问,通过这些措施,理查二世试图创建一部成文宪法,一部《君王法》(lex regia),以永久地维护英格兰王室的权利。它规定意图废除这些成文法律的行为是叛国行为,所有人都必须庄严地宣誓遵守这些法律。在将来,封臣们(无论是贵族还是主教)都必须宣誓遵守这些法律,之后才能获得其封地。② 国王为了使教皇同意他所采取的这些措施而写信给教皇;这是一件闻所未闻的事情,而这也成为他被推翻的理由之一。③ 最终,在其遗嘱中,理查二世将他的财产遗留给了继承人,但前提条件是继承人必须批准并遵守什鲁兹伯里议会的法律。如果没有遵守这些条件,他的财产就将遗留给别人,只要他能誓死保卫这些法律。④

这些史实的重要性不言而喻。理查二世渴望建立起绝对君主

---

① 21 Ric. II. cc. 1—20. *Statutes of Realm*, II. 94—110.
② *Rot. Parl.* III. 352 sqq.
③ 废黜国王的文件在奈顿(Knyghton)被公布出来(Twysden, *Decem Scriptores*, 2746—2756); *Rot. Parl.* III. 417—427。
④ Rymer, VIII. 75, *Articles of Deposition*, c. 31.

制,并且试图使王权不受任何限制,使王权摆脱习俗的限制。国王所坚持的原则是清楚而确定的。他的行动并不是肆意妄为的,也不是出于一时的统治冲动,而是带有确切的目标,带着坚定的决心,一心要维护王权,并试图使王权在将来也不受侵犯。在这届议会开幕式上,埃克塞特(Exeter)主教所做的布道最清晰地洞察了理查二世的理论与原则。①

这份布道就是《唯一的国王无所不能》(*Rex unus est omnibus*)。② 埃克塞特主教认为,一个国家只能存在一位国王以及一位统治者;否则王国就无法得到统治;简言之,"混合君主制"就是无政府状态;国王必须强大有力,法律必须得到遵守,而臣民必须服从。王室拥有某些特权,这些特权是不可转让的;任何试图转让这些特权的法律都是无效的。因此应当召集议会,调查过去是否存在某些法律转让了国王的这些特权,如果存在,就必须采取补救措施,不得妨碍(non obstante)制定相反的法律。因为国王是法律的渊源,法官就必须维护王室的权利。当议会在什鲁兹伯里重新召集时,大法官的演说也表达了同样的观点。他认为,议会召集的目的是为了保证在王国中不会存在多个主权者,而只存在一个。③ 所有这些观点在逻辑上和奥卡姆以及其他一些反教皇派作家的论证如出一辙,他们都要通过国家统一的必要性来证明主权权威的至高无上。

值得注意的是,在利用议会作为瓦解议会自身自由的工具

---

① *Rot. Parl.* III. 347.
② Ezek. xxxvii. 22.
③ *Rot. Parl.* III. 357.

方面,理查二世创立下来的这种先例后来被亨利八世更加巧妙、成功地遵循了。理查二世授予臣民的大赦①和亨利八世由于违背了《侵犯王权罪法》而授予整个王国的著名的赦免是一模一样的。同时,理查二世似乎也是第一个发现利用议会的好处的国王;人们指控他利用自己的提名以及以贿赂议会成员的方式收买了议会。②

沃星汉姆告诉我们,在这部法律通过之后,整个王国的郡长都被迫宣誓新的、从未有过的誓言,保证他们会遵守国王的命令,无论这些命令是签署国玺(Great Seal)、御玺(Privy Seal),甚至是国王印章(Signet)。③ 理查二世不断地为他自己所坚信的原则努力,这似乎可以通过在他陷入困境时宣称的话语中得到证实。他认为,他所处的糟糕处境伤害侮辱了所有国王,并且会使王权遭到羞辱④。我们知道,直到去世他都将自己看作接受过涂油礼的国王,尽管他被废黜了。他将涂油礼看作圣礼,⑤并且坚持要求得到王室葬礼。因此,最初构成反对教皇的理论体系的那些观念在一位固执己见的英格兰国王所坚持的绝对君主制理论中得到了表

---

① 21 Ric. II. c. 20:埃克塞特主教宣称,授予此项大赦是召集议会的主要目的之一。

② *Articles of Deposition*, c. 19.

③ Walsingham, II. 231; *Articles of Deposition*, c. 20.

④ "这将是对他(法国国王)的极大羞辱,甚至是对今天所有有母亲气息的国王。"(*Histoire du Roy d'Angleterre Richard*: Archaeol. Britann., XX. 339.)还有许多同样论调的话语。在论及博林布鲁克时,作者让理查二世说出了如下的话语:"所有的敌人都将是他的敌人,他们将热爱荣誉、忠诚、掠夺和附属国。"

⑤ Walsingham, II. 240. 国王希望用从圣地带回的圣油二次受膏。它被用于膏亨利四世。理查提到自己配不上如此高贵的圣礼。理查渴望再次受膏,这丝毫不影响他将膏礼视为授予恩典的圣礼。

达，并且也在由君主世袭制的习俗以及涂油礼不可磨灭的特征加以证实的王权的神圣来源的理论中得到表达。

国王理查二世的地位本身就足以证明如下观念的发展，即世袭继承权是王室地位的主要依据。和布列塔尼的阿瑟（Arthur of Brittany）一样，理查二世继位的时候，他还只是一个孩子。和阿瑟的情况一样，他的父亲自己并不拥有王位。然而，在他们二人的情况中，都存在一位野心勃勃、无所顾忌的叔叔，一位在全国拥有举足轻重的威望的人。然而，在12世纪的时候，是叔叔获得了胜利，并且选举性君主制的原则得到了拥护；而在14世纪，侄子的继承权已经变得无可争议了；并且典型的长子继承制原则获得了胜利。

最后，卡莱尔主教（Bishop of Carlisle）的演说（通过莎士比亚的剧作①，我们对他的演说已耳熟能详）可以证明，不受限制的服从的理论以及王位世袭理论正在变得越来越流行；同时也表明，新的王朝*以民族的权利以及议会选举为基础，它将不得不面对对手的挑战，这个对手以世袭继承权和叛乱的不公正为基础。②

---

① *King Richard* II. Act IV. Sc. I, 11.114—149. 莎士比亚改变了背景，他是从霍林谢德（Holinshed）那里得到这份演说的，而后者又是从霍尔那儿获得的。霍尔显然是从 *Lystoire de la traison et mort du roy Richart dengleterre*（*English Historical Society's* Edition, pp.70, 71.）获得卡莱尔主教的演说的。同时可参阅1386年沃里克（Warwick）伯爵的演说（Higden, IX. 110）。

* 新的王朝指兰开斯特王朝，"对于"则指约克公爵理查。——译者

② 法国国王对篡位者的谴责是对这一点的进一步证实。*Lystoire de la traison*, Appendix H.

第五章　从亨利四世到伊丽莎白时期英格兰的王权

理查二世建立专断统治的主张遭到了英格兰民族的反抗。1399年革命确证了英格兰人建立宪政政府的权利。废黜文书指控理查二世犯下了诸多罪行,其中包含或暗示了一种像绝对主义王权理论一样毫不妥协的宪政理论。1399年革命的含义还不止于此。在将博林布鲁克的亨利(Henry of Bolingbroke)推举上英格兰王位的过程中,英格兰的贵族们忽略了与理查二世亲缘关系最近的继承人,表明议会有权从王室家族中选举最合适的人选担任英格兰国王。不过,情况并非如此清晰明朗。亨利通过主张自己是亨利三世最近的继承人而效忠于正统的王位世袭。亨利的主张只是一种拟制,这点再明显不过;没人会相信亨利的祖先爱德蒙·克劳奇柏科(Edmund Crouchback)会比他的兄弟爱德华一世更年长。然而,亨利的主张越发荒谬,它就越能有力地证明,严格的王位世袭制原则在当时英格兰人心目中的地位有多么牢固。人们不可能用显而易见的谎言来支撑自己的主张,除非这样的谎言能够满足某种真实存在的感情。然而,宪政(constitutionalism)还是在一段时间内取得了胜利,并且在这个王朝行近尾声时,一位英格兰

第五章　从亨利四世到伊丽莎白时期英格兰的王权

律师①所阐发的政府理论极其有力地批驳了专制政府,而热情地推崇"混合君主制",正如威克立夫和理查二世在相反的方面所做的努力一样。然而,新的王朝并未获得成功,时局需要强有力的政府,"由于缺乏强有力的政府而陷于衰弱"的国家便寻求正统世系的支持。② 约克公爵理查(Richard)最初也是以改革者而并非王位觊觎者的身份登上高位。不过,只是由于他是爱德华三世的合法继承人,他才成为了改革派阵营的领导者。他很快就从主张良善政府的受人欢迎的领导者的角色转变成被剥夺继承权的继承人的角色,并要求自己的权利。正是在此时,不可侵犯的世袭继承权的观念第一次出现在英格兰的历史上。③ 没有任何国家理论能够严

---

① Fortescue, *De Laudibus Legum Angliae* (1468—1470); *The Governance of England* (1471—1476).
对福蒂斯丘(Fortescue)的理论的阐发请参阅普卢莫(Plummer)先生为《英格兰政府》所写的导言,以及斯塔布斯博士的 *Constitutional History*, §365。

② *Ibid*. §372.因此议会总结了国家在兰开斯特王朝时期遭受到的伤害。"在(亨利)统治时期,引导并指引英格兰这个高贵王国的并非繁荣、和平、正义、善治、公允和充满美德的交往,而是骚乱、内战、纠纷、不公、被白白挥洒的无辜者的鲜血、法律的滥用、徇私舞弊、暴乱、敲诈勒索、谋杀、强奸和无耻的营生。"*Rot. Parl.* V.464.

③ 这一事例涉及时效无损王权(Nullum tempus occurrit regi)这一继承原则。其所利用的以下一些论证值得注意:针对反驳自己的主张的反对意见,约克公爵回应,人们向亨利六世(Henry Ⅵ.)宣誓效忠时曾经强调,如果誓言同神法,即继承权,相矛盾,那么该誓言就是无效的。他主张:"依据神法和一切自然法,他都是前述君主正当的继承人"。(*Rot. Parl.* V.377.)在爱德华四世(Edward Ⅳ.)统治的第一年,议会谴责了理查二世(这一受膏、加冕和受祝福的国王)的行为"违背了神法,违背了人类的忠诚,违背了忠诚誓约"。在议会立法全书中,没有任何法律曾经将王位授予给爱德华,亨利七世(Henry Ⅶ.)和詹姆斯一世的情况同样如此,议会仅仅宣布,爱德华在其父亲去世的时候便获得了继承权。它提到约克公爵主张王位是"依据自然法的恩赐,除了上帝之外,再也没有任何人能高于他"。(*Ibid*. 464,465)除了王位继承的权利外,再也没有任何事项能够更加强烈地表达世袭继承权的观念;涉及继承权的问题已经获得了神秘的特征,而且律师们也拒绝卷入到王室机密(arcana imperii)中。在被要求对约克公爵的主张进行讨论时,法官们宣称,此一事项是如此崇高,它涉及国王的崇高地位和王室威严,这些都是高于法律的,已经超出了他们自身的学识范围,因此他们不敢贸然涉及任何与之相关的事项。(*Ibid*.376.)

83 重地谴责一位合法的继承人领导一场反对篡位者的斗争。但是,在最初的篡位者去世之后,他所建立的王朝在各方面来说都已经稳固了,被剥夺权利的支系将无法取得任何普遍的支持,如果不是人们当时对前朝正统世系仍然存在强烈的情感,人们就会普遍认为,只要能够找到合法的继承人,就没有任何理由能够否决他的主张。* 因此,无论玫瑰战争的真实原因是什么,其名义上的理由便可以证明王朝正统观念的影响,表明王朝正统的原则在15世纪中叶已经确立起来了。对于一项并不受欢迎、并不普遍的理论,人们是不可能拿起武器进行支持的。因此,该项原则已经取得了胜利。

84 不仅仅爱德华四世能够驱逐那些"在行动中是国王,而在权利上并非国王"[①]的人,同时爱德华的对手们也可以依据世袭继承权提出自己的主张。他们抛弃了亨利四世是亨利三世最近的继承人这一主张。他们提出合理的主张认为,约克支系是从一位女性衍生出来的,因此这一支系应被排除。由此,无论在任何一个方面,世袭继承权的标准都得到了承认。

在亨利八世统治之前,这一原则都并未遭到严重的背离。理查三世可能是一位篡位者,但是至少他主张自己是依据最牢靠的权利继承王位的。他认为爱德华五世(Edward V.)是不合法的,并且认为年轻的沃里克伯爵的主张也由于克拉伦斯(Clarence)公爵被褫夺公权而无效。如果他所提出的这些主张成立,那么他无可置疑就是爱德华四世的继承人。无论如何,他认为自己拥有合法的君主权利

---

* 关于亨利六世末期兰开斯特家族与约克家族之间的王位归属争论,各方都有各自的理由,详见 Hume, *History of England*, vol. II. p. 436—438。——译者

① *Statutes of the Realm*, II. 380.

第五章 从亨利四世到伊丽莎白时期英格兰的王权

(titulus regius),并且由于这一原因,他能够获得王位。①

博斯沃斯战场在一段时间之内终结了严格的继承权的主张,王位被一位冒险家夺得了。这位冒险家似乎更有理由被视为是威尔士君主的继承人而非英格兰君主的继承人。然而,甚至亨利·都铎(Henry Tudor)的继承权主张也还是有一定理由的。人们可以认为,博福家族(Beauforts)的合法地位可以被应用于继承权方面。人们可以自称,其他所有提出王位继承权的人的主张都是不合法的;约克的伊丽莎白(Elizabeth of York)是一位女性,理查三世则是一位篡位者,而沃里克则是被剥夺公权的家族的后裔。②至少,通过迎娶伊丽莎白,亨利七世努力为自己的王朝获得了继承权资格,而这种资格如果单靠他自己,则相当薄弱。③ 亨利八世是作为爱德华三世无可争议的继承人而施行统治的。这些事实表明,即便世袭继承权无法阻止通过征服或选举而获得的权利,它至少发现应当适当地尊重精巧的拟制。另一方面,与此种感情形成鲜明对照的是一部议会立法,它对事实上的国王(de facto king)④

---

① *English Historical Review*, VI. 260 sqq., 453; Gairdner, *Life and Reign of Richard* III. Chapter III.; Speed's *History*, 717—725.《未受侵犯的王室权威》一书的作者十分清楚,理查三世的第一部法律就是宣布爱德华四世的后代们诟媚僭主,因而是不合法的;不过,后来的历史学家们对于这一法律是如何看待的呢? 这部法律仅仅通过宣布继承权并不授予王位表面上解决了这些疑难,而理查三世的王位的权利"是正当、合法的,它是以神法和自然法为依据的,同时也是以英格兰王国古老的法律和习俗为依据的"。

② 关于亨利七世的继承权主张,见 Stubbs, *Lectures on Mediœval and Modern History*, 392—394。

③ 关于亨利七世为了摧毁爱德华四世早先的婚姻的所有证据而做出的艰辛努力,见 *English Historical Review*, VI. 265。

④ 11 Henry VII. c. 1.

的所有支持者都给予了保护,并且甚至试图禁止将来的议会废除这部法律。

在下一任君主统治时期展现了最触目惊心的试图废除世袭继承制原则的过程。亨利八世与众不同的婚姻关系注定了在王位继承上会不断地发生变化,这在现在看来也不是一件神圣的事情。当亨利八世有权选择自己的继承人时,绝对主义原则就以牺牲王朝正统原则为代价获得了胜利。[①] 一位国王,当其手握选择王位继承人的权利时,在理论上他当然甚至比路易十四都具有更加充分的主权权力。也许路易十四的意志确实会被视为法律,但人们绝不会认为他强大到足以改变王位继承权。亨利八世有序地为自己的孩子们取了名字,这项秩序似乎最为严格地遵循了长子继承制规则——他们按照这一规则继承王位。毫无疑问,玛丽(Mary)和伊丽莎白不可能同时都是合法的继承人,必然有一位是不合法的继承人。然而,至少爱德华六世(Edward Ⅵ.)及其妹妹们的继承权遵循了自然的顺序;如果同阿拉贡的凯瑟琳(Catharine of Aragon)的婚姻之解除能够被视为离婚,那么人们甚至能够主张,继承权的情感也并没有遭到破坏。然而,伊丽莎白的继承理由在三者中是最薄弱的,它当然会引起很大的争议。在欧洲大陆,她似乎并没有被视为合法的主权者。从一开始,苏格兰的玛丽女王就以世袭继承权主张王位。如果凯瑟琳的离婚是无效的,那么毫无疑问玛丽拥有这项权利。伊丽莎白对玛丽款待英格兰的军队感到异常愤怒,同时她还徒劳地试图要求玛丽批准《爱丁堡条约》(*the*

---

① 28 Hen. Ⅷ. c. 7;35 Henry Ⅷ. c. 1.

第五章　从亨利四世到伊丽莎白时期英格兰的王权

Treaty of Edinburgh)。在这份条约中,玛丽由于王位继承权存在争议而不得不在当下及将来都必须放弃自己对王位的主张。这些行为表明,伊丽莎白被自己不稳固的地位而深深地困扰着,同时也证明了玛丽的主张以及支持该主张的舆情多么强烈。毫无疑问,存在其他一些更加深刻的原因导致玛丽执着地坚持自己的权利,不过要是人们并没有感到主权者的继承权存在缺陷,导致这可以成为一项有力的理由反对主权者(他可能由于其他的一些原因而遭到反对),那么单单这些原因也并不足以使玛丽成为一位危险的王位竞争者。其他任何理由都不能使玛丽的主张变得令人畏惧;因为不仅亨利八世曾经努力地将苏格兰世系排除在继承权之外,同时在伊丽莎白统治的第一年议会就批准了亨利八世的这一处置方式。[①] 因此,正如在后世一样,在当时就存在普遍的舆情,认为世系继承权是不可侵犯的,是一项"基本的法律",它是任何议会立法都不能剥夺的。

对此,还有另外一项证据,即伊丽莎白一朝第 13 年的立法,[②]该项法律规定任何质疑议会改变继承权权利的行为都是叛国行为。这项立法可以成为双重的证据。一方面,它证明(其他方面也可以证明这几点内容),无论是伊丽莎白还是她的大臣们都不认为他们自己受到长子继承制的约束。同时也表明,他们主张议会具有绝对的选择自由;很显然,世袭继承权对于他们而言并非"基本的法律"。另一方面,要是世袭继承权不可侵犯的原则并未在相对

[①] 1 Eliz. c. 3. §2.

[②] *Statutes of Realm*, Ⅳ. 52. 同时也参见 Prothero's *Statutes and Constitutional Documents*, 89。

大部分的英国人中间普遍流行，这一原则也不会受到他们的谴责。因此，在都铎王朝时期，世袭继承权不受侵犯的理论并没有得到期待；一些实际的事实反对这项原则的实现。然而，这项观念很可能是广泛存在的，只是人们不能公开地提出它。世袭继承权的舆情必定已经极为普遍，否则人们也不可能一致地欢迎詹姆斯一世继承英格兰王位，因为詹姆斯除了不可改变的基于出生的权利之外，就不存在任何理由能够成功地无视两部将他的家族世袭排除在王位继承权之外的议会立法，继承英格兰王位。另一方面，这些议会法律以及上文刚刚讨论过的那部议会法律本身就能够证明，王权是国家中最为重要的权力，并且当时流行的理论认为，在王位继承问题上，王权是不受任何限制的。

　　这里我们无需讨论都铎王朝专断统治的原因与特点。然而，有一点是值得我们注意的。王室权威的提升是出于对强大政府的需要。兰开斯特王朝犯下的罪行并不在于兰开斯特王朝的政府肆意专断或压迫剥削，只顾谋求自身利益，而在于政府过于软弱，导致法律与秩序都无法得到维系，私人战争又一次地普遍流行起来。约克家族是以"社会的救世主"的身份出现的，而且后来都铎王朝也以此赢得他们的地位。在有关扈从的法律（the statutes of liveries）以及星室法院中，人们可以找到都铎王朝专制统治的存在理由。政府必须有效率，私人的剥削压迫必须受到惩处，罪大恶极的罪行必须受到王室权威的制裁。当时普遍的舆情便是如此。简言之，必须迫使人们服从政府。驱使人们支持都铎王朝的那些理由同时也迫使他们主张服从的极端重要性，迫使他们主张反叛是非法的罪恶行径。

第五章 从亨利四世到伊丽莎白时期英格兰的王权

但是,如果都铎王朝本质上是统治者的王朝,那么宗教改革就使他们的权力获得了极大的增长。这里只要强调一个方面就足够了。在1529—1534年制定的一系列的议会立法中,英格兰达到了另一个阶段,王室的权威最终达到至高无上的地位,而这是几个世纪以来英格兰的国王们针对教会的豁免权以及教皇的政治主张进行的长期的斗争中所梦寐以求的目标。在亨利二世、爱德华三世或理查二世统治时期只不过是一项无法企及的奢望最终成为了既定的事实。只要英格兰能够保证自身的独立,她就可以不再受到教皇的干预。斗争还没有充分取得胜利,并且在这点上它取决于人们对国王神圣权利的热情信念。一直以来,我们都过分轻易地认为,从亨利八世或至少从伊丽莎白一世时期起,英格兰宗教改革就已经得到了稳固。外国势力持续不断地试图使英格兰改宗的努力,如贡多玛(Gondomar)这般有着卓著之才的人士的梦想①以及查理一世和劳德所做的冒险②,都足以证明事实并非如此。即便英格兰臣服于教皇枷锁的危险已经不复存在了,但是在当时,无论英格兰的政治家还是教皇的使节们对这一事实都是不了解的。在亨利八世时代,英格兰提出了独立自主的主张。而一个世纪的政治技巧和冲突斗争才使这项主张最终得到实现。因此,当时迫切地需要一种能够表达民族情感的理论。如果没有给出一些理由,人们不可能主张英格兰王权的主权地位,也不可能主张它不受教皇的控制。人们必须提出一些相反的理由,反驳教皇要求宣誓效

---

① Gardiner, *History of England*, Ⅱ. 218, 219, 252—254.
② *Ibid*. Ⅷ. ch. LXXIX.

忠的主张,以及教皇主张的废黜国王的权利。人们并不需要去发明新的理由来决定这些相反的理由的性质。在早先进行的帝国与教皇的斗争之中,这些理由就是现存的。显然,无论是在16世纪还是在14世纪,对于教皇提出的以神圣权利为基础的普遍君主制以及以革除教籍为威胁的隐含的服从,人们都必须以相似的方式进行回击。英格兰这个国家也必须主张自己是授之于上帝的(Divine appointment)。出于上帝的律令,人们必须服从,而所有的抵抗行动都会被视为罪恶。

因此,当英格兰人在寻求确立一种反教皇的理论时,他们就不可避免地聚焦于唯一的国家最高权威这个概念。由于担心陷入准封建主义的无政府状态,并厌恶教会的干涉,英格兰人迫切地感受到必须依赖于中央权力,并强调其普遍的统治权。在当时,对于那些全神贯注于主权的人们来说,这是无可争议的。国王在国家中是最重要的因素,其地位无人能及;在亨利八世时期,尤其是在1539年的议会立法①之后,主权的观念几乎就完全在他自己身上得以体现了。主权观念如果寄托于某个个人身上要比其寄托于某个会议或诸如议会这样的不仅由一个会议构成的组织更加容易得到实现。只有以君主制的形式,主权观念更适合向大众展示。此外,宗教改革也使得议会立法全书着重强调国王身上肩负的不受约束的主权权力。并且,王权至高无上的地位也构成了一项新的特权。由于议会没有约束这项特权的先例,因此它似乎主张作为

---

① 31 Henry Ⅷ.c.8.牛津主教是如此描述这部法律的:"这确实是一部'王权法';是独裁,即便加上一切可以理解的限制,它也使'国王在王国内部成为主人,并且是唯一的主人'。"*Lectures on Mediæval and Modern History*, 303.

国家首领的个人性的权利。最后,国王也拥有了主权者之名。

在国家的某个人或某些人组成的机构中寻找到充分的主权权力,这是为了有效地反对教皇的观点的必然结果。在都铎王朝时期,如果人们无法在国王身上找到主权权力,那么人们还能到哪里去寻找呢?托马斯·史密斯(Thomas Smith)爵士确实论述了议会的权力,① 但是如果指导性的(directing)的意志就是国家中的最高权力的话,那么伊丽莎白可比任何专断的首相或我们今天的"无冕之王"更加是主权者了。而如果我们考虑到由枢密院实施的肆意专断的司法权、极少召开的议会、议会即便召开也缺乏独立性等情况,那么毫无疑问在其统治期间伊丽莎白就是能够得到大部分英格兰人"习惯性服从"的那个人。无论是以权威还是影响力为基础,最高权力都只能被理解为属于女王本人而没有同其他任何人分享。人们需要某种关于不受限制的世俗权威的理论去对抗教皇的主张;人们必须召唤某项权力去推翻教皇的主张。最合乎自然的主权理论就是君主制的理论。唯一能够和教皇一较高下的权威就是王室的权威。出于理论连贯性的目的,同时也是出于现实有效性的目的,强调国王神圣权利的主权理论就成为了国家宗教改革(national reformation)不可避免的副产物。

在一段时间之内,主权思想都能够满足法律普遍性的要求,能够满足其对良心的绝对主张。人们必须维护王室的权力,维护服从王室的义务,这在很大程度上并非因为人们已经普遍认识到王权的至高无上与王权的威严,而是因为王权是行之有效的权威。

---

① *De Republica Anglorum*, II.1.

为了对抗教皇的权力，人们不得不提升国王的权力。如果人们提出了一些理论，授予国王不受限制的全权，而这些权力又是国王们几乎不曾想过要实施的，那么这种情况是由于迄今人们还不想否定它们，而并非由于它们被严肃地提出或被认为极其重要。为了反对教皇的至上权威，人们便主张国王拥有不受限制的统治权和权威。而当时的人们还没有发现，这些观点对既没有人主张也没有人实施的民众权利极其不利。只有当贝拉明和苏亚雷斯（Suarez）提出了一项人民主权的理论作为反对顽固君主的武器，以及当诺克斯（Knox）和古德曼（Goodman）提倡抵抗权合法化（当长老会教士要求抵抗权之时）、提倡推翻"偶像崇拜的"国王的义务的时候，人们才会为了君主制本身的目的而捍卫君主制。与此同时，人们会谈道，正是国王以及由上帝对国王进行的任命使得服从成为一种必要。这种立场能够轻易地从《圣经》中加以证实，并且它也就成为了教皇君主制自然的对立面。不受限制的权威只能授予法律或者国王，而在当时这两者是没有区别的。国王是法律的渊源和解释者；人们还不担心，国王会改变既存的制度或逾越习俗所设定的界限。唯一能够要求无限效忠的权威就只能是国王和教皇；当时在国王和议会之间还并不存在问题。服从是根本的。如果将服从授予教皇，那这就将瓦解"政治的联合"。因此，服从必须授予国王。

因此，16世纪的作家们一贯坚持的就是服从而不是统治的理论。他们也不再重复威克立夫和奥卡姆的错误，后者承认在极端的情况下抵抗的可能性，因此这就没有为教皇的干预留下漏洞。在提倡世俗政府的神圣渊源的时候，正如14世纪的作家们一样，他们更深的是考虑到在无论何种情况下都不得抵抗的绝对义务。

第五章 从亨利四世到伊丽莎白时期英格兰的王权

在廷达尔（Tyndall）的著作《基督徒的服从》（*The Obedience of a Christian Man*）中，作者反复教导的就是毫无条件的被动服从。再没有任何人像这本书的作者这样要求严格地履行不抵抗的义务了。为了证明对宗教改革派无政府主义的指责是毫无道理的，该著作认为，教皇才是名副其实的无政府主义者，在教皇的统治下，"国王只不过是个傀儡，徒有国王的虚名而无任何实权，和整个世界都没有什么关系，只是在教皇需要的时候能够施以援手而已"。① 罗伯特·巴恩斯（Robert Barnes）在著作《向最为崇高的亨利八世恳求》（*Supplication to the most gracious prince Henry Ⅷ.*）和《人类的宪制无法约束良心》（*Men's Constitutions Bind not the Conscience*）中都尤其着重地支持被动服从。1534 年的另外一部著作小心翼翼地阐述了与教皇权威对立的王室权威，并且主张上帝对国王的神圣恩赐。② 嘉德纳（Gardiner）主教在演说"论真正的服从"（On True Obeclience）中充分发展了必须绝对服从主权者的观念和王权是由上帝恩赐的观念，认为抵抗是一种罪恶的行径，并从这些观念中推导出了教皇主张的弱点。③ 他比同时代的其他任何作家都更加清晰地看到，真正的问题并非一般意义上的宗教服从的义务，而是在极端情况下对服从的限制。④ 因为只有在这

---

① *The Obedience of a Christian Man*, 114.
② *Opus eximium de vera Differentia Regiae Potestatis et Ecclesiasticae*. Goldart, Ⅲ. 22.
③ 其论证如下："如果他（国王）是人民的首领，并且由于上帝的恩赐（这点谁也无法否认）"，那么教皇对于至高权威的主张就是毫无根据的（58）。我引用的是 1553 年海伍德（Heywood）译本的复制本。
④ "无疑服从是正当的，但是要求服从的界限可以扩展到什么程度，这才是需要解决的全部问题。" *Ibid*. 59.

些情况下,教皇才会诉诸不服从;而他否认,能够在《圣经》中寻找到限制服从的例子。① 和威克立夫一样,他批驳《罗马书》第十三章可以用于教皇。他认为,较大的光和较小的光之间的区别只不过是"一种盲目的区分,毫无道理可言"。② 他努力地证明,君主的至高无上地位并非什么新的理论,而是贯穿在英格兰的历史中,并且君主权威充分地暗示"君主是全体人民的君主,而非部分民众的君主"。③ 这部著作的核心观点和其他所有反教皇的论著如出一辙,即人们应当服从作为上帝神圣任命的统治者的国王。作者通过进一步发展了时效无损王权的原则(nullum tempus occurrit regi)而反驳了王权服从于教皇的先例。"时间与历史也不能有违上帝的真理",并且国王也不得转让上帝授予的权利。他主张,先例是派不上用场的,因为上帝的法律是永恒的,而人类的命令又是多变的。他所提出的这些观点也表明了当时舆情的强烈,这种舆情促使人们构建出了国王神圣权利的理论。④ 人们需要一道坚强的壁垒防范教皇的攻击。服从必须是绝对的,没有任何例外,否则教皇就有机可乘,能够为自己的主张找到理由。而要实现这点,唯一的办法就是将王权视为上帝任命的,同时将不抵抗视为上帝神圣的诫命。⑤

---

① "你告诉我的那些限制服从的类型是什么呢?《圣经》中都并未提到这些类型。"Ibid.

② Ibid. 63.

③ Ibid. 72. "显然,君主这一名称所表达的实质内容不仅仅是真实的,还是历史悠久的。"

④ Ibid. 80,81.

⑤ 嘉德纳主教认为,他写作的目的是"督促所有人服从,而这只是服从上帝的律令,是为了上帝的利益,并且能够是我们每个人都幸福,受到保佑"。(Ibid. 101)

第五章 从亨利四世到伊丽莎白时期英格兰的王权

《基督徒不可或缺的学识》(The Necessary Erudition of a Christian Man)是早期的另外一部著作,这部著作权威地提出了国王的神圣权威以及所有抵抗行为的不公正性。[1] 在拉蒂默(Latimer)不止一篇的布道[2]以及另外两篇著名的传道文[爱德华六世统治时期发表的《关于秩序与服从的劝导》(An Exhortation Concerning Order and Obedience)和伊丽莎白时期所发表的文集《反对蓄意的反叛》(Against Wilful Rebellion)]中,拉蒂默都论证了不服从的宗教基础。毫无疑问,笼统地说,事实上拉蒂默提出的是对法律的不抵抗,而其传道文并不能用于诸如向詹姆斯二世这种破坏法律的君主,这点正如后来的议会派所主张的那样。

在伊丽莎白统治时期,朱尔(Jewel)措辞强烈地主张"即便君主与统治者们异常邪恶,人们也应当服从";[3]"教皇应当承认并将皇帝称为主上和主人";"我们应当像服从上帝所指派的人一样服从君主"。[4]

朱尔的《为英格兰教会申辩》(Apology for the Church of England)一书中提出的论证是 16、17 世纪的理论和早期帝国派

---

[1] The Necessary Erudition of a Christian Man, the Fifth Commandment. "《圣经》提到君主就好比父亲或保姆看护他们的儿子或孩子。""依照这一诫命,臣民们同样不得收回他们曾经宣誓过的对君主的效忠、真理、爱和服从,因为无论出于何种原因,他们都不得阴谋伤害君主的人身,也不得做任何妨害或伤害君主的行为。"下面引文中的表述尤其值得注意——并且更进一步,依照这一诫命,他们必须同时服从君主和统治者们所制定的所有的法律、诰令、令状和命令,除非它们违背了上帝的诫命。

[2] Latimer's Sermons, 148, 496.

[3] Apology for the Church of England. Jewel's Works, Ⅲ.74.

[4] Ibid. 76.

作家们的理论之间存在联系的证据。更进一步的证据是1535年出版的马西利乌斯伟大著作的英译本。在英译本中,关于限制邪恶的君主的办法这一章被认为"和英格兰王国无关",因此被有意地删除了。比尔森(Bilson)的著作《基督徒的服从与非基督徒的反叛之间的真实区别》(The True Difference between Christian Subjection and Unchristian Rebellion)具有重要的意义,这不仅仅是因为其中包含了不抵抗的理论,同时更是因为其中几乎包含了历史上反对教皇的主张的全部理由。在一本反对教皇主张的著作中,不止一页是关于教皇与皇帝之间关系的论述,这在现代的读者看来似乎有些迂腐和琐碎。然而,皇帝的独立地位是不可或缺的理由,在此之上,后来所有民族国家的独立才能够获得支持。如果缺乏这一理由,民族国家的独立就不可能建立在权利的基础之上,而只能以武力为基础。如果国王是至高无上或曾经至高无上,并不受教皇的控制,那么当然谁也无法改变这种事实。但问题在于,这并不是事实。教皇为了自己的地位主张神圣的权利,而反对这种主张的理由只能出自权利而无法来自事实。无论在西部教会还是东部教会,历史问题完全取决于教皇与皇帝之间的关系。如果人们能够明确地证明,在早期,教皇曾经毫无怨言地服从于皇帝的权威,那么这一事实就能够证明教皇的政治主张只不过是后来教皇添附上去的,只不过是以一些错误的教令和蛮横的法令为根基。在支持至尊法令(Act of Supremacy)的人们看来,教皇实际上就是篡位者。新教作家们所坚持的正是"真正的继承人"的主张。事实上,他们的主张通过表明教皇的干预只是后来的添附并无法真正得到证实;不过,这种证明提出了一项对他们有利的假设。因

第五章 从亨利四世到伊丽莎白时期英格兰的王权

此,君士坦丁的地位、尤利安的权利、狄奥多西的法律、优士丁尼的权力以及中世纪的皇帝们的主张在争论中就变得异常重要。除非皇帝的地位是十分稳固的,否则教皇的主张从历史上来说就是无懈可击的,并且英格兰王室反复提出的独立的主张也无法获得充分的理由。如果教皇一直以来都主张并实施他现在宣称拥有的那些权力,那么就有充分的理由认为它们是来自于上帝的。相反,如果这些权力最初是被授予给皇帝的,那么皇帝的权力就是源自于上帝的,因此世俗政府的存在理由也得到了一般性的证实。因此,萨莫萨塔的保罗(Paul of Samosata)或者多纳图斯派教徒(Donatists)不诉诸于教皇而诉诸于皇帝便不仅仅具有学术意义,同时还是提出一项具有无比重要实践意义的必要步骤。这一事实同时也可以用来解释伊拉斯图斯主义(Erastianism)的立场。例如,比尔森似乎就完全赞成东罗马皇帝们在处理教皇和东正教教长(Patriarchs)之间关系时的做法。他试图证明世俗权力在政治上占据至高无上的地位,而这点也使他走向了极端。

比尔森的作品还有一点值得注意,他的作品不仅仅包含了国王的权力是源自上帝并且只对上帝负责这种通常的观点,同时其作品还试图证明,上帝尤其支持君主世袭制。从大卫王的王国的例子中,我们的作者推断出,"王国王位的世袭继承不仅仅在所有国家、所有时代都得到了承认,同时也是上帝自己明确的表达;上帝尤其钟情并且祝福神圣的君主能够永续世袭"。[①]

这里我们需要讨论的最后一份反教皇的论述是布林格

[①] *True Difference*,515.

(Bullinger)对于教皇庇护五世革除伊丽莎白教籍所做的回应。在他的作品中,都铎时期服从理论的反教皇特征得到了最充分的体现。这位作者不仅宣称,教皇篡夺了上帝授予国王们的权利,同时他还(自然而然地)认为这些权力也同等地被授予了共和国中的最高权威①,并且在共和国的情况下,其权力同样也是由上帝授予的。由于玛丽·斯图亚特(Mary Struart)依然健在,他便费尽心机地证明,王位继承权也是同选举相伴的。② 这本书中有一句话尤其生动地表达了国王神圣权利理论整体的情感——上帝之道并不会瓦解而只能加强政治社会的团结(The bonds of political society are not dissolved, but strengthened by the word of God)。③

这篇论文产生的时机也正表明,当时人们正急需一种关于国王神圣权利的理论。只要教皇仍然坚持普遍的主张,或者梦想着使伊丽莎白改宗,那么人们就迫切地需要一种毫不妥协的王权派理论。但是,当人们试图将理论付诸实践,并且所有忠实的天主教徒都由于宗教的原因而奉命成为叛国者时,人们就必然需要一种理论,强调对既有政府服从的宗教义务。在当时特定情况下的忠诚与爱国情感必定不可避免地会导致人们提升王权的尊严与权威。如果国家想要吸引那些对旧有的秩序既渴望又惆怅的人们的忠诚,那么就必须不厌其烦地不断强调国家对于教皇的完全独立、国家乃由上帝授予以及不抵抗的义务。从 1570 年开始,由于教皇的破门令,"海峡对岸"(across the water)就存在一位国王,要求人

---

① *Bullae Papisticae Refutatio*, 44.
② *Ibid.* 69.
③ "政治的和市民的统治不仅不被上帝的道所消解,反而会被其强化。" *Ibid.* 71.

第五章 从亨利四世到伊丽莎白时期英格兰的王权

们的效忠,威胁并且有时候甚至组织登陆侵略。因此,每一位热爱祖国的英格兰人无不都认为,他们自己的女王便是合法的服从对象,比起教皇来说,她拥有更加充分的权利。简而言之,他们都坚信,他们的女王就是拥有神圣权利的女王。要是教皇革除枢密院或议会的教籍,人们也许会确认犹太参议会(Sanhedrin)*的神圣权威,或者确认上帝对于选民的恩典。但是,由于被废黜的是女王,因此人们需要捍卫的就是女王,王室的权利也是由于神圣的律令恩典而存在的。

最后,值得注意的是,在伊丽莎白统治行将结束之际,有关王位继承方面的事态发生了一些改变。人们再也不必小心翼翼地谈论世袭权利。只要玛丽·斯图亚特还健在,谁敢要求严格地执行王位世袭权利,谁就等于犯下了叛国罪;这种做法自然也会为教皇的反动铺平道路,教皇的反动甚至会比在玛丽·都铎时期的反动持续得更加久。但是,现在苏格兰年轻的国王是依据严格的世袭继承原则来继承王位的,那么就不存在任何理由阻碍民族的情感支持王位世袭主义彻底的实施。除此之外,现在开始攻击王位世袭原则的人变成了罗马天主教作家了。多尔曼(Doleman)的《论英格兰王位继承权》(*Conference about the Next Succession to the Crown of England*)(该书由耶稣会士帕森斯写作)以极其尖锐的语调讨论了教皇主权和人民的权利之间的联盟。作者反复宣称:"没有其他条件支撑而单靠血亲或血缘的亲近,是不足以证明王位

---

* 公元前 2 世纪古犹太国的参议院,由 71 人组成,兼管宗教事务和最高法院。——译者

继承权归属的;①政府的形式是多变的,并且会随着共同体意志而不断确立和改变;②通过血亲的相近而继承政府,这并非自然法和神法的规定,而只是特定的政府所制定的人类实证法所规定的,并因此可以通过相同的法律依照正当的理由进行改变。"③这位作者的政治观点的基础显然就是功利主义;多尔曼断言:"如果统治者没有遵守法律或完成他们被授予权威时所规定下的条件,那么共同体就有权废黜合法地拥有统治权的统治者们。"④他主张抵抗的权利,尽管由于机敏地看到了教皇的至高权威,他也禁止地位不如君主的"私人"实施抵抗权;而共同体是高于君主的。⑤ 作者同时也坚持作为效忠条件的加冕誓约的重要性。

在这本书中,人们能够找到由一位英格兰人所充分阐述的抵抗权理论、人民主权理论以及王权仅仅是一种官职的理论。所有这些理论都完全是出于教皇君主制的利益而被阐述的,丝毫没有任何追求自由的热情。这本书似乎广泛地流行了,人们也注意到了写作这本书的作者的才华。多尔曼受到詹姆斯的支持者们最为频繁的攻击,并且他的著作显然也被认为是维护教皇目的的叛逆之作,是最显著地论述这一问题的作品。在描述詹姆斯顺利地继承

---

① *A Conference about the Next Succession*,1;另参见 11,"这(君主通过自然的属性便可以继承该特定的政府或利益)是荒谬的,因为自然并未授予这项权利,而只是授予了每个共同体自身内部特有的体制"。

② *Ibid*.10."共同体有权选择自身的政府形式,同样只要有合理的理由,它也有权改变政府形式。"

③ *Ibid*. cap. I. title.

④ *Ibid*. 26.

⑤ *Ibid*. 58.

第五章　从亨利四世到伊丽莎白时期英格兰的王权

英格兰王位时,斯比德(Speed)偏离自己的主题,异常愤怒地提到了多尔曼的这本书——"因此就让多尔曼继续做着自己的美梦吧;让其他一些类似的叛逆者们继续高举着他们伪造的人民的口号吧;不过上帝及其权利已经使他继承了王位,成为了最合法的继承人"。①

不过,这本书的命运十分反讽。它不仅在1647年被人们加以重新阐释,以支持清教派的利益,而且它也有幸被《排除法案》(*Exclusion Bill*)的支持者们重新印刷,作为反对君主世袭权利理论的最佳教材。② 一本原本是为了将一位新教君主排除在英格兰王位继承权之外的作品,竟然最终仅仅在排除天主教君主方面产生了实际的影响,这真是一件颇为令人费解的事情。③

从这时起,反教皇的作家们就发现,为了保证自己的地位,必须反对那些伟大的耶稣会理论家们提出的人民主权观念。多尔曼、贝拉明和苏亚雷斯是安立甘神学家们最为厌恶的人(bêtes noires)。君主派小册子作家们都纷纷集中火力攻击他们,攻击这

---

① Speed's *History*, 911.

② 哈利法克斯(Halifax)指责《王位继承史》(*History of the Succession*)的作者剽窃了多尔曼,指责他所有的观点都是从多尔曼那里得来的。

③ 红衣主教阿伦(Cardinal Allen)的《为英格兰天主教徒辩护》(*Defence of the English Catholics*)一书和帕森斯的著作一样也是建立在类似的人民的权利的基础之上的。然而,这本书的目的只是为了证明废黜君主的权力,并未讨论王位继承权。不过,有趣的是,阿伦坚持认为加冕仪式具有重要地位,它是教皇授予国王权利的象征。此外,也正是为了支持教皇的观点,人们才最初产生了如下的理论,即加冕誓约证明了在国王与人民之间签订了一份契约。"因此,依照这些条件(保存天主教信仰的誓约)而不是其他条件,主教们接受了国王,作为上帝的代理人为国王涂油;如果国王没有遵守誓约和诺言,他们便违背了同国王和人民签订的契约;因此他们的人民以及通过他们在世界上主要的牧师,即基督最高的代理人,就必须同国王们决裂;王国中的异端和不信者将直接变成共同体的地狱。"(113)

些抵抗权的提倡者以及原初契约理论的创造者。耶稣会士们为了维护教皇的主张而试图酝酿反君主制的情感,这最终只产生一种后果,即导致正统的英格兰国教徒赋予王权巨大的价值,并强调王位世袭继承权具有独特的意义。

海伍德的戏剧作品《尊贵的国王与忠诚的臣民》[①](*Royal King and Loyal Subject*)也许可以被认为标志着16世纪王权思想的最高峰。这部戏剧的故事情节和戏剧的整体发展只有一个目标,即描述在受到压迫和残暴统治的情况下绝对服从的美德。作者赋予了英格兰的国王肆意而不受限制的权威。再也没有任何人像马歇尔伯爵坚贞不屈地服从,他生动地阐释了忠诚的含义;同样,再也没有任何国王像这部剧中的国王那样提出不合理的要求,明确地阐释了专断肆意的内涵。显然,作者写作这部戏剧作品的目的就是为了教导人们王权的至高无上和完美无缺的服从美德。这部戏剧不仅仅体现了海伍德本人的想法,同时它的成功也证明了观众们的情感。我们得知,这部戏剧上演伊始就"博得了满堂彩",显然,除了忠诚的情感之外,再也没有任何其他因素能够使这部戏剧获得成功了。虽然最近一位共和派的评论家对作者赞赏有加[②],不过人们还是不免会好奇,如果那些观众不是满怀王权派思想或情绪,这部既缺乏戏剧性又缺乏诗性美的作品能够为他们带

---

① 关于这部戏剧的可能日期,见 J. 佩恩·科利耶(J. Payne Collier)在莎士比亚协会重印本中的介绍(第6页)。

② 参阅史文鹏(Swinburne)先生发表于 *Nineteenth Century*, Oct. 1895 (400)的文章"The Romantic and Contemporary Plays of Thomas Heywood"。公平地说,《尊贵的国王与忠诚的臣民》这部戏剧并没有达到作者大部分戏剧作品的平均水平。

第五章 从亨利四世到伊丽莎白时期英格兰的王权

去何种乐趣呢？而对作者后来的一部作品《一位少女的悲惨经历》（*The Maid's Tragedy*），情况则并非如此。不过，它也证明了民众是如何深信王权的神秘性质，深信王权主张的不容置疑的服从。

因此，到16世纪行将结束之际，历史的发展已经强烈地加强了君主制，并且人们已经发展出了一种关于不受限制的王室权威以及不得以任何理由进行抵抗的理论。这项理论只到下一个世纪才会遭受到人民权利理论的挑战。而所有这些观念都出于同教皇制进行斗争的必要，尽管前一个时期中爆发的内战毫无疑问也产生了一种反动的情感，认为必须保证强有力的政府，保证人们普遍服从法律。在对教皇至高无上的理论进行回应的过程中，英格兰的理论家们不得不提出一种关于世俗政府神圣权利的理论；这项理论在本质上和两个半世纪前帝国派理论家们的理论如出一辙。他们到古代和中世纪的帝国中去找寻支持皇帝地位的证据，而其他一些人则从《圣经》中寻找文字和意象以证明自己的观点。王位继承权是与生俱来的这种观念只是潜在于理论家的表述中，并未得到明确的表达。但是赞成继承权神圣不可侵犯的观念正在逐步地增长，而且一旦"英格兰的女皇"不干涉继承人问题，并使王位继承仅依靠出生的权利决定，那么世袭继承权最终将大获全胜。

第六章 纳瓦拉的亨利和萨利克法

17世纪占据着英格兰人心灵的政治与宗教问题同样存在于法国,在法国的宗教战争期间,它产生了一系列的争论。① 在胡格诺派(Huguenots)、洛林派(Lorrainers)*和政治家派(*Politiques*)的理论中呈现了大部分我们日后在英格兰常常听到的思想观念。确实,法兰西是一块尤其适合王权理论和教皇理论生长的土地。从作为教会长子的国王的地位出发,人们可以证明国王是服从于教皇的。教皇撒迦利亚(Zacharias)废黜希尔德里克(Childeric)是教皇最早实施其废黜权力的事例;并且这一事例也被反对亨利三世和亨利四世所组成的天主教联盟的支持者们加以利用,作为最终决定性的证据证明教皇废除国王的权力在过去就得到人们的承认。没有任何国家像法国一样,政治和神学之间的联系如此的密切和重要。这一时期的法国甚至比下一个世纪的英国更加缺少纯粹的政治。除非是为了强化某种神学地位,否则政治理论是完全无法得到发展的。

胡格诺派认为自己是依照上帝的权威而拿起武器反对君主的,他们的这种理论印证了如下事实,即长老会的政治理论和教皇的政

---

① 关于这点以及亨利四世的地位,见西利的《不列颠政策的发展》(*Growth of British Policy*,I.68)中的评论。

* 洛林派这里指的是二代吉斯公爵弗朗索瓦·德·洛林(Francois de Lorraine)的追随者。——译者

治理论骨子里是一码事(这点在日后苏格兰和英格兰体现得更加明显)。这两种政治理论的实质就是,一个宗教组织认为自己有权控制并指引国家的行动,尽管长老会接受"两个王国"的理论是为了实现自由(参见附录:1646年的神圣权利)。在这点上,胡格诺派的牧师、长老会的长老和他们的天主教敌人并没有什么两样,他们都要求将世俗权力置于精神枷锁之下,否则就要求在共同体中的一小部分人中实施主权权力。因此,他们就要求成为国中之国(imperium in imperio),而这对国家而言是极其危险的;所以,作为一股政治力量,胡格诺派最终被黎塞留消灭掉了,不过宗教自由还是留给了他们。

此外,就天主教联盟(the League)看待亨利三世的地位而言,它们之间的关系十分类似于查理一世和长期议会之间的关系。亨利是合法的国王,这点没任何人会质疑。然而,为了佩戴的王冠的利益,他必须受到武力的限制和强迫。因此,君主的个人权威和政治权威之间的区别便首先产生了,这点正如人们在英格兰爱德华二世时期中所看到的那样,并且在大叛乱时期又得以重现。不过,联盟叛乱者中的极端保王派(ultra-royalists)所理解的国王官职概念基本上是相似的。他们都主张,他们之所以拿起武器反对国王本人正是为了保卫国王的权威。

最后,在亨利四世统治时期,王朝正统主义获得了最终的胜利,并且在重要性方面远远超出了詹姆斯一世继承英格兰王位所具有的意义。詹姆斯一世有整个英格兰民族的舆情作为支持;并且和法国的天主教联盟比起来,不宣誓效忠詹姆斯一世的天主教徒数量极少,几乎可以忽略不计。除了依照萨利克法和上帝的神圣授予之外,纳瓦拉的亨利(Henry of Navarre)几乎得不到任何其他的支持,然而他依然实现了自己对于王位的主张。他的成功最终推翻了选举权或教皇许可所可能提出的任何主张,并且证明了民众支持依照法律实施的世袭继承权的深刻感情。不过,这个问题在一个方面完全不同于英格兰政治中所可能产生的问题。亨利四世稳固的地位和詹姆斯一世或查理二世的地位是两码事,因为后者不受侵犯的继承权依据的是嫡长子继承制的规则,而众所周知是萨利克法给予了亨利四世主权,其主权不受任何侵犯则是支持他的所有理由的核心。他并不是依据嫡长子继承制而获得王位的;如果王位继承是依照英格兰的规则,那么王位应当属于萨伏伊女公爵(Duchess of Savoy)。①

因此,法兰西的王权理论和英格兰的王权理论之间存在深刻的差别。在法兰西关于王位继承权的争论中,"依照既定法律"而获得的王位继承权神圣不可侵犯这一观点将扮演更重要的角色。亨利四世的支持者们几乎不可能发展出和菲尔墨的理论相类似的理论,因为萨利克法是人为创建的制度,而且人们因此也几乎不可能主张王位继承权得到了造物主的支持。至少,法兰西的神圣王权理论渊源于王位继承法,它不如英格兰的相关理论那么有说服力。我们会发现,比起英格兰的理论,法兰西的理论更充满法律精神。萨利克法是"法国独有的制度",是法兰西独有的荣耀;但是萨利克法却无法为自己主张普遍性。在菲尔墨和莱斯利的理论中,我们会读到某种普遍的政治体系,而这在法兰西是不可能

---

① 即菲利同瓦卢瓦的伊丽莎白(Elizabeth of Valois)所生的长女凯瑟琳,她嫁给了萨伏伊公爵伟大的查理·伊曼纽尔(Charles Emmanuel the Great)。然而,法兰西王位继承权最后交给了菲利的次女伊莎贝拉(Isabella)。原因显然是伊莎贝拉当时还没有出嫁。

第六章　纳瓦拉的亨利和萨利克法

的。法兰西的理论在许多方面类似于英格兰的理论,但是在这点上,二者是截然不同的。比起英格兰的思想,法兰西的思想更少带有神学精神和超越性,而具有更多的法律精神,更具有地方性。

不过在反对教皇的主张方面,高卢人的理论和盎格鲁人的理论一样毫不妥协。同样,它的历史证据也更加充分。法兰西的作家们回顾历史,可以发现法兰西国王针对教皇的侵犯所取得的一系列的胜利,他们会发现,比起宗教改革之前英格兰同教皇之间产生的冲突,法兰西国王和教皇之间的斗争更加激烈,同时也更加成功。美男子菲利对卜尼法斯八世所取得的胜利是法兰西同教皇之间关系这个问题上取得的最辉煌成果。① 而在对人们的想象力构成的冲击方面,约翰王屈从于英诺森三世已经远远超越了英格兰国王对教皇所取得的任何成功。法兰西人则可以骄傲地谈论查理六世(Charles Ⅵ.)和本尼狄克十三世(Benedict ⅩⅢ.)或者路易十二和尤里乌斯二世(Julius Ⅱ.)之间的关系②,他们甚至还可以提到亨利二世最近拒绝承认特伦特法令(Tridentine decrees)的效力。③

---

① 詹姆斯国王评论道:"最令人印象深刻的是公正王菲利的榜样了,他弄瞎了鸟的右眼。"(*Works*,412)

② 尤其见 Toussaint Berchet, *Pium Consilium super Papae Monitorialibus*, Pars Ⅰ。

③ *Apologia Catholica*,186,187."然而,其间当法律认可的那个大公会议受万众期待之时,无论是法国国王还是发布特伦特法令的至高的大公会议本身,都不愿意让派使进入自己的王国,也不愿意接受使者,除非经由教士,他们从属于教皇君主。与法国国王亨利二世派遣虔敬的、备忘性的、明确的特使相反,他反对并拒绝通过这个大公会议(根据大公会议意旨)批准的任何协约。他确实不能接受这一点,事实上同样的工作正在遭到破坏,而且法国国王的权利和权威、王国宪制最高旧法令的实际上的神圣之名和高卢教会最为神圣的自由,以及这种最为荣耀的王室尊严都得以保存。"

在英格兰,教皇一直以来都反对所有直接违背其权威的法律;而在法兰西,教皇却必须部分承认并不情愿地坚持高卢人的自由①。这点可以证明,在法兰西,教皇已经明确放弃了全部政治上的最高权威。

不过,法兰西的天主教徒要面对一些无论是帝国派作家还是英格兰作家都不曾遇到的困难。因为他们承认教皇在精神事务方面的权利,因此,他们就很难在总体上否认教皇的政治权威。国王的支持者们不可能采取帝国派作家们的思路,并且也不可能宣称教皇应当服从于国王。正如法兰西的天主教徒们所做的那样,承认教皇是一位拥有主权的君主,进一步承认教皇对每一个民族中的正统教徒拥有精神上的权威,这就等于授予教皇干预的权力。而从这种干预出发,人们几乎不用费什么心思就可以构建起一整套教皇普遍权威的理论。另一方面,政治家派也不可能依照英格兰人的方式切断同教皇的联系,否认教皇是教会的首领。因此,

---

① 关于布尔日国事诏书(Pragmatic Sanction),见 Creighton, *History of the Papacy*, Ⅱ.198,199 and 423 sqq.。"它是一座纪念碑,以纪念整个民族对普遍教会理论的反对。它表明了世俗的统治者希望依照自己的意愿来处置其王国领域之内的教会事务。"路易十一一开始废除了国事诏书,后来又通过王室诰令恢复了诏书的条文。"国事诏书是以大公会议(General Councils)的权力为基础的,是以普世教会与生俱来的自治权利为基础的,而这种自治权利独立并高于教皇君主制。"(*Ibid*. Ⅳ.231)尽管国事诏书后来被弗朗西斯一世同教皇签订的教务专条取代,然而国事诏书所反映的舆情是得到了保存的:新的协定并没有授予教皇更多的权利,它只是使王室不再担心受到高卢教会的首领们的反对。因此可以说,国事诏书确认了民族的独立,而教务专条保证了王室至高无上的地位。关于教务专条的这方面论述,见 Kitchin, *History of France*, Ⅱ.182, and Armstrong, *French Wars of Religion*, 122。

他们现实中不连贯的态度就必然会影响到他们的理论。既然法兰西的作家们无法协调法兰西国王们要求的自由与教皇主张的权威之间的关系，因此人们就不可能指望他们在论述主权权力必需的统一性方面比英格兰作家或帝国派作家更加清晰明了。除了在带有胡格诺思想的作家中之外，这种观念在法兰西的教皇反对者的思想中并不如像英格兰或中世纪的教皇反对者的思想中那么鲜明。在这方面，法兰西的思想缺乏连贯性，这点可以从现实历史环境中得到解释。对为什么法兰西的理论在总体框架上相似但在某些细节上却完全不同于英格兰理论的原因进行了简要的阐述之后，我们可以进一步地研究一些主要的争论者的理论了。

在《反暴君论》（*Vindiciae contra Tyrannos*）和《法兰克-高卢》中，人们会发现一些重要的观念，它们构成了18世纪之前全部民权理论的基础。在《反暴君论》中，作者似乎提出了一种成熟的原初契约的理论，尽管值得注意的是，国王和人民之间签订契约在该书中并未被视为是第一项，而仅仅是涉及世俗社会制度的第二项契约。第一项契约是在以上帝为缔约一方、国王和人民为缔约另一方之间签订的；这项契约被后来的作家们忽视了。第二项契约就是通常的政府契约，它和胡克尔或洛克所提到的契约是一致的。从这项契约中，人们通常可以推导出抵抗权被授予给人民，并且只要主权者违背了这项契约，那么人民就可以实施抵抗权。这项契约可以是明示的，也可以是默示的，但其条款神圣不可侵犯，且不可改变。任何一方或双方的誓约或同意都不得废除这项契约。① 贯穿整本书的论证基础是功利原则。② 作者以类似于洛克的方式提出观点,认为国王既没有权力处置臣民的生命,也没有权力处置其财产,因为人们将涉及他们生命和财产的权力交到其他人手里是有违功利原则的。③ 为了实现功利目的,那些本性自由的人们便不可能拥立一位国王。在政府的人为性质以及可能对"主权者"进行限制方面,他们存在完全一样的错误观念,这种错误后来在洛克的学说中表现得非常明显。《反暴君论》的作者和伟大的辉格哲学家一样,认为我们不可能看到,在任何一个完善的国家中存在着某个至高无上的权威,它的行动不受任何法律限制。无论洛克还是朗杰(Languet),他们都认为自己能够在利维坦的"鼻子上穿上钩子"。④ 对于他们来说,法律和神圣权利联系在一起,它是永恒的、不可改变的,是上帝而非人的气息,它同时

---

① "君王与人民互担义务,它要么是自然的,要么是市民的;要么是表达出来的,要么是隐而不发的。没有哪个约定可以消除,没有哪个权利可以违背,没有哪个权力可以作废。"*Vindiciae contra Tyrannos*,147.

② "这个因素是整个讨论最为确定的基础,君王们可以根据公共理由的实效进行立法,因为通过它可以确定整个法律争议的目的。"*Ibid*.112.作者反复不断地诉诸功利原则,并将其作为最终的论证基础。

③ *Ibid*.112 sqq.

④ 很难高估洛克的思想同《反暴君论》的作者之间的相似性,例如:"首先确信无疑的是,人类天生自由,不受奴役,生来更愿发号施令而非听命于人。人们不选其他人统治,除非是为了某种巨大的利益,并且人们不会放弃他们似乎天生的权力,以忍受其他。"*Vindiciae contra Tyrannos*,98.关于《反暴君论》的作者到底是朗杰还是莫奈(Du Plessis Mornay)这个问题并非这里所需要讨论的。

约束主权者和臣民。① 这当然就可以无视主权的概念,因为这种论证可以适用于任何一种政府形式。洛克看到并大胆地承认,他的理论无论对于议会的至上权威还是君主特权都是同样致命的,不过《反暴君论》的作者似乎只将他的观点限于国王。

在另一方面,《反暴君论》的作者同17世纪英格兰的辉格派作家们也是神奇地保持一致的,正如他和现代人的思想不一致一样。《反暴君论》的作者强调,无论以何种理由,私人个人都没有权利抵抗君主。② 他们的义务就是被动服从,而祈祷和眼泪也是他们能够利用的资源。在《反暴君论》看来,只有法人团体(corporate bodies)这一王国不可缺少的组成部分才享有抵抗权。对于私人个人来说,应当以基督的隐忍作为榜样;并且由于作为神灵(Divine inspiration)的直接结果,《旧约》中弑杀僭主的先例也获

---

① "是国王依赖法律还是法律依赖国王?这样来看,服从法律而不是服从国王。谁会怀疑服从法律比服从国王对人更加有利和更加正直呢?法律是明君的灵魂;君王通过这个灵魂推动、感知和活跃法律的器官及近似的机体,通过它展示它的活力,发挥它的功能,表达它的观念。服从灵魂比服从身体更加正义。法律是许多审慎的人的理性和智慧的结晶。与一个人相比,许多人更有眼光,更加敏锐。保险地说,法律比人敏锐得多。法律是理性,或者说理智,不受干扰,不为愤怒、贪欲、憎恨和欲望所动,也不被哀求和威胁所制。相反,一个人虽分有了理性,却会受到愤怒、复仇和其他嗜欲的不断诱惑和控制,还有各种各样的情感困扰着他,他就无法自控,因为人既有理性也有激情,他有时能够控制,有时则不能。最后,法律是理智,或者说是许多理智的汇聚;理智是神性的具体化,服从法律即是服从上帝,即是接受上帝作为争议事项的仲裁者。但是相反,鉴于人出自上帝的理智,人的灵魂又具有兽性的因素,他往往会迷失在那种兽性之中,变得没有理智;这样他就不再是一个人而是一个兽;谁意欲服从君王而非法律,似乎就是在服从兽性而非上帝的统治。"*Vindiciae contra Tyrannos*,103.

② *Vindiciae contra Tyrannos*,65 sqq.,178 sqq. 即便是被动服从的支持者也没有我们这位民权的支持者这样着重地强调自己对普遍的叛乱权的谴责。如果贵族支持僭主,那么这是上帝的命令,而唯一合法的武器就是祈祷。这种观念当然和保王派的观点是极其类似的,即国王常常都是"在愤怒中被赐予的"。

得了合理的解释。无论如何,《反暴君论》所表达的观点和英格兰的理论极其类似,即私人个人的抵抗行为是不合法的,而"低级官员"(inferior magistrate)领导的抵抗行为则是合法的。也许这种理论是封建理论的遗留。在胡格诺的理论中,它体现为令人不解地颂扬市镇和行省的权威,这种做法似乎要将我们带回行省主权和准主权的公社(communes)时代。当然,如果"布鲁图斯"赋予市镇组织的权利得到承认,在任何一种政府形式之下,都会产生巨大的危险。他的理论将导致国家变成一个由准独立性质的机构组成的联盟,就会产生像切斯特顿(Chesterton)先生在《诺丁山的拿破仑》(*Napoleon of Nottiny Hill*)中生动描绘的场景。伦敦郡议会为了支持改良原则就领导一场叛乱或者莱斯特保卫委员会(Leicester Board of Guardians)为了反对疫苗接种立法就组织一场叛乱,这些做法似乎都完全符合《反暴君论》提出的观点。

在这本书中,还有一些观点和教皇的理论类似。上帝是真正的国王,因此必须得到支持,反对尘世中的国王,因为后者只不过是上帝的代理人。正如帝国的某个城市有权支持某个合法选举出的皇帝反对篡位者一样,法兰西的某个城市也可以支持上帝反对国王。[1] 此外,国王是通过神圣权利而获得其权威的,因此他们就必须服从上帝的权威,并且为了上帝的真理,国王也是可以被抵抗的。[2]《反暴君论》的作者认为,如果时效无损王权的格言有效,那

---

[1] *Vindiciae contra Tyrannos*, 57 sqq.
[2] *Vindiciae contra Tyrannos*, Qu. 1.

么更有理由认为,时效无法阻断不可剥夺的人民主权。① 无论这些理论认为主权的最高权威最终归属教皇、国王还是人民,主权不可剥夺的观念在各方面都得到了表达。人们无需对此感到惊讶。现实的必然性迫使其中任何一方都必须更多地依靠理论。因为没有任何一方能够提出一系列完美无缺的先例证明自己的主张是站得住脚的;相反,任何一方在找到一些例子支持自己的观点的同时,另外一些反对自己的先例又会使一切都徒劳无功。

欧特曼(Hotman)的《法兰克-高卢》是一本结构截然不同的著作。它单纯诉诸历史性的主张证明,在最初的发展阶段,法兰克王国曾经是一个有限君主国(limited monarchy)。言下之意,即王室当前的权力是篡夺而来的,并且如果要恢复事物的古老原貌,那么君主的权力就应当被废除掉。统摄整本著作的论证的观念和下

---

① *Vindiciae contra Tyrannos*,96.以下的引文总结了整个论证过程,也许是值得在这里全文引用的:"最后,我们可以总结这第三个问题。君主是由上帝选任,由人民拥立的。所有人,如果一个个地考虑,他们的地位都低于君主;而人民的整体和代表了这个整体的国家官员都要高于君主。在接受君主的即位仪式上,在君主和他的人民之间签订了约法和契约,它们是默示的和明示的,自然的或世俗的;也就是说,如果君主正当地统治,就应当忠实地服从他,当他为共同体服务的时候,所有人也都应当为他服务,如果他依据法律统治,所有人都应当服从他的政府等等。王国的官员是这些约法和契约的守护者和保护者。谁要是恶意、蓄意地破坏它们,毫无疑问,他实际上就是僭主。因此,国家的官员可以依据法律来评判国王。而如果他依靠强力支持自己的暴政,官员们受到自己义务的约束,在没有其他办法的时候,可以用武力推翻国王。这些官员可以分为两类:一类是一般性地承担着保卫王国任务的官员,诸如统帅、将军、贵族、宫廷卫士,以及其他一些官员,尽管其他的官员都同暴政勾勾搭搭,串通一气,但这些官员有义务反对、推翻僭主;另一类官员是管理各个省、城市或王国各个部分的官员,诸如公爵、侯爵、伯爵、执政、市长、郡长等等;根据正义,他们可以将暴政与僭主从自己的城市、领地和政府中驱逐出去。但是,私人个体是不能举起剑反对事实上的僭主的,因为拥立君王的不是单独的个人,而是人民整体。"(*Ibid*. 182,183)

一个世纪中英格兰所有流派的作者们坚持的观念是一致的。他们认为,无论是以君主的主权权利为中心还是以人民的权利为中心,宪政体制本身是不可变更的,它是一项"根本法"(fundamental law),无论是时间的流逝还是历史的发展都无法将其废除。因此,政府的原初体系,无论样貌如何,是唯一正当的体系。无论原初的时候哪些权力属于人民,他们今天依然拥有这些权力,而无论经过了多长时间,这些权力才被意识到是有效的。无论原初的时候哪些权力是授予给君主的,他今天也依然拥有这些权力,而无论宪政的发展会对其进行多么严厉的限制。欧特曼的结论和《反暴君论》以及辉格派作家们的观点相类似。对于他而言,国王仅仅是人民为了自己的利益而创设的官职。① 和洛克及卢梭一样,他不会允许政府拥有任何至高无上的权力,并且和卢梭一样显然也认为任何政府形式都可以根据主权者人民的意志而进行改变。这种观点的基础不要历史性的,就是功利主义的,并且欧特曼也常常诉诸人民的利益就是最高的法律(Salus populi suprema lex)的格言。②

因此,在这点上,欧特曼的观点再次同 17 世纪英格兰民权理论的基本观点一致。这些观点最早由胡格诺派加以提倡,后来当阿朗松公爵(Duke of Alençon)去世使纳瓦拉的亨利成为法兰西王位的继承人之后,又转到支持教皇的联盟支持者手上。在此之

---

① "那么,当人们认为君主是由人民选举出来的(正如上文所述,后文也将看到),那么认为君主而非人民任命国王,就是荒诞不经的。"(58)

② 值得注意的是,欧特曼引用证据证明法兰西君主制受到限制的特征,因为公认的事实,即萨利克法,是不可变更的,并且《特鲁瓦条约》(Treaty of Troyes)就由于这个原因而无效。奇怪的是,这个论证上的弱点为什么会被大部分神圣王权的支持者们忽视呢?他们都异口同声地认为,根本法确定了王位继承,并且国王是绝对的主权者。

后,他们就和教皇的观点融汇在一起。巴克莱著名的论文《论王权》(De Regno)直接反对的就是布坎南(Buchanan)、布鲁图斯(Brutus)、鲍彻(Boucher)、苏格兰人和胡格诺派,同时也针对反对君主权利以及反对萨利克法不可侵犯的教皇派作家们。①

巴克莱提出的主要观点和英格兰的理论家们阐释的观点是类似的。国王是上帝神圣任命的,因此对国王进行的抵抗活动都是罪行。② 教皇没有并且从未有过任何可以废黜君主的权利。③ 由于国王的权利直接来自上帝,因此教皇就无法剥夺自己从未授予的任何权力。④ 希尔德里克(Childeric)被废黜仅仅是教皇对一项早就已经发生改变了的事实进行形式上的确认,它只影响到王权的名号而并不影响其实质。王权只受到民众同意的影响,而不受教皇权威的影响。也许希尔德里克被废黜并不能获得充分的证明,因此最好还是把它忘记;它是一个无意间犯下一点小错误而由此招致极大惩罚的例子。⑤ 王室反对教皇干预的事例都被详尽地记载下来;并且也引证了常用的一些《圣经》经文和事例。⑥ 相对于教皇所具有的地位,皇帝被认为具有很大的优越性。这是争论中的一项重要因素;因为加洛林君主一直都被视为是法兰西的国

---

① 对胡格诺派以及联盟的政治进行的充分论述,见 Armstrong, The Political Theory of the Huguenots (Eng. Hist. Rev. Ⅳ.13) and The French Wars of Religion。
② Barclay, De Regno, 113.
③ E. g. Toussaint Berchet, Pium Consilium, Pars Ⅰ.
④ Berchet (Goldast, Ⅲ. 163).
⑤ Masson, Responsio in Franco-Galliam, 126.
⑥ 如下引文是巴克莱论证方式的典范:"服从君主并不仅仅是由于害怕(君主)愤怒的惩罚,而是出自良知,因为人们要知道,服从是上帝的意志,也是宪制的要求。" Servin (Goldast, Ⅲ. 200)。

王。因此从法兰西的观点来看(正如从帝国派的观点来看),帝国的转移被赋予了重要意义,并且尤利安的臣民对待尤利安的方式也像通常一样得到注意。① 对于一项传播如此广泛的理论,很难说哪个理论家是最杰出的。然而,贝尔谢(Berchet)支持亨利四世的论文非常明确地表明,国王神圣权利的理论最初就是反教皇论辩中的一件有力武器,并且这点也可以从皮图(Pithou)编辑的高卢作家的文集中清晰地看出来。②

如果将其同英格兰的理论进行对比,我们还可以指出独特的几点。首先是法兰西天主教作家们不得不面对历史环境带来的固有困难(这点前文略有提及)。巴克莱和其他一些作家必须承认教皇的精神权威以及教皇有权要求教士服从,而这点显然阻碍了他们理论的发展。巴克莱无法遵循帝国派作家或英格兰作家们的论证思路,他无法确认主权权威统一的绝对必要性。他不得不承认,教皇的权力与君主的权力是平等的,并且必须相互尊重。③ 然而,他绝不允许任何教士能够不受普通法律的约束,并且甚至暗示自己希望革除教籍不应导致世俗权利被剥夺。④

人们发现,其他一些作家,例如穆兰(Du Moulin)⑤和塞尔万⑥,则都提出了和奥卡姆及马西利乌斯的理论相类似的理论,即基督的王国并不在这个世界上,因此教皇主权的全部理论都是建

---

① Barclay, *De Potestate Papae* (Goldast, Ⅲ.635).
② *Les Libertez de l'Eglise Gallicane*.
③ Barclay, *De Potestate Papae* (Goldast, Ⅲ.645).
④ Barclay, *De Potestate Papae*, c. XXXIV.
⑤ Goldast, Ⅲ.63.
⑥ *Ibid*. 241.

第六章 纳瓦拉的亨利和萨利克法

立在虚幻的基础之上。不过,所有作家对于这点是明确的——即便君主被革除了教籍或被宣布为异端,人们依然必须服从君主。所有人都坚信,国王只对上帝负责,并且不受世俗法律(civil law)的约束;塞尔万认为,只有自然法才能对君主发号施令。① 所有作家都一致认为,臣民应当从良心出发服从君主,而不应当仅仅由于畏惧君主的愤怒而服从。塞尔万同时还详细地论证了,加冕礼和涂油礼仅仅只是一种形式,并不涉及王权的实质内容,而且加冕誓约也并未赋予民众反对君主的权利。加冕誓约只是一项虔诚的习俗而已;它不会影响亨利的权威,尽管兰斯枢机大主教拒绝为异端国王加冕。②

论及萨利克法的文论远不止一行。穆兰在萨利克法中发现了证明法国王权完美无缺的证据,它是依照大卫王国的模式被创建的。③ 博丹(Bodin)认为它在王位继承方面是最完美的典范,并对之进行了哲学上的证明。④ 大部分作家都对如下的观点感到满意,即习俗是一项根本的法律,国王不得违背习俗。他们通常并不认为王位继承受到上帝神圣的恩典,而只是认为,所有王国的王位继承法都只是人类创制的法律;服从合法的继承人是上帝神圣

---

① 他的论证是比较奇怪的。教皇是不受法律约束的(solutus legibus),因此更不用说国王了。另见 Servin, *Vindiciae* (Goldast, Ⅲ. 197)。

② Goldast, Ⅲ. 209 sqq. 另见 *Apologia Catholica*, 100 sqq.。博丹提出了类似的观点,他是通过国王不死(The king never dies)这一格言论证自己的观点。这条格言可以证明国王的权利是与生俱来的;它不仅是英格兰作家们喜欢的一条格言,同时也是法兰西作家们热衷的;通过这条格言可以最为有效地反驳如下的主张,即王权是选举的,或以契约为基础的。

③ Du Moulin, *De Monorchia Francorum* (Goldast, Ⅲ. 51).

④ Bodin, *De la Republique*, Ⅵ. 5.

法律提出的要求。① 关于这点,《为天主教辩护》(Apologia Catholica)进行了最为清晰的阐述。毫无疑问,法国作家不可避免地必须重视像萨利克法这么一部纯粹人为制定的规则,这点就使法兰西的理论要远比英格兰的理论更加充满法律精神。过去的斗争和当下迫切的需要都共同促使人们必须充分强调萨利克法所具有的约束力。萨利克法不仅是亨利王位主张的基础,同时也是法兰西王权独立性的渊源。对于爱德华三世来说,如果没有萨利克法,那么法兰西的王位无疑就是属于他的。因此,在"百年战争"获得胜利之际,支持萨利克法的舆情不得不强化爱国主义的骄傲情感。② 对于法国作家们来说,《特鲁瓦条约》是无效的这种看法实属老生常谈,因为它赋予亨利五世(Henry V.)及其继承人以王位复归权,因此这项条约违背了萨利克法,是无效的。③ 萨利克法赋予法兰西王位继承权与众不同的特征,它也使法兰西王权获得了其他王国都不具有的完美证明。法兰西的理论家们无疑都充分意

---

① "神法要求遵守真正的信仰和宗教;而依据人法,人类拥有这样或那样的国王。"巴克莱从贝拉明那里引用了这些文字,并且认为,他应当添加如下一些文字:"国王拥有此类神圣权利基础的同时,他的荣耀与尊容也是来自世俗方面的。"*De Potestate Papae*(Goldast,Ⅲ.659)。

② 穆兰是如此描述百年战争的终结的:"最终,英国人想要挫败古老的萨利克法的梦想落空了。"Goldast,Ⅲ.51。

③ 塞尔万写作激情的主要来源是对西班牙的仇恨,因此他宣称,即便联盟的观点能够成立,西班牙也不会获得任何利益,因为如果萨利克法没有约束力,那么英格兰人的主张就是有效的。"这更多的是西班牙人和吉斯家族的无效主张,而不是要捍卫英国人的主张。"(Goldast,Ⅲ.206)萨利克法能够唤起人们的此种强烈的热情,这一点也不令人惊讶;因为如果人们考虑到百年战争,那么确实可以说萨利克法是法兰西人的救星。爱德华三世对王位的主张要远比菲利二世(Philip Ⅱ.)为他自己或他女儿所提出的主张充分。

第六章 纳瓦拉的亨利和萨利克法

识到了这点。这也使他们不可能为这么与众不同的继承权体系主张普遍性。因此,没有任何法国作家像菲尔墨一样在社会的自然构造中为世袭君主制寻找基础。我们被告知,是宁录(Nimrod)而非亚当才是王权的创建者。当然,我们也会偶尔发现有作家将王国比作家庭,将国王比作父亲。但是它们并不像在《父权制》(Patriarcha)或《论证》(The Rehearsal)中那样,被当成论证的基础。如果父权制的王权被视为是原初的或普遍的,那么法国的父权制王权理论肯定要比英格兰的父权制王权理论具备更加充分的理由。但是在法国,这么一种理论似乎完全不可能存在,此外,法国的王位继承理论也不太容易从通常的继承规则中衍生出来。在私法上,亨利四世并非亨利三世的继承人;并且《为天主教徒辩护》的作者费尽心机就是要证明,尽管波旁君主在世系上离瓦卢瓦过于遥远,无法继承其私人财产,但是他依然是合法的王位继承人。[①] 王位在本质上被认为不同于一般的财产,因此就需要一种与众不同的习俗用以调整神秘的王位继承权。博丹煞费苦心地证明了,国王并非依照世袭的权利,也不是通过上帝的恩赐继承王位的,而仅仅是通过法律规则继承王位。显而易见,这种观点和英格兰的继承权观念是多么不同。在英格兰,继承权一直以来都被视为是神秘的,高于实证法律,以上帝和自然为基础的,并且在所有合法的家庭中都必须得到遵循。

[①] *Apologia Catholica*,20."正是对王位的这种权利,我们的博士所研究的实际上并非与财产继承相关,而是牵涉家庭,倘若没有任何其他人存在了,他就可以继承死者的利益。"

博丹之于其他法国作家的关系在一定程度上就好比霍布斯之于神圣王权理论的英格兰支持者一样。除了表面上科学的名义之外,他的著作事实上和塞尔万及贝尔谢的论著一样都具有现实的目的。他对政府性质进行的敏锐而富有哲学意蕴的论述都是为了实现一个目的,即确保纳瓦拉的亨利能够继承王位。显然,他要比任何之前的法国或英格兰作家都更加清晰地认识到了主权的性质。① 和霍布斯、菲尔墨或奥斯丁一样,他对所谓"混合"君主制或有限君主制的概念充满了鄙夷。② 他以十足的奥斯丁的风格描述了主权的特点,将法律定义为具有普遍约束力的主权者的命令。他认为,主权是不可分割、不可转让的;并且在习惯法这个问题上,他也得出了和奥斯丁类似的结论。③ 在思想的深度以及准确性方面,博丹的著作远远超越了《利维坦》(Leviathan),并且博丹也没有犯霍布斯犯下的错误将主权的来源归结为起源。按照博丹的看法,在法兰西,甚至《君王法》都不可能存在,因为人民从来都并不曾拥有主权权威,因此是无法将其转交给君主的。

---

① *De la Republique*, I.8, 10.
② Ibid. II.1. 关于"政府的混合形式",他写道:"对此,我的回应是,这是闻所未闻的,并且也是人们无法想象的,因为主权的特征就是不可分割。"(第263页)
③ "习惯在多年或大多数人的共同认可下逐渐获得力量;但法律一下子就被制定出来,从有能力命令所有人的人那里获得活力。习惯轻轻地流动,没有力量;法律是由权力命令和公布的,往往违背主体的意愿;正因为如此,迪翁·克里索斯托(Dion Chrysostome)把习俗比作国王,把法律比作暴君:法律可以打破习俗,而习俗不能减损法律;习俗既不带来租金,也不带来惩罚;法律总是带来租金或惩罚,除非是一项允许的法律,使他们免受另一项法律的伤害。简而言之,习惯的力量只在于痛苦,以及君主王子所喜欢的一切,他可以制定一项法律来调整他的批准。因此,所有民事法律和习俗的力量都掌握在君主的手中。"(*De la Republique*, 222).

第六章 纳瓦拉的亨利和萨利克法

这部著作的实际目的和其他作者的作品的目的是一致的。教皇的权威受到了批判,尽管这本书的标题并没有提到这点。[①] 作者认为,君主的权力是来自上帝的,并且利用了常见的一些论据来阐释绝对不抵抗的义务。[②] 作者采用了和奥卡姆十分类似的论证方式证明君主制是最佳的政府形式。[③] 不过,博丹更加注重强调自己的观点,即由于"多人组成的主权者"之间会产生不一致的意见,因此主权最好还是交由一个人身上。[④] 最后,博丹对法兰西王权的继承权规则进行了哲学上的证明,并且宣称萨利克法和自然的教诲是相一致的。[⑤]

因此,在法国理论家们的论著中,他们似乎发展了一种理论,这种理论只要被稍加修改就和英格兰的神圣王权理论完全一致。其最根本的观念是,国王是直接通过上帝的神圣任命而获得国王地位的,并且他因此只对上帝负责而不对教皇负责。从这点中自然而然便产生了以宗教为基础的不抵抗的绝对义务。国王被视为不受实证法的约束,除了在王位继承权这个问题上。正如英格兰

---

① *De la Republique*, 190 sqq.

② "以我为君王的,就是以我为上帝,他是上帝在地上的肖像。"*Ibid*. p. 212.

③ *Ibid*. Ⅵ. 4.

④ *De la Republique*, p. 968. "没有必要过于坚持去证明君主制是最神圣的[政府形式],因为共和国给大家的实际形象就像一个家庭,只能有一个领导者,正如我们已经证明的那样,所有的自然法则都引导我们走向君主制,也就是说,我们要么把这个小世界看作一个身体(人/团体),对于所有成员来说,有一个领袖,他依靠他的意志、行动和感觉,要么把这个世界看成只有一个至高无上神的大世界;如果我们仰望天空,我们只会看到一个太阳;即使是群居的动物,我们也会看到,它们不能容许几个男孩、几个领主,不管他们有多好。"

⑤ *Ibid*. Ⅵ. 5.

王位世袭的习俗那样,萨利克法也被视为是一项宪制或"根本法",是无论国王还是人民抑或国王和人民一起都无法违背的。在英格兰的理论中,这种理念体现为不可侵犯的世袭继承权,而在法兰西则体现为萨利克法的神圣不可侵犯。萨利克法的悠久历史又进一步加强了支持萨利克法的舆情,尽管当欧特曼指出了被认为规定了继承规则的那些条文的真实含义,但塞尔万依然满足于以下观点,即无论这项规则的起源在哪里,它都是一项有着悠久历史的习俗,不允许被破坏。① 博丹充分地发展了主权理论,但是法国作家们既是教皇的忠实臣民又是国王的忠实臣民,因此他们在这个问题上进行的论证在才华上要远远逊色于英格兰的作家们。

那么,英格兰的政治思想在多大程度上受到了这些作品的影响呢?这点是很难估量的。然而,有一点是明确无疑的,即英格兰的神圣王权理论是土生土长的理论。无论法国的作家们对英格兰思想产生了何种影响,或者无论法国作家们催生了一种支持神圣权利的普遍舆情,然而毫无疑问,英格兰的理论并不是从法国的理论中生长出来的。另一方面,由于英格兰是亨利三世、亨利四世的盟友,由于吉斯(Guises),包括玛丽·斯图亚特,在英格兰不受欢迎,由于英格兰仇视西班牙君主制,仇视一切可能增加其权力的计划,因此所有这些因素都有可能在不同程度上使英格兰人同情那些试图保卫法国不受教皇和西班牙阴谋侵害的人。另外,还有一些关于博丹著作的直接影响的证据。博丹的著作尤其深远地影响了下一个世纪的人们对政府的看法。它被翻译成了英文,并成为

---

① Goldast, Ⅱ. 207.

剑桥大学的教材。毫无疑问,博丹的著作对霍布斯、菲尔墨和莱斯利产生了巨大的影响,而且许多其他作家也都引用了博丹。英格兰一些末流作家所表现出来的对主权理论相对而言更加彻底的理解,更多的是由于博丹而非霍布斯的影响,这点几乎是毋庸置疑的。因为霍布斯被认为是一位"无神论者"而遭到人们的忌恨,并且被人们讥讽为是信仰原初契约的人。①

法国思想对英格兰产生影响的另外一项渊源可以在法国和苏格兰的关系中找寻到。这两个国家之间的密切关系导致了一些苏格兰天主教徒移居法国,他们对长老会的领袖们控制苏格兰的政治而深感不满,无论他们是通过废黜玛丽·斯图亚特还是通过威胁她的儿子实现这点。布坎南提倡的民主政府理论遭到一位移居法国的苏格兰人布莱克伍德的反击。同时,另外一位移居法国的苏格兰人巴克莱的著作《论王权》(*De Regno*)的主要攻击目标也是布坎南。他本该在书名页中明确写明,他的著作是对一名苏格兰长老会教徒、一名胡格诺派和一位教皇派作家进行的回应;这一点就证明了法国的政治思想和苏格兰政治思想之间的联系。巴克莱的这本书是献给亨利四世的。但是,他绝不会忘记自己是一个苏格兰人,因而在对神圣授予的权利进行论述的时候,他需要捍卫

---

① 值得注意的是,在主权归属这个问题上,博丹在不止一个地方都以极其强硬的态度表达了自己的观点,即英格兰的主权是属于英格兰国王的。在英格兰议会的特权同王室不受限制的权威并存这个问题上,他为自己的观点辩护说,公共会议(conciliar assemblies)无论具有何等权力,无论拥有何种历史,都不能在法律上限制"主权者"。从伊丽莎白在王位继承权问题上对待下议院的方式中,博丹推论出,议会事实上并没有权力控制君主的行动。*La Republique*, I.8, pp. 139 sqq. "在所有人看来,统治权无疑是属于英格兰国王的,而其他国家只能看着。"

詹姆斯一世的地位。要不是詹姆斯一世提出以巴克莱放弃天主教信仰作为条件,巴克莱很可能就已经回到苏格兰,并在那儿为捍卫君主制的神圣理由而开辟一块新的论辩战场。① 不过巴克莱和布莱克伍德对詹姆斯的思想产生了影响是无可置疑的,并且通过这一渠道,他们(如果没有其他人的话)也必定影响了英格兰的思想。确实,菲尔墨将他们和海伍德一起单独列举出来,作为自己的主要先驱,并且将他们的论著视为关于国王权利的完整表达。巴克莱的论文"论教皇的权力"(De Potestate Papae)在1611年被翻译成了英文,这点可以证明他的影响并不仅限于法国。因此,英格兰的神圣王权理论与法国的神圣王权理论之间便存在联系。法国的理论与实践必定对这些苏格兰作家产生了影响。如果不参考支持王权的法国作品,他们几乎就不可能参与到反对"布鲁图斯"或鲍彻的论战中去。这些居住在法国的苏格兰人当然也不可能不受他们身边发生的事情的影响,不受周遭环境的影响,而周遭的环境已经导致大批的法国天主教徒支持亨利四世的神圣权利。胡格诺派、同盟派和政治家派早期的斗争都有助于17世纪英格兰政治思想的发展——无论是朝向神圣王权方向发展还是朝向原初契约方向发展。

布莱克伍德的两部著作《论宗教与帝国的联系》(De Vinculo Religionis et Imperii)和《为王权辩护》(Apologia pro Regibus)是其理论具有双重特征的例子。写作前一部著作是为了强调真正的信仰同不抵抗理论之间的联系。1575年出版的该部著作的前两部分是为了表明,加尔文主义提倡的是抵抗理论,因此是错误的。

---

① Dict. of Nat. Biog., Ⅲ.173.

这本书是一名坚定的罗马天主教徒针对长老会教会理论而提出的抗议。正如英格兰国教徒认为教皇的主张有可能瓦解主权者同臣民之间的联系因而是异端邪说一样，布莱克伍德也认为，加尔文主义由于教导抵抗理论，因而是错误的。① 他抱怨道，新的学说体系使自由在国家中不见踪影；而真正的宗教却是政府的支持者，并且甚至禁止人们对僭主进行抵抗。② 言下之意即宗教是国家唯一的保护者，而如果国家允许错误的教派存在，国家的法律与秩序就将终结。作者感受到宽容将会导致政治上的危机，这促使作者拿起笔来写作。大部分作者的意图都是为了教导服从的宗教义务，而布莱克伍德的目的却是为了表明迫害在政治上的必要性。

该书的第三部分在亨利四世被暗杀之后才得以出版，它之所以出名是因为包含了对联盟派的强烈谴责。作者近乎悲伤地认为，天主教徒不应当借用新教教徒的行为准则。这部分文论极其有趣，因为它充分地证明了英格兰国教徒们确认天主教徒与独立派政府原则的方式的有效性。布莱克伍德从相反的方向进行了确认。他认为，真正的天主教徒是不会支持抵抗权的，因此以保卫天主教信仰为理由公开支持抵抗权的人们事实上就站在了新教徒一边。而英格兰国教徒的观点是，真正的新教徒是不会支持抵抗权

---

① "在那个时候以前一直保护着君王的宗教现在防备着世俗君王。从那里它准备好的真理不是宗教的，而是中邪的伪君子和背信弃义的表面上的教徒，他是卑劣丑恶的，据此把自己讲述为更好的作者。"(De Vinculo, 261.)

② "没有帝国、没有共和国、没有道德、没有法律的自由，什么样的良心自由给你们留下了信仰？这种良心自由会发展为无节制的狂暴。"(De Vinculo, 262.)"他们那时通过宗教隐藏了自己的虚伪吗？但是，宗教保存和看护着帝国，而没有削弱和推翻帝国。"(Ibid. 289.)

的,因此以新教教义的名义而允许抵抗权存在的那些独立派只不过是伪装的天主教徒。

《为王权辩护》的旨趣则截然不同。无论它是否是出于对古典作家布坎南的恭维,这本书的灵感大部分都是古典的。① 尽管作者不时引用《圣经》,不过大部分的论述和观点都是来自古典的历史或哲学。作者经常诉诸罗马法,并且整部著作都不同寻常地充满了世俗的论调。也许布莱克伍德认为,自己之前的一部著作已经在宗教方面进行了充分的论述。或者原因有可能在于,作者必须以罗马天主教徒的身份在长老会臣民的面前为一位被认为是异端的国王辩护。这本书更加引起人们兴趣的原因在于,它提及了英格兰。对于布莱克伍德而言,英格兰是一个不折不扣的绝对主义王权国家;这点对于博丹而言也是如此。当然,如果受人嘲弄的混合君主制原则被证明在英格兰毫无力量可言,那么人们就几乎不可能再认为它能够存在于法国或苏格兰了。布莱克伍德是一位极端厌恶英格兰的人,他宣称,无论在英格兰还是在其他国家,人民都不可能被认为分享了主权权力,即便获得国王的同意

---

① 布莱克伍德既是坚定的保王派同时又是热忱的天主教徒,这点是与众不同的。在《论宗教与帝国的联系》一书的最后一部分中,他颂扬了教皇的权力,同时又尽量避免提及希尔德里克的废黜或其他一些有争议的事例;他总是小心翼翼地将自己限定于证明对王权的尊崇对于圣父的利益是完全无害的。不过,在《为王权辩护》中,他的观点表达得更加明晰。他无法理解为什么布坎南反对教皇干那些他允许自己的主教们干的事情。(121)希尔德里克的废黜并不是出于教皇的命令,而是得到了教皇的同意,因此这暗示了,民众的权利并不反对君主。(197)他认为,主权权力属于教皇,并且认为教皇高于其他君主,正如其他君主高于他们的臣民。然而,他又承认废黜异端权利的最终权力掌握在会议中。不过,由于除了在教皇是异端的情况下,这种权力从未被实施过,因此从中不能推导出人民主权的结论。人民并非真理的裁判者。(201—204)

第六章 纳瓦拉的亨利和萨利克法

也不可能。① 他否认亨利八世在遗嘱中对王位继承的处置是有效的,因为王位继承是依照不可变更的法律而传给世系上最近亲的人的,王位继承人不是作为父亲的继承人,而是作为王国的合法统治者继承王位的。② 除了这点之外,布莱克伍德的主权理论就是完整的。王权是不可分割或分享的。然而,他将武力作为王权的起源,他的这种观点非常奇怪地区别于其他作者的观点,而宁录当然就是最早的国王。③ 同时他又迫切地认为,国王是高于法律的;不过和贝克莱(Berkeley)法官不同的是,他否认国王是会说法的法律(lex loquens)。他宣称,所有的法律只有在君主登基时获得了主权者默示的同意,它们才能继续有效;④ 而关于地方的法律与习俗,他诉诸奥斯丁式的格言:"只要主权者允许的,他就会发布命令。"⑤

---

① *Apologia*,6.
② *Apologia*,73 sqq."国王不是国王的继承人,而是王国的继承人。"(112).
③ *Ibid*.ch.Ⅶ.
④ *Ibid*.ch.Ⅺ.
⑤ "它们还没有这种力量和根基,而且它们也无法使君王改变,对此那时在法律上,在人类权力中,没有什么理由可以界定。"(*Ibid*.110).布坎南希望建立的是混合的政府形式,国王拥有最高的执行权,法官拥有解释权,而人民则拥有立法权。布莱克伍德嘲笑这种构想,并且贴切地问道:"难道我们不是认为,法律解释是占主导吗?"(ch.ⅩⅢ.)他认为,在布坎南理想的国家中根本就不存在最高的权力,因为这三项最高的权威彼此都相互独立。"你们通过人民选举君王,通过人民的力量设置法律。你们通过人民分配一切事物,他们的反抗和攻击使君王的统治驯服。但是,谁能够相信,受命的和去做的是同一个呢?被主宰的和服从的是同一个吗?"(295)第三十三章这一整章都在论君主制是对国家统一这一原则的表达。值得注意的是,他将君主视为人类技艺而非自然的最高成就;显然,他是将家庭视为一项人为的组织。他发现有必要向对手们指出,所有的国家都存在某项最高的权威,无论罗马、雅典的民主制还是威尼斯的寡头制,它们都是由某种确切的"王权"——布坎南认为能够在共同体中消灭掉的主权权力——进行统治的。(193)

136　　上文已经对在中世纪英格兰、神圣罗马帝国内部的冲突、法国宗教战争期间、英格兰宗教改革的历史环境中产生作用的因素进行了初步而冗长的考察。这些因素以不同的方式对王权理论的发展施加了影响，并且这种王权理论要比曾经在英格兰普遍流行的更加狭隘、绝对，更加前途渺茫。

　　接下来我们就可以对17世纪的政治争论进行讨论了，并且我们在一定程度上也能够理解为什么它们会呈现那种样态。17世纪的政治思想一方面是从神圣权利、继承权的"根本法"、主权这些观念中产生的；另一方面，它也从原初契约、依照教会的教诲进行抵抗的义务这些观念中产生。有待我们进一步考察的是，这些观念是如何融汇成和谐连贯的理论的，这些理论是如何被一步步超越的，并评估日后它们一旦变得流行所可能产生的现实影响。

第七章 从詹姆斯一世到詹姆斯党人

有很多原因可以解释为什么詹姆斯一世坚持的是严格意义上的神圣王权理论。他继承英格兰的主张仅仅是以出生世系为基础的。由于受到两部议会法案的阻碍，只有通过王朝正统的原则，他才能成功地主张英格兰王位的权利。此外，罗马天主教派的学者也反对詹姆斯一世的继位，因为他们没有足够的把握能够使詹姆斯一世改宗，因而便不赞成他的权利。多尔曼对世袭继承原则的攻击就是从教皇派的立场出发的。但是詹姆斯的地位所受到的威胁并不仅仅来自罗马天主教这一边。由诺克斯和布坎南所阐发的苏格兰的长老会教义在政治上同穆雷（Murray）和莫顿（Morton）紧密地联系在一起，这个教会的政治体系同样也是好管闲事、令人烦恼的，而且长老会在根本上要比教皇主权的基础更强大，更流行。在各方面，詹姆斯都受到一个新兴的、狭隘的宗教团体的反对与羞辱。因此，即便詹姆斯一世认为英格兰王位的继承权不再存在问题，作为一名国王，他依然有足够的理由赞同一种同时反对天主教徒和长老会的理论。这种理论认为，除了神职人员，每一个人都要服从君主的权威，因为世俗权力是仅仅由上帝神圣授予的，因此不受教皇或长老们的控制。同时，这种理论在英格兰和法国都产生了影响，导致人们在理论上提升王权的地位，因此它不可能不对詹姆斯的思想产生影响。因此，当洗鲁雅（Zeruiah）的儿子们对于詹姆斯来说太过于强大,并且詹姆斯感到自己的权威在顽固、傲慢的教会领袖面前饱受嘲弄的时候,詹姆斯自然就会合理地宣扬神圣王权理论,并且他对神圣王权理论的理解虽然偏执,却是逻辑清晰的。这点丝毫不令人惊讶。在伊丽莎白去世前五年,詹姆斯出版了《绝对君主制的真正法律》(*True Law of Free Monarchies*)一书。在该书中,詹姆斯详细而充分地阐发了神圣权利理论。[①] 在詹姆斯继位时,议会通过一部法律,本打算不承认詹姆斯的继承权,但最后只是宣布了詹姆斯与生俱来的权利。[②] 这点就可以明确地证明,在当时神圣王权理论已经相当流行。然而,尽管正如上文所述,人们已经通过不止一种方式来使人们知晓神圣王权理论,但是该理论似乎并未牢牢地抓住民众的想象力,或者甚至并没有被那些宣称坚信神圣王权的人充分理解。

关于这点,我们可以在奥夫罗尔(Overall)的《教牧人员代表大会手册》(*Convocation Book*)中找到证据。这本著作宣称试图要对神圣王权理论进行权威的论述,但是事实上这本书最终只表明,它完全没有能力理解神圣王权理论实际上包含哪些内容,完全无法理解它同复辟时期的保王派或詹姆斯本人所理解的连贯一致的理论体系之间的差别。这部著作的教条只是在强调现实的政府的神圣权威。[③] 在这点上,这本书的论调引起了国王的警醒,他非常生气地写信给阿伯特枢机主教,要求他不要插手对于他而言太

[①] 在这点上,《英国传记大辞典》中的文章存在错误。在辞典中,嘉德纳认为,1603 年是它出现的时间。不过,它是于 1598 年被匿名出版的。

[②] 1 Jas. I.,c. 1.见附录 A,另参见 *Coke's Reports*,Ⅶ. 10 b:"国王依据与生俱来的长子继承权,通过继承权真正所在的王室血脉继承了英格兰王国。"

[③] Canons ⅩⅩⅧ—ⅩⅩⅩⅢ.

第七章　从詹姆斯一世到詹姆斯党人

过崇高而无法理解的事物。① 詹姆斯有充分的理由认为，要是西班牙的菲利成功地征服了英格兰，那么按照《手册》的观点，菲利继承英格兰王位的权利也是神圣的，而他也只能被视为合法的国王，英格兰人没有任何理由能够将其视为篡位者。《手册》的编者深深地浸淫于神圣王权理论的基本观念中，他认为无需教皇或教会的确认，世俗政府也是合法的。这导致编者们无法意识到这项理论中一些"有机的细节"的重要性，无法区分以武力为基础的主张与以权利为基础的主张之间的差别。

另一方面，当詹姆斯试图阐明自己所理解的主权不可转让的特征时，他遇到了困难。詹姆斯认为，议会的所有特权最初都是君主授予的，因此君主可以将它们收回。议会对詹姆斯的这种观点异常愤怒，而且议会的愤怒恰如其分地代表了当时普遍的舆情。此外，柯克对国王认为自己可以成为法院法官的观点进行的回应也预示了君主主权权力支持者与普通法的支持者之间即将到来的分裂。然而，在"加尔文案"中，个人对君主的效忠得到了充分的强调，②并且"贝特案"③的判决确认了如下的理论，即任何一位国王

---

①　在盎格鲁天主教会图书馆出版的《教牧人员代表大会手册》中记载了这封信的内容。由于这个原因，在1690年之前，这本书都没有出版过。在詹姆斯的这封信中也存在一个奇怪的不一致的地方，因为他抱怨《手册》没有证明英格兰对联合行省的帮助是合理的。

②　法官们一致认为，臣民的效忠依照的是自然法和神法，是不得被改变的，并且因此也是向国王本人进行的效忠，而不是向国王的政治身份进行的效忠。判决认为，詹姆斯同时作为英格兰国王和苏格兰国王这一事实就已经将这两个王国连接在一起了，从此以后，出生在其中任何一个王国的臣民在另外一个国家都不得再被视为外国人。判决的这种观点极大地提升了国王的地位。而判决的这种观点得以表达的语言更加提升了王室的地位："渊源于人法或人制定的宪制的事物是可以被改变的；但是自然的忠诚或臣民对于主权者的服从是无法被改变的；因此对于主权者自然的忠诚或服从并非渊源于人类制定的法律或宪制。相反，渊源于自然法的事物是不能被改变的，而臣民对主权者的忠诚或服从就是渊源于自然法，因此它是不得被改变的。"Coke's Reports, Ⅶ. 25 a.

③　*Prothero's Statutes*, 340—353.

都不得实质地损害主权权利,因此爱德华一世和爱德华三世的立法(它们禁止不受限制的习俗)无法约束后来的君主。

1628年出版的梅因沃林(Mainwaring)的布道证明了神圣王权理论的流行,同时也证明了这项理论发展的缓慢。梅因沃林认为,对于他来说,君主权威具有神圣的基础,并且国王有权利满足自己的所需。然而,劳德认为这些布道词的出版会带来不便,因此努力地阻止其出版。[①] 如果我们考虑到劳德本人关于君主权威的观点所具有的特点,这个事实就可以清楚地表明在神圣王权这个问题上民众的普遍态度。迄今为止,英格兰还没有消化掉在后半个世纪中对于它而言美味可口的理论。这倒并不是说还存在很多不效忠国王的人。在更早的时期,英格兰民族在整体上都深深地忠于君主。但是,直到后来极端的民权理论引起拥护旧秩序的那个庞大阶层的人的敌意时,一种相反的、认为君主主权不受习俗约束的理论才开始变得广泛流行。

然而,当国王与议会之间的冲突达到白热化阶段,英格兰就产生了一种强烈的忠于国王的情感;对于这种情感,只有极端形式的神圣王权理论才能够加以表达。作为政治上一股流行的力量,这种理论在"长期议会"之前几乎没有产生很大的影响。而在此之后,神圣王权就变成了所有支持君主权利的人的口号,至少一直持续到"光荣革命"。亨利八世时期卑躬屈膝的议会或在詹姆斯一世时期冗长、夸饰地承认詹姆斯一世毫无瑕疵的头衔的议会都不曾遭受如下言论的羞辱。这种观点代表了1640年绝大多数教会

---

① 见 Gardiner, *History of England*, Ⅵ. 208, 209。

第七章 从詹姆斯一世到詹姆斯党人

人士的情感：

> "国王是至高无上，处于神圣地位的；他的权利是神圣的，来源于上帝自己的法律，以原初的自然法为基础，并且显然是以《旧约》和《新约》中明确的经文为依据。在《圣经》中，上帝亲自将至高的权力授予给国王这一最卓越的阶层，也就是说，国王在他们自己的统治领域内可以统治并命令所有人，无论他们具有何种地位，属于哪个等级，也无论是教会内的事务还是世俗事务。无论出于何种理由，任何个人或群体在王国领域或领土内建立、培植或公开承认任何独立的抵抗力量（无论是教皇派的力量还是民众的力量，也无论是直接还是间接地），都将损害国王伟大的权威，并且将险恶地颠覆上帝亲自建立起来的最为崇高无上的秩序；因此，这些行为不仅是背叛国王，更是背叛上帝的叛逆行为。因为无论以何种理由，臣民如果拿起武器反对国王（无论是防御性的还是进攻性的），至少都是在反抗由上帝所授予的权力；并且，尽管他们并未主动进攻，而是仅仅在抵抗，然而圣保罗曾经直接告诉他们，他们也应当接受谴责。"①

值得注意的是，这段话并未提到不可侵犯的世袭继承权，因为根本无需提及这点。只要查理一世是国王，他的统治权就是无可争议的，因此根本没有任何理由再讨论继承权方面的问题。只有

---

① Cardwell's *Synodalia*, I. 389.

当这种观念被共同体中有影响力的一部分人拒绝之后，人们才需要重新确认这种观念。这种教条除非遭到某个思想家或领袖的否定，否则它便绝对无法定型。这是一个不折不扣的真理。因此，人们对被动服从理论的热情是由"内战"以及随之而来的无政府状态与僭政状态催生的。

在这之前，人们很可能对极端情况下的被动服从义务心存疑虑。但是，在此之后，经历了"内战"战火折磨的人们无疑都坚持认为，服从最残暴的权威，也不像进行抵抗那样会带来深重的灾难。因此，就必须坚持王位世袭继承权。是查理一世被处决以及人们将他的世系排除在王位继承权之外的做法促使人们思考事实上的权威和合法的权威之间的区别。在詹姆斯充满逻辑性的思想中，根本找不到在当时的保王派思想中进行这种区分的影子。奥夫罗尔的《教牧人员代表大会手册》中明显的混乱现在已经在民众的思想中消失不见了。如今任何人（无论他支持哪个党派）都清楚地意识到，人们能够确认合法继承人的神圣权利，而无需断言篡位者的神圣权利。

至此，唤醒人们对事实权威与合法权威、被动服从和积极抵抗之间进行区分（无论其差别多么细微）的必要条件都已经齐备了。一方面，人们收罗了查理一世专断统治的各种罪行，产生了对斯特拉福德和星室法院各种专制手段的普遍仇恨。这些足以促使人们认为，合法的政府可能实行令人无法忍受的专制统治，因此完全的或积极的服从可能并不总是一项义务。另一方面，当时已经存在一种新兴的军事独裁统治，它认为自己继承了世俗的英格兰宪制传统，并要求人们普遍忠诚，仿佛这个政府的行动的合法性不存在任何问题。这足以确保,保王派、反对克伦威尔(Cromwell)及其将军们的人都意识到,篡位者没有任何道德理由要求人们服从,因此他们的神圣义务就是帮助被剥夺王位继承权的人复辟。被动服从和不可侵犯的王位世袭继承权都并非新颖的概念;它们很久以前就存在了,反对教皇主张的必要性已经产生了这么一种理论,而这种理论也仅仅是反对教皇主张的逻辑结果。而作为英格兰政治中的一股势力,它们之所以变得重要,必须归咎于"内战"和克伦威尔成功地篡夺了英格兰王位。查理一世被处决所引起的恐怖以及《国王圣像》(Eikon Basiliké)一书引起的对殉道者忧伤的崇敬之情必定会强化人们心中支持王权的情绪,认为王权是被神圣授予的,并且和政府形式没有任何关系。因此,尽管神圣王权理论起源于更早的时期,并且是同其他一些因素一起产生的——因为在詹姆斯对神圣王权的论述中,他并未添加任何其他实质性的内容——但是毫无疑问,神圣王权理论的广泛传播应当归咎于"内战"而不是其他任何更深远的原因。也正是神圣王权的情感最终使查理二世继承了父亲的王位,并且这种情感在《礼拜仪式统一法》(Act of Uniformity)中也得到了表达。①

在都铎时期,神圣王权理论正在形成。在同教会的斗争中,它成为了一件有力的武器。王权同教权之间的论战赋予了它重要特征,这也是它最重要的品质。但是与此同时,政府理论也在发展,

---

① 牧师们必须做如下的宣誓:"我宣誓,无论以任何理由以武力反对国王都是不合法的;我绝不实行以国王的权威反对国王个人或反对由国王委派的任何人的叛逆行径。"(14 Car. Ⅱ. c. 4.)同时,任何人胆敢宣布议会中任何一院或议会两院拥有无需国王而立法的权力,便是一种犯罪行为。(13 Car. Ⅱ. c. 1)

并且部分地也是由于同样的原因。在17世纪,神圣王权理论的真正价值在政治思想的发展中体现了出来。虽然它依旧保有反教皇的特征,不过它更加充分地展现了自己,成为了人们表达被发现的主权观念的一种形式。围绕法律渊源而展开的争论如今变得十分重要。神圣王权理论的支持者们一直都在为他们自己的观点进行战斗,即法律无法脱离某个立法者而独立存在,并且任何国家中的最高立法权威必然是高于一切实证法的。作为一种政治力量,这种理论的价值并不在于纯粹的科学因素上,而在于它对于民族生命的延续所具有的重要性,在于服从法律的习惯对于一个国家具有的无比重要性。要否定这种理论并不难。但是,否定这种理论的人必须记住,如果没有这种理论所产生的影响,那么英格兰宪制发展所具有的与众不同的有序特征、英格兰宪制未经历严重变革的特点都根本无法持续存在。

在论述宗教改革的早期阶段时,我们不得不满怀感激地提到一些理论家,他们孤独地证明了英格兰王权独立于教皇。但是,神圣王权理论并不仅仅是高卢主义的有效表达。它还具有纯粹政治性的一面,这一面的特征最主要产生于17世纪中叶。从这一时期的作品中,我们了解到,它是如何影响了英格兰人对主权概念的理解,并因此对政治思想的明晰产生了影响——这点是任何重视政治思想明晰性的人都无法低估的。此外,在讨论复辟、"排除法案"和"光荣革命"的时候,我们必须承认该项信念对当时所产生的有益影响;正是凭借这一观念,我们熬过了政治变革的风暴,比其他民族付出更少的代价,流更少的鲜血,我们无需经历无政府状态而实现了自由与良好政府的目标。在一个小册子和布道手册如洪水般汹涌而来的时期中，那些小册子以及布道手册阐发的最重要的主题就是这种认为民族宪制的延续性异常重要的强烈情感。在这个时期，人们都在争论查理二世的天主教继承人的问题，他们必须在宗教迫害的风险与君统延续不断之间进行平衡。

"排除法案"又促使神圣王权的热情再次爆发。围绕着命运多舛的这项措施产生的争论是各种政治思潮的渊源。一方面，在这次争论中，人们对不可侵犯的王位继承权以及被动服从的信念进行了最为着重的表达。另一方面，民权理论也在这场争论中得到了最清晰的表述。多尔曼的手册被重新出版。原始契约理论以及国王只是一种纯粹官职的理论也都得到了详细的阐述。尽管对叛教者尤里安的地位的讨论表明人们所持的观点和法国以及帝国派思想家们的观点是类似的，不过它同时也证明，民权派无法挑剔他们对手的理论论证方法。

在《背教者尤里安》中，约翰逊认为，人们通常从基督徒的服从美德中推导出对不信教的皇帝也必须服从，但这种观点是错误的，因为事实上基督徒们并不承认他的权威，并且纳西盎的圣·格里高利（S. Gregory Nazianzen）担心，他的父亲，主教大人已经谴责了皇帝。① 对于这点，《背教者君士坦丁》（*Constantius the Apostate*）暗示性地指出，这种观点是毫无根据的，是对基督徒的诽谤；再者，即便这种观点是正确的，它也并没有什么影响，因为基督徒们都承认君士坦丁，并服从他，尽管他是一名阿里乌斯派教徒。因此，必须服从异端主权者的义务便得到了证明。排除詹姆斯可能产生的

---

① Johnson's *Works*, p. 21.

公认的危险,使人们强调被动服从的义务。人们反复地教诲,眼泪和祈祷是反对僭主的唯一合法武器,并且人们发现,可能很快就需要它们了。在大量的小册子和布道手册中,人们热情地宣扬着这种所谓的十字架理论。

在此之后不久,菲尔墨的《父权论》(Patriarcha)首次出版了。这部作品对极端保王派理论进行了雄辩的证明,赢得了广泛的流行,并且也值得受到人们的欢迎。菲尔墨敏锐地洞察到,在两种论证模式(一种模式依赖于混杂地引用各种禁止抵抗、强调王权神授的《圣经》文本,另一种模式则主张君主制是依据自然的教诲)中,后者的基础牢靠得多。对于《圣经》中的某些文本,人们总是能够加以解释。确实,现今每个人都知道,当圣保罗和圣彼得要求将服从既存政府作为一项宗教义务时,他们并没有考虑到极端情况下人们的服从义务的问题,并且他们也根本不是在讨论抵抗权。对此,菲尔墨是否了解也许是值得怀疑的。他很可能并不了解,因为在另外一个地方,他对《罗马书》第十三章进行了详细的论述。①不过,他本能地意识到,引用《圣经》并非确立自己观点的最佳方式。因此在他的论著中,引用《圣经》文本的方法就不再重要;相反,他认为王权是以自然为基础的,并使这种观念具有重要地位。不过,这种观念并不新鲜。大部分支持神圣王权的作家们都或多或少提到过这种观念。但是,对于他们来说,王权出自于自然这种观念并非论证的基础,而仅仅是一种描述、形象或修辞。而菲尔墨则将自己全部论述都建立在这个基础之上。他试图在社会的自然

---

① *Observations on Aristotle*,前言。

第七章 从詹姆斯一世到詹姆斯党人

构造中寻找到王权的起源,并且认为王权的基础既不在于武力也不在于人民的认可,而在于造物主创造的人性。大多数作家都承认以下的事实,即王权是由上帝神圣授予的,以色列王国的制度或者《但以理书》《箴言》中孤立的文本都可以证明这点。除了这项证据之外,他们还会满意地、附加地认为,王权真正是自然的,因为在家庭中或在鹅群、羊群这样的动物王国中都可以看到王权的影子。相反,菲尔墨则认为,王权是自然的,并且因此它必定是得到自然的主人——上帝神圣授予的。他全部的论证都依赖于将王国等同于家庭,将王权等同于父权。国王是人民的父亲这种说法是王权派作家们经常用的一种隐喻。菲尔墨将这种隐喻进一步阐发成一项理论,并且在此基础上建立了唯一合乎理性的绝对主义政治体系。社会的父权制概念远非神圣王权理论的核心;它只是对神圣王权理论进行的最有说服力的论证。神圣王权的某些支持者几乎没有提到这种观念,其他大部分作家虽然提到了,但都是宽泛地使用这种隐喻,他们显然并不认为这个隐喻能比"帝王借我坐国位。君王借我定公平"(By me kings reign, and princes decree judgement)这句经文更强有力地证明他们的观点。国王詹姆斯也公开地将这种对比作为隐喻加以使用。达德利·狄格思(Dudley Digges)爵士认为,国王"即便不用这个隐喻也是他的人民的父亲",这点可以证明,国王和父亲之间的对比通常被认为仅仅只是一个修辞手法。和其他作家一样,他也认为婚姻的联系和国王与人民之间的联系属于同种类型,并且提出了反对抵抗权的观点——上帝所联系在一起的,谁也不允许将其分开。和博丹一样,桑德森(Sanderson)宣称,国王拥有比父亲更多的权力,并且君主还是"兄长或辈分更长的其他人"。梅因沃林认为,国王和人民之间的联系具有四层属性,它是由下列四种联系构成的:造物主和造物;丈夫与妻子;父母与子女;主人与仆人。①

　　这些只是一些用以说明一般性观点的例子,这种观点认为,忠诚是所有联系纽带当中最强有力的,它囊括了人类之间所有其他的联系。在菲尔墨之前,没有任何人从一般的父权的角度对王权理论进行过论证。② 菲尔墨的价值正在于,他发现在人们通常使用的隐喻中包含了一种政治学说体系的基因,它在根本上要比通常的《圣经》引文大杂烩更有实质性的内容。《父权制》的流行进一步证明,这种观念对于大部分人来说具有新颖的冲击力。它对神圣王权的唯一贡献就在于,它详细地论述了父权式的王权概念。如果这种观念在之前就已经被视为神圣王权理论的必要因素,它就很难为菲尔墨带来不朽的声誉。人们抓住了由《父权制》提供的机会,获得了比他们通常所熟悉的更加有力的武器同他们的对手

---

① *Religion and Allegiance*, 3.
② 托马斯·阿奎那将家庭视为类似于王国的某种事物,这是最思想深刻的一个例子。桑德斯说:"主人或家父(pater familias)是家庭里小型的君主。"(*Judgment in One View*, p. 106)并且他认为:"在处理家务方面,主人对仆人所拥有的权力毫无疑问和最高统治者对他的臣民在共同体的和平方面所具有的权力至少是一样的,如果不是更多的话。统治者作为父亲的父亲和主人作为家父是一样的。"(p. 108)此外,"统治者同时还是一位兄长或辈分更长的其他人;而其义务也是慈爱或更加亲切的其他关爱。而如果我不会冒犯我的兄长,那么当然我也不愿意冒犯我的君上。"(p. 112)1624 年出版的一本反对西班牙的小册子《人民的声音》(*Vox Populi*)也宽泛地讨论了父权权力。这位作者看起来更加接近菲尔墨。"在所有民族中,一个家族或国家的统治都是交给最长者的。在国王产生之前,统治者就是这些最长者;而当国王产生的时候,国王要么是从这些最长者中选出的,要么就是在这些家族或他们所居住的地区中代表最长者的人。"(7)《授予君王的崇高宪章》(*The Royal Charter granted unto Kings*)认为王权的神圣起源就像麦基洗德的例子一样,他是"没有父亲,也没有母亲的"。(6)

进行论战。同时,我们很难说是菲尔墨发现了父权制的概念。他的著作确实有助于父权制概念的传播,但是诸如国王就像父亲的父亲(pater pateriae)这么一种广泛流传的隐喻肯定会被同样一些作家广泛地宣传。博丹支持君主制的观点和文段就已经被奥瑟利主教威廉姆斯(Williams, Bishop of Ossory)在一本名为《统治者的权利》(Jura Magistratus)的小册子中运用了。这表明,人们已经对和菲尔墨所阐述的类似的学说体系非常熟悉了。①

在神圣王权理论的历史上,菲尔墨确实占据着重要地位。但是,他既不应当被视为对该理论进行了最完美的阐述的人,同时也不应当被视为该理论开始衰亡的先驱而被铭记。从将政府理解为由上帝神圣律法直接建立的观念向一种新的观念转换并不难,这种新的观念认为既然上帝是自然的造物主,那么只要是合乎自然的也就是获得上帝准许的。不过,这种转换所产生的影响是巨大的。因为直接的神圣权利一直以来都是一种关于上帝神圣授权的建设性理论。神学的政治概念让步于也许可以被称之为自然主义的思想。在这种伪装之下,作为对任何政治体系唯一可能的证明,神圣王权理论一直存续着,直到当前这个自然权利观念不再被人们信赖的时代。在某种程度上,我们可以认为,菲尔墨不仅为洛克铺平了道路,同时也为卢梭铺平了道路。显而易见,无论自然权利授予国王还是人民,自然权利理论都是神权政治概念发展的下一个阶段。神权政治概念认为,任何一种政治体系,作为神圣意志的

---

① "每一位管理者自己的家庭的家长都是一位小型的国王"(Jura Magistratus, 15);"王国只不过就是一个巨大的家庭,国王拥有父权"。(22)

完全启示，都必须能够在《圣经》中找到依据。无论是采取老一套说辞的神圣王权理论还是将自然权利视为上帝神圣意志的证明的自然权利理论，促使人们采纳这些理论的动机都是一样的。人们都希望能够为政治寻找到某种永恒不变的根基，试图能够超越一时的便利，超越权宜之计，由此人们才详尽地阐发了神圣王权理论或自然权利理论。人们都被一种渴望深深地困扰着，希望找到一种超越历史与时代，不受历史发展或民族特性约束的普遍体系。因此，对于两个学派来说，即无论对于相信神圣权利（无论是教皇的神圣权利还是长老会的神圣权利，抑或是国王的神圣权利）的人来说，还是对于坚持个人或民族享有自然的、不可转让（即神圣的）权利的人来说，他们都会遭到相同的反对意见的反驳，即没有任何政治体系是永恒不变的。人们不可能找到一种依据永恒不变、永远不会被超越的原则为依据的政府理论。普遍的国家理论只不过是臆想的怪物，因为历史发展和民族特性是对政治发展的规律进行考察的过程中最重要的考量依据。柏克（Burke）用以打碎大革命时期的理想主义者空幻迷梦的论证同样也可以有效地用来反驳贝拉明提出的支持教皇的理论，或者反驳詹姆斯一世、菲尔墨支持的君主制理论。自然权利理论不过是戴着面具的、老套的神圣王权理论。

154　　然而，自然权利理论还是带着伪装的。无可否认，当理论家们抛弃了毫无批判性地堆砌一大堆《圣经》引文作为自己论证依据的习惯时，思想发生了巨大的转变。《圣经》不再被视为政治理论的唯一渊源。取而代之的是，人们试图（无论多么不完美地）在人性以及人类社会的必然性中为世俗政府找到不变的原则，为政治义

第七章　从詹姆斯一世到詹姆斯党人

务找到不可侵犯的法律依据。一旦人们发现寻找一种永恒不变的政治体系是值得做的事情，那么人们自然有更加充分的理由在自然的教诲而不是在令人怀疑的且随意堆砌在一起的《圣经》引文中寻找这种政治体系。至少这是向功利主义政治体系或历史主义政治体系发展的必由之路，因为自然似乎是赞许功利原则的，并且自然本身也明确地暗示了依据有机体的规律演进所具有的重要意义。第一项事实，即功利主义是依据自然法的，得到了洛克和西德尼的承认；而菲尔墨显然要比他的对手，或者比他的某些先驱，诸如布莱克伍德，更具有历史精神。无论如何，菲尔墨的价值在于，他发现自然的政治体系很可能要比纯粹神学的政治体系具有更加坚实的基础；或者说，菲尔墨发现，神学的作用就在于，它指明自然可以作为政治哲学的老师。然而，他之所以成为一名政治思想家的原因显然和他作为自己理论的支持者的原因是不一样的。他所使用的方法也为自己的理论的毁灭铺平了道路。老套的、通过引用《圣经》经文的论证方法拥有自己的优点，即它不容易遭到批判观点的攻击，并且无论是自然法还是功利原则都无法反对《圣经》的论证方式。由于菲尔墨部分地放弃了老套的圣经论证方式，因此他事实上也就降低了神圣王权理论的说服力。表面上，他的观点似乎要比其前辈的更加强有力。导致这种情况的原因是他的论证方法更加贴近我们所熟悉的那些方法。菲尔墨的神圣王权理论可以用如下三段论加以表达：

依据人类自然本性而存在的事物就是依据神圣权利而存在；
王权是依据人类的自然本性而存在的；
因此，王权是依据神圣权利而存在的。

比起堆砌一些《圣经》经文以及意象并忽视或无视其中支持相反观点的含义的圣经论证方式来说，三段论的方式显得更加合理。然而，比起之前理论家的观点，菲尔墨的观点更容易遭受攻击。而"抗拒的必自取刑罚"(they that resist shall receive to themselves damnation)* 这样的经文本身显然是无可挑剔的证据，人们只能狡猾地对之避而不谈。无论是从便利的角度提出的观点，还是对历史进行的新颖解读，都不能影响梅因沃林用来支持自己的理论而详尽引用的那些《圣经》文本。唯一能够有效地反驳他的方式就是否认他对引用的经文进行的解释，或认为他引用的经文并不合适的。事实上，出于功利或历史的考虑都不会影响人们通常对神圣权利进行的论证。但是，对于菲尔墨的观点而言，情况就并非如此了。因为这就涉及自然法究竟由哪些内容构成这个复杂的问题，并且人们也很容易像洛克一样提出支持功利原则的观点，将自我保存的本能视为自然的，因而神圣的。洛克和西德尼确实都将他们自己的自然权利原则提升到任何一时的便利性考虑之上，并且他们都不同意，在一个国家中立法机关是主权者，即便承认立法机关是主权机关显然具有明显的便利性。但是，功利原则占据了他们的思想，并且他们合理地认为，功利原则就像自然法一样无处不发挥作用，就像服从政府的必要性一样具有重要意义。相比神圣王权理论，由菲尔墨的辉格派反对者们阐发的自然权利和原初契约理论更缺乏说服力，更多存在人为的痕迹。但是，洛克和西德尼的推测在一点上产生了价值，即他们在一定程度上意识到了功

---

* 《罗马书》13：2。——译者

利的考虑在提出一项实际的政治理论方面具有的重要性。保王派犯幼稚病的真正原因在于他们没有看到这点，而不在于他们对绝对主义体系的论证。但是，菲尔墨诉诸自然法的同时，他也为其他人利用这项功利原则推翻自己的理想主义体系铺平了道路。对于旧的圣经学派作者们来说，谈论功利是毫无意义的。在他们看来，《圣经》包含了明确的禁止人们抵抗的律令，并且他们把《圣经》放在了他们论证的前沿阵地。对于这么一种观点，依据绝对不抵抗的不便利而产生的任何观点都不可能有任何成功的希望。从孤立的经文中推导出来的观点对于现代的读者来说似乎是神圣王权理论中最荒谬的部分。而事实上，它们正是神圣王权理论的力量所在。即便这些观点是荒谬的，人们也很难反驳。但是对于菲尔墨而言，《圣经》已经不仅仅是贮存经文的宝库，虽然他随时都可以利用这些经文。《圣经》已经成为了一份能够权威地证实原初社会的性质的历史文献。在《创世记》的前几章中，菲尔墨找到证据，证明社会是和人性一样古老的，因此王权就是家庭生活的放大，而君主的权力就是父亲不可转让的、自然的权力。这种观念具有巨大的价值；它不像辉格派的国家观念那样毫无历史感或矫揉造作，并且它暗含着如下意味深长的真理，即国家是一个有机体而不是一台机器。然而，正如上文所指出的那样，菲尔墨为王权所主张的神圣性因此也完全是建构性的。由直接的《圣经》经文所提供的保护被放弃了；《圣经》的灵感只是工具性的，只是为了能够权威性地证明《创世记》中对社会做出的描述。麦克伦南先生（Mr. McLennan）关于原始社会的理论是否正确对于菲尔墨来说就异常重要。要是人们接受麦克伦南关于原初社会的描述，那么菲尔墨的体系就会像纸牌屋一样垮塌掉。但是,母权制社会的理论对于通常的观点并未产生影响。要依照菲尔墨的思路来反驳菲尔墨,这并非一件容易的事情;而洛克所做的正是如此。他认为,菲尔墨误解了《创世记》,作为一个历史事实,亚当从未拥有过菲尔墨为其要求的君主般的权力;而即便亚当曾经拥有过这种权力,它也不能用来证明现在的国王们所拥有的权力。于是,洛克就质问自己的良心,什么是人类的自然本能,并且像菲尔墨一样以自然法为基础推导出了完全相反的结论。菲尔墨的政治理论可以简述为:自然权利就是神圣的权利;只存在一种自然的权利,即父亲的权威;这项自然权利存在于每个国家的主权权力中;人人生而为奴隶。相反,洛克则认为,人人生而自由、平等,并且拥有上帝授予的不可转让的权利;国家是建立在以功利为出发点的契约的基础上,因此它们都并未被授予无限的权威,因为那会和自我保存的法则相矛盾。洛克和菲尔墨的观点事实上是一样的。他们都坚信,存在一个自然状态,并且政治的真正原则在某种程度上可以通过对自然的考察而被发现。他们都认为,在自然状态中生活的人所享有的一切权利都是不可转让的,并且任何形式的有组织的社会也不能够剥夺他们的权利。菲尔墨相信,这项不可转让的权利就是父亲的权力。他发现,政治社会对于人类来说是自然而必需的,并且它不是由于人类的选择而人为地被创造出来的。而这些是霍布斯、洛克以及其他信仰原初契约的人所没有看到的。不过,他是通过在《圣经》中所描述的父权制社会中发现自然状态而证明这个观点的。他确实坚信,存在不可辩驳的证据证明他的自然状态就是一个历史事实。而洛克和霍布斯却满足于依据先验的(à priori)理由主张他们的自然状态才是真实存在的，尽管并没有证据证明。

在这两种情况下，在社会的当前状况与所谓的原初状态之间都存在同样的不可逾越的鸿沟。洛克提出的用来弥补这道鸿沟的方法就是社会契约理论。而在这点上，菲尔墨则更不成功。他承认，现在已经无法找到亚当的继承人了，而唯一能够解决这个问题的办法就是利用如下的原则，即当所有权人找不到的时候，占有就是最佳的权利。但是，对于洛克而言，除了部分地让渡给世俗政府的自然权利外，自然状态中人类的自然权利依然是政治自由的基础；正如对于菲尔墨而言，父亲的权利是所有政治社会的基础，是每一个政府要求其臣民服从的理由。

洛克当然可以毫不费力地指出，居然还有人为这些被公认为篡位者后代的君主们主张神圣权利，而他的依据仅仅是这些君主的祖先比其他人更加不择手段。由于原始的家庭同现代的政治社会之间的联系非常微弱，洛克毁灭性的评判获得了完全的成功。因此菲尔墨的著作在不止一个方面构成了从传统的观点向洛克的观点转折的中继站。它不仅是神圣王权理论向自然权利理论发展的必要联系；同时它还为洛克和卢梭提供了与众不同的理想主义方案。仿佛所有的政治问题都可以通过诉诸原初的家庭而得到解决，如此处理政治理论简直是异乎寻常的。菲尔墨试图在父权权威中找到所有政治权利的唯一渊源，试图将现代国家的直接起源归于亚当式的社会，这种做法使菲尔墨的著作带上了不切实际的色彩，而这是他之前的作家们从不具有的特点。虽然菲尔墨的方法是合理的，但他的理论体系要比之前的作家的著作更矫揉造作。相比于菲尔墨，同样的结论也适用于洛克。相比菲尔墨的理论,洛克的理论体系的基础是更加非历史性的,尽管其结论要更加合理。

因此,在这场争论中,保王派在论证方法方面发生的变化是十分重要的。神圣王权理论在其产生之初是作为一种关于世俗政府享有不受教会干预的权利的理论而兴起的。就其本质而言,神圣王权理论在英格兰政治中发生影响是从亨利八世时代开始。因此,只要站在宗教一边的人士仍然有权为了某个宗教组织的利益而主张拥有控制国家的神圣权利,那么人们就有必要强调从宗教方面为王权提供论证。但是,只要宗教干预的危险开始逐渐消失,神圣王权理论开始发挥作用,那么世俗政治就会遵循其自身的逻辑发展。人们将不再用神学式的政治体系或纯粹神学的论证来反驳教皇或长老会的主张,而政治将最终迈入现代的阶段。因此,自然权利理论就是下一个阶段中不可避免地将产生出来的理论。自然权利理论不再试图在《圣经》中寻找世俗社会的存在理论,放弃了由上帝直接创立的制度。不过,它依然坚持一种根植于人类本性的永恒不变的政治体系,这种政治体系不会受到人类一时权宜的动机的影响。和神圣王权理论一样,自然权利理论试图先验地确定政府的性质、服从的限度以及控制国家活动的原则。它和神圣王权理论一样,几乎不考虑环境或历史的原因。它所主张的政治体系是清晰、普遍和不可改变的,它并非以对《圣经》毫无批判的研究为基础,而是以被确信为自然的教诲的事物和纯粹理性的命令为基础。神圣王权理论的支持者们只将他们的观点限定于特定的国家和特殊的环境,而无论他们的理论体系主张具有多大程度的客观真实性和普遍适用性。自然权利理论的支持者们不再关心

第七章 从詹姆斯一世到詹姆斯党人

民族（racial）特征或外部环境，他们主张自己的理论能够万世永存，并且能够有效适用于各个文明发展阶段。然而，即便他们寻求一种对于所有转瞬即逝的政治制度都能有效的权利与义务的永恒体系的做法大错特错，他们在自然中创建政治理论的做法依然拥有其自身的价值，即他们不可能全然忽视了完全合乎自然理性的功利原则。因此，他们又朝着现代的政治理论迈进了一步。

在这点上，功利的考虑将再一次变得重要。接下来一步要做的就是抛弃寻找永恒不变的政治理论的做法；政治将变成和今天一样，即纯粹是功利主义或历史主义的。而使这一步变得可能的正是神圣王权理论的支持者们的工作。只要还有一天国家作为一种独立力量的存在会受到教权主义（clericalism）的不断威胁，那么国家就不可能发展出自己的原则。要使国家不受教会的干预，人们就必须主张国家的首领是上帝神圣创制的。但是，一旦这个目标实现，国家的独立得到了保障，刚刚获得自由与安全的国家就会发展出一套不再依赖于神学的政治原则。而在此之前，国家要这么做会十分危险，也毫无意义。神圣王权理论的主要工作已经接近尾声，尽管离成功尚有一步。因此，神圣王权理论的支持者们便会自然而然地改变他们理论立基的基础。只有在某项信念的主要目的已经实现之后，人们才会放弃这项信念。正如上文所述，当时依然存在一些潜在的理由促使人们相信神圣王权理论。只要人们对查理一世的殉道以及奥利弗·克伦威尔专政的记忆依然历历在目，那么人们就会继续强调神圣王权理论。此外，截至当时，来自罗马或苏格兰的危险并还没有消失。不过，来自苏格兰的危险在程度上已经大大地降低了，它承认对神圣王权的论证已经从纯粹的圣经论证转向了社会学的论证。① 同时,它也标志着从神学时代向理性主义时代这一更加普遍的转变;理性主义时代是17世纪下半叶的特征,可以在巴克斯特身上看到。

纳尔逊(Nalson)的《国王和人民的共同利益》(*Common Interest of King and People*)一书比《父权制》写得更晚,却出版得更早。在这本书中,王权派的论证方法就已经发生了改变。这本书的标题本身就足以揭示其运用的主要论证逻辑。作者首先详尽地论述了自我保存的原则和希望获得幸福的欲望,并将它们视为人性主要的动机。作者用最为明晰且强调的口吻阐发了这项自然法则的普适性,其作品前几页所呈现的简明风格会使人误以为是边沁所写的。其理论的基础与菲尔墨的不同,它是公开宣称的功利主义,尽管其他证据并没有被抛弃。作者对父权制理论进行了简短的阐述,不过它并非作者思想体系的基础。作者通过对君主制悠久历史、君主制的普适性、君主制同人类本性相契合进行考察,证实了君主制是最佳的政府形式。作者同时证明,君主制能够满足所有行动的伟大目的,满足人们自我保存和追求幸福的本能。至此,作者的论调相当奇怪地具有现代的气息。而在之后的一小段文字中,作者重新回归老派的论证模式,并且从《但以理书》第四章中推导出明确的证据,证明君主制的神圣性。这本书因其论述

---

① 贝拉明的著作可以证明这种情况是事实。这位红衣主教反复地强调王权神圣的建设性特征的根基在于自然的必要性。但是,他认为教皇源自上帝的直接任命,而国王则并不是这样的。国王的权利确实也是神圣的,因为它们是自然的;不过,国王的权利并不像教皇的权力那样建立在上帝神圣命令的基础之上。老派的学者反对贝拉明的观点,他们认为国王确实是通过上帝的神圣授予而拥有他们的权力。不过,菲尔墨已经部分地放弃了老派学者的这种观点。

第七章　从詹姆斯一世到詹姆斯党人

的明晰以及对原则的把握而显得与众不同。进一步值得注意的是,这本书详细论证了教皇主权及长老会的教会体系对于世俗权威的独立性,以及同臣民的自由的势不两立。纳尔逊认为,长老会的教义如果允许其自由发展,有可能会同时破坏君主、议会和个人的自由。在这点上,虽然作者的才华使他的作品不像通常的保王派小册子和布道手册那样堆砌《圣经》经文,但是由于采取了功利主义的观点,他已经完全放弃了自己的立场。例如在詹姆斯二世的情况下,人们是否还能严肃地认为,詹姆斯二世继续统治是符合功利原则的?毫无疑问,人们还能这样认为,因为正如霍布斯所言,最风平浪静的革命所带来的坏处也远远大于其取得的成就。路德也认为,国王权利所保障的和平值得我们付出任何代价。但是,这种看法绝不可能普遍流行。除非不抵抗的理论拥有比功利主义更好的理由能够证明自身,它就绝无保住自身地位的希望。要说服大部分的人类相信支持一个毫无底线地进行剥削压迫的政府是有利的,这是绝无可能的。不过,人们却可以说服大部分的人类相信,他们有义务这么做。如果敏锐的人们已经意识到革命总是会带来不便利,那么唯一能够使他们的观点产生实际效果的办法就是引导普通民众相信革命总是不公正的。作为福音书中浅白的教诲,这就是被动服从理论的支持者们伟大的力量渊源。如果基督教确实是他们所理解的十字架上的教义,并且真正的基督徒因此应该忍受一切残暴的政治,那么证明不抵抗的不便利性就毫无意义。从通常的角度来看,不抵抗越显得愚蠢,那些眼光不仅仅局限于这个世界的人们就越发有义务不抵抗。上帝直接的命令和便利性又有什么关系呢?但是,在纳尔逊的思想体系中,这些观点都不再具有力量,并且比起菲尔墨的著作,在纳尔逊的著作中,我们更加清晰地看到了神圣王权理论开始走向终结。菲尔墨的父权理论是向由洛克和西德尼所代表的下一个阶段的思想发展的必要转折点,而纳尔逊的思想则预见到了更远之后的思想——在这时,自然权利本身已经被嘲弄成荒谬无稽的事物,而政治理论应当仅仅以功利原则为基础。

菲尔墨和纳尔逊稍稍超越了其同时代的大部分作家。他们无非预见到了老派的思想和论证方法行将就木。然而,这些老派的思想在民众中受欢迎的程度并未消失,它们的衰微尚待时日。甚至在"光荣革命"之后,绝大多数支持神圣王权的人所使用的论证方式和共和国时代*的论证方式都并无差别。确实,"光荣革命"导致的一项后果就是,它使所有反感"光荣革命"的人的目光转向过去,并在一段时间之内加深了人们用纯粹圣经的方式论证政治理论的情绪。"拒绝宣誓者"(non-jurors)已经被既成事实深深打击。像所有坚持"过时的主张和被抛弃的信念"的人那样,他们从过去的时代中获得了主要的灵感。人们开始不再信任他们的论证方式,将其视为时代的弃子。这一事实又将导致他们更加顽固地依恋着已经消逝了的秩序的残骸。他们这一派人的存在理由就是对老派思想和情感的依恋,对过时的理论的依恋,以及对那些已经被现实的人们所遗忘了的理想的依恋。复辟时期的理论家们曾经希望不仅仅能够证明过去,同时还能刻画将来。同复辟时期的这些理论家相比,詹姆斯党人(Jacobites)更加倾向于强调被动

---

* 指克伦威尔统治时期。——译者

第七章 从詹姆斯一世到詹姆斯党人

服从的宗教义务,强调国王是由上帝直接任命的。对于前者而言,神圣王权是一股具有实际价值的力量,神圣王权是能够被运用到现实生活中去的;而对于后者而言,它仅仅是一段回忆,是无尽的遗憾。

"光荣革命"和革命协定(Act of Settlement)一劳永逸地抛弃了王位继承权神圣不可侵犯的理论,并且使人们无法再坚持不抵抗的理论。然而,像大多数英格兰人所认为的那样,这些结果都绝不是直接产生的。神圣王权理论不可能一劳永逸地消亡。广泛存在的一种支持斯图亚特王朝的情绪表明神圣王权理论并未消失。"光荣革命"在拥护斯图亚特王朝的人当中产生了一种全然潜在的情感,默默地支持已经消亡了的制度和信念。支持神圣王权理论已经不再具有伟大的实践理由。最后,教会对国家进行干涉的危险已经完全不存在了。此外,作为政府支柱的神圣王权理论已经完成了自己的使命,并且掌握着未来的思想与行动的领导者必须考虑其他一些目的,而不是依照神学的王权与服从理论来指导政治行动。这一点也正日渐明显。但是,所有这些都悄悄地酝酿着一种情绪,认为应当赋予斯图亚特王朝在其掌权时都不曾享有过的尊严,必须赋予斯图亚特王朝任何统治王朝都不可能享有的无穷魅力。从1688年起,斯图亚特王朝的理由所表达的就是"对过去的激情",并且支持斯图亚特王朝的理论也经历了类似的变化。人们对于新秩序的全部仇恨就是因为它是新的秩序,他们对于获胜的观念的厌恶就是因为这些观念取得了胜利,而他们对古物的热爱也没有任何其他理由,仅仅是因为古物不是时新的,它能够将他们同"海峡对岸的国王"*联系在一起。国王的神圣权利走到了生命的最后阶段。最初的时候,神圣王权理论是作为反驳一个不可能以武力征服的对手的理论武器,之后它在重要性和有效性方面都在不断地发展,并成为人们用以证明自己能够合理地反对威胁着要阻碍民族国家自由发展的教皇主权的主要手段之一。神圣王权理论体现的深刻的反教会政治的情感使人们得以避免陷入另外一种甚至更加残酷无情的教会专制的危险中。这种教会专制威胁着要用不公正的司法权和狭隘严苛的世俗、道德法律吸干国家和人民的生命。在17世纪的政治斗争中,宗教扮演了重要的角色。在这场斗争中,国王的神圣权利是人们用来表达对传统的尊重的形式,同时也是人们用来表达他们如下本能的直觉的形式,即人们绝不可能通过摧毁旧制度而取得进步。因此,神圣王权理论就成为了复辟王朝的坚强壁垒,在其周围凝聚着一种强烈的情感,将国王视为民族生活古老的中心与象征。神圣王权理论使宪政体系的延续性得以保存,并且很可能也是英格兰革命比较平静的主要原因(英格兰革命的波澜不惊是英格兰在革命史中别具特色的主要标志)。通过一项拟制(这项拟制十分有用,尽管它几乎难以成立),支持服从法律的情感没有受到任何触动,并且那些嘲笑詹姆斯二世"弃位"的论断荒谬不羁的人们最好记住这点,即通过承认同过去的法律体系决裂的方式来动摇人们服从法律的习惯要比通过制度上的改良而对过去的法律体系进行修正容易得多。只要通过巧妙的论证,不抵抗的理论依然可以作为英国宪制的原则被坚持下去;但是,对于不可侵犯的世袭继承权,就无法做到这点。

---

* 指詹姆斯二世的儿子,王位觊觎者。——译者

因为在"光荣革命"时期,它已经遭受了动摇,而在革命协定中,它又受到不可挽回的打击。同样,人们再也不可能主张国王是绝对的主权者,只对上帝负责。从此之后,国王的神圣权利只不过是在表达一种遗憾的情绪,并无法表达任何事实。它已经从一种现实的力量变成一种浪漫的情感。如今,对于不幸的国王的哀伤和对凄凉渺茫的希望的忠诚是神圣王权信念的主要构成要素。人们可以在悲伤的抒情歌谣中寻找到此时的神圣王权的真正特征。这些抒情歌谣用悲伤的曲调吟唱着那些"回望过去"的人们的渴望。如果说神圣王权理论依然存在,那么我们更应当到这些抒情歌谣而非布道词或理论论著中去找寻神圣王权理论残存的遗迹。而在论证方法上,神圣王权理论也已经不再可能有新的发展。莱斯利的著作从许多方面来看都不过是菲尔墨著作的扩大版。但是,也许在拒绝宣誓派理论家的才华中,在他们严厉的讽刺和敏锐的批判中,我们可以做出如下推断,即对神圣王权理论的捍卫已经变成一项精神上的游戏(*jeu d'esprit*),而非一项严肃的工作。曾经作为反对教皇攻击的理论武器,曾经作为一项非常实际的决定——确保国家自由的现实——的绝非无足轻重的表达,如今神圣王权理论作为一种政治力量正在丧失其价值,但同时它又正在获得审美的价值。保证神圣王权存续下去的情感部分是审美的,部分是感伤的;在为乌鸦而吟唱的歌谣以及围绕在小王子查理(Bonnie Prince Charlie)*周围的神奇的光环中,我们可以找到这种情感的鲜活体现。在沃尔特·司各特的小说中,这种信念得到了永恒的

---

* 即查理·爱德华·斯图亚特(Charles Edward Stuart),生于1720年12月31日,卒于1788年1月31日。他是詹姆斯·爱德华·斯图亚特(James Edward Stuart)的儿子,而后者是1688年被废黜的国王詹姆斯二世的儿子。——译者

铭记。现在越来越多的小说家开始利用詹姆斯派的情感(Jacobite sentiment)，这也进一步证明，1688年之后神圣权利信念的主要价值是审美的。我们对于神圣王权理论这个方面是如此熟悉，以至于我们根本无法意识到它曾经拥有其他方面的特点。我们发现，对一项对于我们来说仅仅具有浪漫主义价值的信念来说，我们还是能够宽容地对待它的。但是，人们却很难意识到，这只是神圣王权理论存在的最后阶段。而这项理论曾经是一股具有巨大现实意义的力量，是对深刻的政治哲学真理的(以过时的形式)表达，是对政治发展必然阶段的表达。所有这些都是事实，现在也有足够的证据加以证明。但是在"光荣革命"之前，神圣王权理论的实际作用就已经完成了，并且人们应当意识到，在"光荣革命"之后，这项理论不可避免的命运就是沦为一种情感——这种情感为逝去的王朝及其存在理由渲染上落日般恢弘的魅力。正是这些人，他们带着下意识地产生的哀伤之情怀想一个已经不再存在了的秩序，并从中找到审美上的满足；也正是他们一日一日地组成了这支正在消逝的詹姆斯派乐观主义者群体(band)。

斯威夫特(Swift)和博林布鲁克是托利派中两位最杰出的现实政治家。对于神圣王权理论，他们二人除了鄙视之外，没有任何其他情感。他们将神圣王权理论视为荒诞不经的，是没有任何实际影响力的空洞说教。这点是值得注意的。斯威夫特的小册子《英格兰教会的情感》(*The Sentiments of a Church of England Man*)除了在"立法权力至高无上的地位绝不应当受到抵抗"这一观点外，和早期保王派作家的著作没有任何共同之处。博林布鲁克对神圣王权理论也根本没有任何好感。确实，比起任何其他提

第七章　从詹姆斯一世到詹姆斯党人

出类似观点的作家来说,他的批判在论调上更具有现代的精神。他的论断"统治邪恶者的神圣权利是荒诞不经的;而提出这种观点则是亵渎神明的"①就像是一百年后所写下的一样,并且他的这一论断流露出了他对神圣王权理论的大部分批判中都存在的令人遗憾的无知。神圣王权的实质内容完全被忽视了,并且经他一批判,神圣王权这种至少在过去曾经发挥过巨大影响的信念变得似乎不曾有过任何意义,而只不过是有古物癖的人在卖弄学问。

如果说对于现实政治家而言,神圣王权理论在安妮统治时期开始不再具有任何价值,那么它则开始对那些热爱已经过时并且成为传统的事物的怀古之人产生价值。对于被废黜的王室家族,人们总是容易产生一种亲近感;并且总是存在一些依然热衷于神圣王权的人,他们赋予古老的世系及其源自上帝的头衔某种神秘的光辉。斯图亚特王朝的神圣权利因此就变成了一种象征与圣礼,象征着正义与强力、民众的拥护与上帝的正义、过去的美好与现在的混乱、理想的国家与现实的政治之间的差别。神圣王权理论依然以某种独特的悲伤情感存续着,这样说也许并不过分。人们依然可以在对不幸家族的命运的惋惜之情中感受到它,而无论人们是如何看待他们的统治的。

不过,即便作为一种现实的力量,神圣王权理论在一段时间之内也仍然没有消亡。在这点上,"拒绝宣誓者"也许只能被视为是一小部分理想主义者。但是,新秩序的不安定、不断产生的与圣日耳曼(S. Germains)宫廷勾结的阴谋以及对詹姆斯党人叛乱持续

---

① *The idea of a patriot king*. Bolingbroke, *Works*, II. 379.

不断的恐惧,所有这些都可以证明,支持被废黜的王朝,认为它们才是唯一拥有合法统治权的情感依然没有丧失其活力。"萨切弗雷案"(Sacheverell case)所引发的一系列事件都足以证明,在当时英格兰民族还没有在这个问题上取得一致。莱基(Lecky)先生认为,革命是一小部分人在他们的同胞参与革命之前就早已预谋好的。① 正如阿特伯里(Atterbury)希望的那样,王位觊觎者宣称,斯图亚特王朝完全有可能和平地复辟。博林布鲁克也深受这种看法的毒害。另一方面,1715年叛乱和1745年叛乱的失败表明,詹姆斯党人所坚持的复辟信念是多么的不切实际。不过,要是有一位伟大的领导人物揭竿而起,他倒是很有可能获得成功。在有理由获得成功的行动中,人们都会追随政治家的行动;而在可疑的情况下,他们是丝毫不会对其给予支持的。然而,也正是由于对于王位世袭继承权的信念还十分强大,这才会在英格兰教会史上引起高教派的分裂。在对萨切弗雷的审判过程中,神圣王权显然是一种普遍的情感。甚至直到1747年,人们还发现有一本小册子在为神圣王权的残迹哀婉叹息。

　　人们千万不要忘记,在对《权利法案》的支持中,英格兰教会是十分强调《权利法案》的措辞的。他们认为"光荣革命"并未违背不抵抗的原则。《权利法案》这份文件中"弃位"一词的运用能够证明,民众对不抵抗原则的信念依然十分强大。此外,人们推定王位觊觎者已经出生这个谣言也具有强大的影响力,辉格党人觉得必须对其进行反击。再者,英格兰国教教士有可能是有意地继续宣

---

① *History of England*, I.19.

扬对于既存政府被动服从的义务。萨切弗雷在辩护中依然宣称，革命并非是民众进行抵抗的例子，[1]如果那些领导革命的人宣称它是抵抗的例证，那么他们就撒下了弥天大谎。因此，人们发现，甚至许多忠诚的国教教徒也依然坚持不抵抗理论。而在拒绝宣誓者中，莱斯利和希克斯是最有意思的。

贝克莱的《论被动服从》(Discourse of Passive Obedience)值得注意，它是人们后来论证被动服从的论证方法的典范。这部著作根本没有提及世袭继承权，因为作为革命协定的支持者，他不可能捍卫世袭继承权。作者认为，对于人类的幸福而言，政府是自然的，也是必须的，因此服从就是一项自然法，而对于自然法，人们必须没有例外地服从。一旦人们承认，在某些疑难案件中人们有理由无视这项自然法，那么人们也可以轻易地证明，在某些情况下谋杀是有益的，正如证明对僭主的抵抗是合法的一样。由菲尔墨开启，而由纳尔森进一步推进的论证方法的转折因此就由贝克莱最终完成了。[2]他审慎地抛弃了老派的论证方式，因为正如他直白地指出的那样，人们已经不再相信那一套了。然而，他希望通过诉诸自然法证明自己的主张，将被动服从原则同不可转让、不可侵犯的权威联系在一起。

在本章考察的最后，我们可以引用巴特勒(Butler)主教的观点[3]，

---

[1] 萨切弗雷博士的演说："法官大人，在那篇布道词中，我所谴责的抵抗行动我认为是绝不能适用于革命的，同样，它也不适用于证明革命的主张，因为最高权力是不得被抵抗的。"另参见 Leslie, *The Best Answer* and *The Rehearsal*, passim.

[2] 贝克莱的理论适用于所有政府的最高权力。

[3] Butler, *Sermons on Special Occasions*, Ⅲ. and Ⅴ.

他对政府与服从的思考是神圣王权理论残留的遗迹。在他看来，人类社会和政府是自然的制度与进程的一个部分，因此是神圣的。服从同样也是自然法的一部分，因此也得到了神圣的恩准。他认为，政府不同于单纯的武力，必定暗示了臣民的尊重，而如果尊重不是建立在权威乃上帝神圣授予的这种情感之上，那么尊重就将消失。和其他一般性的义务（无一不是绝对的或毫无例外的）一样，服从君主的义务也具有同样的理由。巴特勒清楚，应当尽可能地消除人们头脑中产生例外情形的可能性。并且，人们还可以进一步推断，基督教臣民的服从义务不仅仅是出于恐惧更是出于良心。这点和胡克（Hooker）的观点①极为类似，它是18世纪的神学家在这个问题上的看法的典范。显而易见，在这个时候，神圣王权理论最原初的目的都已经不复存在了。并且，由于神圣王权理论的使命已经完成，而其他一些历史事实又使得忠诚的臣民不再可能支持这一理论，因此它的锋芒开始渐渐消失。然而，即便渐渐衰微为一种无害的老生常谈，它依然能够影响人们对于服从义务的感受，即服从法律的义务不仅仅是为了个人的便利，它还有某种更高的认可。

总之，服从合法权威的义务是出自所有基督徒共有的情感，它是一项普遍的宗教义务，因为权威是自然秩序和神圣秩序的一部分。作为唯一得到神圣认可的政府，教皇制提出主张，要求获得完全的至高权威。这种主张遭到为帝国尊严而提出的神圣权利的对

---

① Hooker, *Supposed fragment of a sermon on civil obedience* and *Ecclesiastical Polity*, Book Ⅷ., passim, 例如"上帝批准了主权权威的职责，而国王通过臣民而获得了主权权威". Ch. Ⅱ. §7.

立观点的反击。在16世纪,这项理论得到了更加严苛的阐述——绝对不抵抗原则被视为是保护世俗政府不受教会干涉的必要条件。和其他因素一起,这项理论创生了另外一项关于世袭继承权不可侵犯的理论。后一项理论的流行主要是由于法国的亨利四世和英格兰的詹姆斯一世仅仅通过世袭继承权而无需教皇的批准就获得王位这一事实。在17世纪,神圣王权理论产生了最为强烈的政治影响,并且在人们看来,它是主权理论变得流行的唯一形式。它进一步起到了弱化或延阻政治变革的作用。当它完成了自己使命的时候,在"光荣革命"时期,它开始变得过时,并逐渐地成为一种情感。与此同时,通过堆砌《圣经》引文的老式论证方法也被新的论证方式取代,即认为君主制与服从义务都是自然秩序的一部分,因此是神圣的。这种理论的基础已经不再是《圣经》和神学,而是历史和功利主义。然而,神圣王权理论并不能以历史和功利主义为基础而得到坚持,因此,它让位于由洛克阐发的人民的自然权利理论(这项理论只不过是改头换面的神圣王权理论)。不过,洛克比菲尔墨更加允许功利原则发挥作用。这种自然权利观念是必然会被取代掉的,而虚构的原初契约和不可转让的自然权利的美梦也注定会被打碎。神圣王权理论不仅仅一步步不为人知地转变成了自然权利理论,同时它还留下了一份遗产,即普遍的政府是神圣的,因为它是自然的,而服从法律的义务也是一项宗教义务。

第八章 被动服从与英格兰教会

177　在前文中,我们已经从历史发展与衰亡的角度对神圣王权理论进行了论述。接下来,我们将静态地对其考察。也就是说,将其与对立的政府理论相关联,对其进行考察。首先,人们应当记住,"神圣王权"这个术语的引入主要发挥了否定性的作用。它表明,其他权威提出的享有由上帝特别授予的最高权威的主张是毫无根据的。神圣权利的观念已然存在,所有关于政府的理论也都是关于神圣权利的理论,并且大部分理论都承认这点。① 教皇主张神圣权利,长老会也主张神圣权利。甚至《反暴君论》的作者都承认,由于国王是通过上帝的恩典而获得王位的,因此人民作为最初神圣契约的解释者,有权对国王进行裁判。② 此外,大部分支持抵抗权的英格兰作家认为,法律与习俗是神圣权利,享有绝对的权威。

178　自然权利理论只不过是改头换面的神圣权利理论。关于这点,卢梭的作品可以作为最明确的证据。阿尔杰农·西德尼(Algernon Sidney)认为,人们不必遵守不公正的法律,因为它无法约束良心,并且缺乏神圣的权威。③ 这种观点认为,只有当法律被认为符合

---

① 关于这点参见莱斯利杰出的著作,*The Rehearsal*, no. 53, *Divine Right in Government acknowledged by all*。

② *Vindiciae contra Tyrannos*, Quaestio Ⅰ., passim.

③ *Discourses on Government*, Ⅲ. §11.

神圣意志时，法律才会被视为是"真正的、严格意义上的"法律。西德尼认为，人民的主权权力是不可转让的，它来自上帝的授予，因此无论是人类的法律还是人民自己的同意都不能对其加以排斥。西德尼的这种观念同梅因沃林或萨切弗雷的观点一样，都属于神圣权利理论的一种。在主张最高权威享有神圣权利方面，我们正在考察的这项理论和当时的各种政治理论并没有什么差别。唯一的差别在于，它主张国王是最高的权威。但是，所有的政治理论都和现代的政治哲学不同，因为它们都强调或暗示神圣权利的主张。在这方面，它们与当今的思想是截然不同的，不过，在它们之间也存在一致性。如果神圣王权（这是当时的人们通常所主张的）理论是所有政治理论中最愚蠢的一种，这并非是由于这项理论为政府寻求神圣权威。在众多的理论中，我们没有理由由于神圣王权理论坚持了所有其他理论也都坚持的一种观念而谴责它。因此，考察的重点是，相比于16世纪和17世纪流行的其他政治理论，神圣王权理论存在哪些与众不同的愚蠢之处。

首先，我们最好是将它同其他一些理论进行对比，再对其进行考察。这些理论和神圣王权理论针锋相对，它们为某些教会的权威要求神圣权利。在这一章中，我们将主要考察神圣王权理论中的宗教因素。之后，我们将对其政治层面进行考察，并将它与其他一些政治理论相对照。

前文的考察已经充分证明，神圣王权理论的产生是为了对抗教皇所提出的主张。正是由于需要一种理论方法反驳精神权力提出的主张才导致了神圣王权理论的产生。我们已经证明，无论在帝国、法国还是英格兰，情况都是如此。如果还需要进一步的证据，我们只需要随机地考察17世纪保王派作家们的论文或小册子。教皇或贝拉明的名字都极有可能出现在第一页的醒目位置。保王派作家时刻提防着教皇。无论他的直接对手是谁，教皇都总是处在背景之中，并且这场漫长的斗争也正是为了反对教皇。教士们关于1月30日的祈祷文断言，查理一世的殉道事实上是耶稣会士的杰作；或者教士们在他们布道的一开始就提供的详细证据并非是要证明抵抗是一种罪行，而是证明教皇的干涉有违英格兰王国的法律与自由。① 在大部分国王神圣权利的支持者中间，菲尔墨也许是较少反教皇情节的人了。然而，在《父权论》中，他开篇就攻击了贝拉明。霍布斯在当时是一位伟大的作家，并且他的思想并没有被神圣权利的观念占据。然而，霍布斯将《利维坦》中的整整一卷都用来对"黑暗王国"或罗马教会进行考察。此外，用来称呼独立派（Dissenter）最通用的术语就是耶稣会士。这个术语被视为具有特定含义，它不仅仅是一种含混的骂名。耶稣会士被认为是教导抵抗理论的杰出（par excellence）教师。耶稣会全部的教条都是为了实现一个令人震惊的目的，耶稣会成员处心积虑地要削弱忠诚的纽带，并主张在某些情况下，整个民族可以抵抗甚至推翻主权者。独立派也教导相同的理论，因此人们可以公正地将"地下耶稣会士"这一称号授予他们。如果人们没有事先认识到，在有关独立派的真实本质方面，保王派作家们是真诚的，并且他们自认为自己做出了一个重大发现，那么人们就无法理解当时提出这种

---

① 1681年1月30日在一篇于国王面前宣读的祈祷文中，特纳博士的首要目标是教皇，并将查理一世被处决归咎于罗马。"难道这不就是教皇或枢机主教会议有权推翻主权权力所带来的最糟糕的后果吗？"(23)

观点的无数小册子和布道词。罗马允许臣民进行抵抗是为了它自己的目的。而独立派允许臣民抵抗是为了共同体的利益。因此，独立派事实上就是罗马天主教徒，只不过假装信仰新教罢了。罗马教会最蛊惑人心的异端邪说认为，教皇对所有王国与君主都享有最高的政治权威。这是当时主流的情感。这种感情使其他一切都变得微不足道；而同教皇主权这种主要的不公正相比，罗马天主教体系的其他缺陷也显得无足轻重。任何教派，只要提出了类似于罗马天主教会的主张，限制"绝对君主制的真正法律"，那么这个教派的理论就会被人们有意识或无意识地视为罗马天主教的教义。无可否认，强烈仇恨教皇以及作为其主要支持者的耶稣会士是神圣王权理论支持者们的主要动机。然而，正如我们所看到的那样，这种仇恨不仅仅是宗教上的，更是政治上的。关于罗马教会的腐败行径以及错误教条相对而言谈得更少的。这里也不适合进行这种讨论。教皇是作为一种政治权威而遭受人们攻击的；作为一种政治权威，教皇具有普世帝国的主权，并且主张瓦解各个民族国家的忠诚纽带。对于耶稣会的狂热仇恨是这些作品中另外一个特征。然而，耶稣会士之所以为自己赢得了不朽骂名，原因并不在于他们传播了一种能够瓦解道德或违背真理的学说体系。这并非他们招致恶名的原因。他们之所以恶名远扬，是因为他们热情地支持教皇的主张。他们并非由于自己是信仰罗马天主教教义的人，[①]而是由于作为教皇派而遭受攻击。至少，耶稣

[①] 关于贝拉明提出的教皇间接地拥有最高政治权威的观点，见 De Romano Pontifice，L. V.，especially cc. 4，6；同时，关于他轻蔑地洗脱罪名，认为自己和巴克莱对教会法学家的理论的拒绝无关，见 De Excusatione Barclaii，cc. 1，2。

会士花费了大量的精力捍卫教皇的地位。无论是否像教会法学家们所主张的那样,教皇的政治权力是直接的,或者是像贝拉明所认为的那样,教皇的权利仅仅是间接的,可以十分确定的是,耶稣会的作家们曾经最卖力地鼓吹教皇的权力。[①] 其他一些认为自己对教皇足够忠诚的人,他们也许会思考并逐步提炼教皇的政治权力,并支持对教皇的宣誓效忠。但耶稣会士们所要求的远不止于此。他们竭力地为教皇的主张摇旗呐喊,他们提出的观点即便是卜尼法斯八世或约翰二十二世也会感到满意,而他们也得到了应有的报偿。这就是他们最主要的罪行;并且也正是由于这个原因,他们在英格兰人中间为自己招致了骂名。即便是今天对耶稣会士恨之入骨的英格兰人也很难解释清楚耶稣会士的骂名。现今,如果有人在埃克塞特大厅(Exeter Hall)发表一通演说,攻击罗耀拉的伊格那图斯(Ignatius Loyola)的不公不义,那么他肯定会获得雷鸣般的掌声。这些掌声虽然无意识,却真实地在向国王的神圣权利致敬。并且,如果新教联合会(Protestant Alliance)或教会联盟(Church Association)的成员举办一次户外集会,揭露耶稣会的罪行和欺诈,那么他们就和安德鲁斯(Andrews)、布拉姆霍尔(Bramhall),和泰勒(Taylor)、杰克逊(Jackson)一道反驳耶稣会士对国家而不仅仅是对教会进行的攻击,并体现了一种残存的爱

[①] 除了贝拉明之外,另外一个尤其值得注意的人物是马里亚纳(Mariana),他赞成一般的弑杀僭主的行动,对法国的亨利三世被谋杀持赞赏态度(De Rege et Regis Institutione, I.6),他反对君主在宗教事务方面的立法权。(Ibid. 10)此外还有苏亚雷斯,参见 De Legibus, L. III., De Lege Positiva, cc. 7,34, and L. IV. De Lege Canonica, especially cc. 9,19。

第八章 被动服从与英格兰教会

国情感,尽管他们自己也许并未意识到这一点。在罗马所提出的政治主张依然真实存在并且强有力的时代,这种爱国情感是有意义且有价值的。无论如何,我们找不到证据证明,在17世纪耶稣会士被攻击是由于他们的教会体系遭人痛恨或他们的教义被认为是不道德的。英格兰对耶稣会士的敌意并非是帕斯卡那种傲慢的愤怒,并非是要谴责耶稣会士的诡辩降低了道德标准,并摧毁了正当行动的原则。英格兰保王派的精神远远不及贯穿于《致外省人书》(*Provinciales*)每一页中的精神,并且在形式上也是逊色一筹的。但是,如果说对神圣权利信奉者的嘲讽缺乏"文学上的"优美气质,那么他们对耶稣会士的谴责至少不是出于一种盲目的激情。英格兰人对耶稣会士的仇恨是偏狭的,但是爱国者炽热的爱国热情厌恶阻碍民族国家自由行动的主张,并且他们对那些试图用笔证明上述主张或用剑实践上述主张的人深恶痛绝。保王派坚信,耶稣会士都是无赖之徒。但是他们谴责耶稣会士的原因并非由于耶稣会士相信或教导一种错误的神学信条,并不在于耶稣会士为道德怀疑主义铺平了道路,同样也并非在于耶稣会士(普遍地)鼓励并允许非道德的行动,而仅仅是由于耶稣会士反对民族国家的主权,他们是犯下了叛国罪的叛徒——他们试图打翻英格兰尊贵的王冠,将它戴在一位教士的头上。"教权政治是我的敌人"(*Le clericalisme c'est l'ennemi*)就是那些主张神圣权利和不抵抗的人最主要的思想。

如前所述,教皇制的本质是主张教皇具有最高的政治权威,这点也是那些坚持耶稣会或教皇派观点的人遭受无数骂名的原因。并且,正如上文所述,人们所以指责独立派的也正是由于这点。菲尔墨告诉我们:"教皇制主要甚至唯一的主张就是离间君主和臣民,让臣民不服从君主。"①因此,希克斯的观点丝毫不令人感到惊讶,他认为,"在有关服从、臣服以及最高权力的神圣权威,尤其是国王的神圣权威方面,教皇制显然是在败坏《福音书》;那些在君主政府方面坚持同样毁灭性原则的人不可能是理智而正统的新教徒。他们不仅不是理智、正统的新教徒,受到教皇制观点普遍影响的新教徒们只不过是披着新教徒外衣的天主教徒,是披着羊皮的狼,表面上焕发着天使般的光芒,内心却充满叛逆、邪恶的精神"。②我们还可以举出成千上万在精神上和这段著名引文相类似的例子。③独立派不断地遭受到指责,被认为全部都是耶稣会士;这点只有深入英格兰国教徒内心真正的想法才能加以解释。耶稣会士这个词不仅仅是一个贬义的骂名。同时它还表达了一种更深的感受,认为耶稣会教义的真正目的是瓦解世俗忠诚的纽带,因此,一切坚持抵抗权利理论的人本质上都只不过是在信仰罗耀

---

① *The Anarchy of a Mixed Monarchy*,前言。

② Hickes,*Sermon on Jan.* 30,1681.在另外一篇布道词中,耶稣会士被描述成罗马的第五王国派成员(*Rome's Fifth Monarchy Men*)。嘉德纳先生对第五王国的描述可以证明希克斯的比拟是十分贴切的(*History of the Commonwealth and Protectorate*,I.32)。

③ 我们发现有一本直接针对《教皇的六大支柱:再洗礼派、贵格派、长老会等》(*The Six Popish Pillars, Anabaptists, Quakers, Presbyterians*, etc. 1690)的小册子。朱尔写道:"为什么他(教皇)以及他的追随者们(诸如再洗礼派和其他一些放荡之人,他们在实现自己的目的方面更加放荡不羁,更加无所顾忌)要挣脱枷锁,使自己不受任何世俗权力的约束呢?"(*Apology*,75)在《背教的议会》(*The Apostate Parliament*)一书中,作者质问道:"除了罗马天主教的信仰和盲目的服从的誓言外,告诉我,这些人和罗耀拉的伊格那图斯的弟子们有什么区别? 为什么只有这些人是天主教徒,而这些新教徒就不是耶稣会士呢?"参见附录二。

拉和罗马天主教的独特教义。① 在纯粹神学问题上,独立派同罗马教会的差别也许甚至比英格兰国教同罗马的差别还大,但这点被认为是无关宏旨的细枝末节而被人们视而不见。

不过,这里我们必须进行适当的区分。遭受保王派作家严厉谴责的大部分英格兰非国教徒的理论以及一般的辉格派政治家们的理论同耶稣会的抵抗权理论相类似。如果无论出于何种理由,任何形式的抵抗权都是应当受到谴责的,并且只要教导抵抗权理论的人就是教皇制的支持者,那么诸如像洛克和西德尼这样的辉格派以及像普利尼(Prynne)这样的议会派人物都可以被谴责为支持教皇制的人。宗教确实是现实中发生的抵抗活动的主要原因之一,但是无论辉格派还是独立派,至少他们都不认为,国家应当为了某个宗教团体的利益而受到控制。他们不会限制国家的行动,而教皇派却支持限制国家的行动。确实,随着宽容观念开始发展,任何一种一般地提倡教权至高无上的理论都变得不再可能了。当时的人们将教导抵抗权视为支持教皇制的证据,这足以表明当时的舆情状况;而在一个将不抵抗视为宗教信仰中最重要的一项因素的时代中产生的这种舆情状况在我们看来是难以理解的。

但是,对于另外一个教会体系而非罗马天主教,人们可以更加恰如其分地将其谴责为耶稣会主义。无论是在日内瓦还是苏格兰,长老会教义都不同程度地主张,应当为了某个教会团体的利益而控制国家,这点和教皇制的主张如出一辙。从现代人的视角来

---

① 关于耶稣会的政治理论,参见 *From Gerson to Grotius*, Chap. V.

看，保王派作者的主要错误在于，在反对教皇而提出神圣王权理论的时候，他们被迫支持专制与压迫。无论这点应当受到何种程度的谴责，专制与压迫可能都在所难免。当然，我们可能无法理解，在反对精神权力而捍卫世俗权力的过程中，人们居然会忽视或低估了世俗权力本身有可能会变得残暴不仁的危险。不过，有一点倒是可以理解，即那些被教皇制荒谬的主张触怒的人们理应同样仇视长老会体系的政治层面。"新的长老只不过就是大写的旧的教士"(New presbyter is but old priest writ large)这条格言比人们通常所理解的更加意味深长。它恰如其分地表达了当时的人们对教权主义仍然有可能产生的危险的感受。在长老会的体系中，类似的试图将政府置于某个教会组织控制之下的错误主张又一次以一种更加令人反感的形式出现。而这种错误主张在中世纪曾经导致多么激烈的冲突，并最终被宗教改革推翻。加尔文控制下的日内瓦就是一个很好的例子，无论是政治家还是爱国的教会人士都应当从中吸取教训。而苏格兰的事态就是一个很好的警示，警告人们不要才脱狼穴又入虎口，刚刚摆脱了一个专制的天主教会的统治又要把自己的命运交给另外一个残暴的教会摆布。并且，长老会和天主教的主要差别只有一点，即长老会更加狭隘、严苛和不公正，更加无所不在，同时也更加无视人性的需要与希望，更加不可能使国家及其统治者了解到，教派与地方利益并非唯一的正当法则。无论人们如何谴责教皇制，它至少还是出于国际性道德的需要，并且很可能具有从普遍性视角来看待政治问题的优点。尽管教皇的政治主张导致了一些罪恶与不正当的行动，但是人们也许依然可以颇为合理地认为，教皇的这些主张是唯一能够确保诸如公平和正道之类的事物在中世纪世界的国王和君主们之间存在的手段。被教皇革除教籍的担忧无疑能够限制君主的残暴统治,能够使统治者们为了自己的利益而正当行事。而所有这些辩护理由都无法用在长老会体系的身上。长老会对国家活动的控制要比教皇制还严厉,而与此同时它只会加强而不是削弱产生狭隘爱国精神的趋势,并且导致人们将本地性、地方性的情感视为唯一重要的事物。教皇制的主张能够使教皇在很大程度上摆脱民族国家的政治家们遭逢局限性,这些局限性有时候还会限制政治家们的思想和行动。而长老会体系中就不存在此类的优点,如果仅就政治而言,它的领导者们体现出了教权政治大部分的缺点,而毫无任何优点可言。除非人们承认,长老会所主张的更加纯粹的神学体系能够保证政治行动的智慧,否则,如果长老会的体系被付诸实践,它毫无疑问会比教皇制带来更大的政治灾难。长老会会使国家全部的行动都服从狭隘的地方利益以及严苛教义的考虑。因此,可以理解的是,对神圣权利进行最杰出辩护的人不仅努力地证明教皇的主张会瓦解世俗社会的联系纽带,同时就像纳尔逊那样,他们还继续证明,"长老会的训导"(Presbyterian Discipline)不仅对于王权,同时对于议会权威和臣民的自由都是毁灭性的。① 教皇至高无上权威的理论以及长老会的"训导"二者本质上都是教权主义的(clerical)。它们二者都为上帝的代牧主张神圣权利,无论代

---

① "存在很多特殊利益,它们都会对伟大的不列颠王国的最高王权,对人民的自由和财产以及其他一些领域构成威胁;其中有两个教派在教义和实践方面都是直接地、根本地违背王国和人民的利益。这两个教派一方面就是罗马教会或教皇制所提出的普遍至高无上的权威以及精神-世俗君主制,另一方面就是民主的长老会。这两个教派都完全违背了王国的安全和君主制的本质,尤其是违背了民族国家的安全,同时它也违背了臣民的和平、幸福、自由和财产。这些就是我要加以证明的。"(Nalson, *The Common Interest of King and People*,173)

表上帝的是教皇还是长老会体系中担任官职的人；上帝之代牧的权利要高于一切世俗政府的权利。布拉姆霍尔主教的论著《对英格兰教会的警示》(*A Warning to the Church of England*)非常清晰地阐述了这种观点。在这本著作中，作者揭示了长老会——作为一个教会体系，长老会主张享有神圣权利而高于世俗权力——教义存在的政治风险。而纳尔逊的《论国王和人民的共同利益》(*Common Interest of King and People*)一书的后半部分也尤其清晰明确而公允地论述了同样的观点。

这些作者并没有栽赃陷害长老会，将长老会不曾提出的观点强加给它。卡特莱特的著作几乎和贝拉明的作品一样，充分地阐述了为了教会的利益而控制国家；在许多方面，它们和教皇派的主张如出一辙。世俗统治者是上帝的官员，因此必须依照教会的指示挥舞宝剑，必须依照教会的命令迫害所有"偶像崇拜者"，甚至对回心转意的异端也丝毫不能有宽恕之心。他推崇的是君士坦丁大帝的榜样，后者为了正统教义而迫害异端。[1] 长老会的"训导"是普遍而不可变更的[2]，并且应当得到统治者的支持，[3]世俗统治者要对那些谴责教会的人进行严厉惩罚。[4] 事实上，国家挥舞世俗的宝剑，而教会则对应当如何挥舞这把宝剑进行指导。世俗的统治者就像保姆一样，因此他们是教会的仆人，在教会面前应当摘下

---

[1] Cartwright, *Second Reply*, CXV. sqq.
[2] *Declaration of Discipline*, 13.
[3] *Ibid*. 187.
[4] *Second Admonition to Parliament*, 49.

第八章　被动服从与英格兰教会

他们的王冕。① 由于教会高于国家,因此国家的宪制必须依照教会的形式进行构造,并适合于教会。② 教会政府(church government)应当是世俗国家的典范。卡特莱特知道,长老会的"训导"被视为是一种新的教皇制(popedom),是教会中的僭政;但是这么称呼长老会是亵渎神明的行为。③ 作者的观点和中世纪教皇制的那些观点一样,明确是神权政治的。他不仅仅强调,作为一名俗人,君主在精神上必须服从教会的意志;同时他还教导说,君主仅仅是教会命令的管理者和执行者。最后,在说服人民必须服从的过程中,他也丝毫没有流露出任何支持民主政府或真正自由的倾向。他所渴望的唯一的自由就是担任了教会职务的人的自由,他们可以控制国家的行动,可以依照他们自己的意志运用权力。个人的义务仅仅是服从。④

克里斯托弗·古德曼的观点甚至更加强硬。他的著作《该如何服从与拒绝服从》(*How to Obey or Disobey*)写于1558年。这本书是为了反对"偶像崇拜的"玛丽,反对那些残暴的、追随这个女人的人。不过,这本书也逢迎恭维了伊丽莎白,认为她是"神一样的女士,是不带有西班牙人的傲慢与外族血液的温顺的羔羊"。古德曼没有提到被动服从⑤,他认为必须武力抵抗偶像崇拜。⑥ 和教皇派一样,古德曼认为上帝是世俗的服从义务的真正渊源,并且所

---

① *Reply to Whitgift*, 144.
② Ibid.
③ *Demonstration of Discipline*, 75.
④ *Declaration of Discipline*, 185. 引文见下文,第220页。
⑤ *How to obey*, 30, 64.
⑥ Ibid. 77.

有世俗的政府都必须服从于上帝的命令,如果世俗政府违背了上帝的命令,随时都可以被推翻掉。① 而关于上帝的命令的本质以及上帝的命令是否已经被违背了这个问题,古德曼显然让教会的统治者成为唯一的、最高的裁判者。君主们不应当使他们的臣民对上帝的法律一无所知,相反他要普遍地传播实施神学的教义。②在这个前提下,人们才可以服从世俗统治者,并且服从的义务才不会导致专制。③ 正如卡特莱特以及贝拉明的观点那样,臣民的义务仅仅是服从,并且服从的是教会;只有在某些条件下,服从世俗统治者才成为一项义务。国家仅仅是勉强存在的;并且教会的官员可以干涉国家的政策,并随意推翻国家的组织。因为异端不可能成为真正的国王,因此最明确的法律权利(无论是选举还是继承权)都不能使王位继承权的主张有效,除非依照长老会自在自为的权威意见认为他"是一个能够稳固并增加上帝荣耀的人"。④ 无论君主还是人民都不是自由的,他们都必须服从上帝的法律;这种观点在今天看来确实并不会有什么问题。但是,在古德曼的口中,正如在所有那些教导教会拥有最高政治权威的人的口中一样,他的这些话暗示了一项主张,即存在某个或某些人,他们无需对任何人负责,他们不是政治专家,但他们却可以随心所欲地控制国家的行

---

① *How to obey*,44 sqq.,60,110,118,139.
② *Ibid*.105.
③ *Ibid*.110.
④ *Ibid*.51,58.古德曼认为,一位偶像崇拜、坚持错误信仰的国王只能被视为一个私人,因此人们无需服从他。(139)这点可以和贝拉明的观点形成对照,后者认为教皇并没有要求臣民不服从主权者,因为教皇废黜国王事实上只是摧毁了君主的君王特征。

动。国王应当依照长老会教会的命令进行迫害活动,而人民则可以依照它的命令进行反叛。① 他们做出的某项决定就其是增加还是降低了上帝的荣誉这点而言,是从来不允许人们对其进行申诉的。如果像古德曼这样的人被赋予了自由的权力,他提出的这些主张会被执行到何种程度,这个问题的答案可以从他自己流露出的一些暗示中找到。他抵抗玛丽的一个原因就是她的外交政策,因为上帝的命令明确地禁止人们同西班牙结成联盟而向法国及"他们的同胞兄弟苏格兰人"开战,所以所有英格兰人都不得违背上帝的命令。② 古德曼的观点还不止于此,他还花了好几页的篇幅来歌颂托马斯·瓦特(Thomas Wyatt)爵士,赞扬他的反叛行动。③

因此,我们在卡特莱特和古德曼的著作中能够找到证据,证明长老会的政治主张和罗马的政治主张一样专制、压迫、荒谬绝伦。在将国家视为仅仅是教会组织的婢女这一点上,教皇和长老会的两套体系是一致的,并且最终它们都将政治的最高主导权掌控在教会领袖的手上。它们之间的差别仅仅体现在神学体系方面,而世俗政府的政策都必须要为其神学体系的利益而进行调整。苏格兰的历史能够进一步证明长老会这个神学体系所提出与实施的主张。并且那些和苏格兰长老会教会的创建密切相关的人在他们各自的主张中都十分强调,他们能够随意地调整国家的政策。约翰·诺克斯认为,任何偶像崇拜者(所谓偶像崇拜者指的是那些神

---

① *How to obey*, Chap. Ⅺ.
② *Ibid.* 173.
③ 204 sqq.

学观点和他不一致的人)都不能担任公共官职;任何誓言都无法约束人们服从偶像崇拜者;并且获得任命之后的君主如果变成了偶像崇拜者,也可以被正当地推翻掉。①《第一训导书》(*First Book of Discipline*)认为,统治者和被统治者都必须服从训导,②并且偶像和所有纪念碑刻都必须被捣毁,③所有这些不服从监管的人以及亵渎圣礼的人都要接受处罚(可以判处死刑)。④ 如果这些都可以被视为长老会教会对国家发出的命令,控制国家的立法,那么它足以证明长老会所主张的权力有多大了。为了使统治者得到"训导",长老会教会事实上就必须主张拥有最高的世俗权威,拥有革除教籍、剥夺其民事能力的权力,并可以以"鸣号催债令"(letters of horning)作为保证。

《第二训导书》(*The Second Book of Discipline*)为精神权力主张间接的最高世俗权威。这种间接的最高世俗权威类似于贝拉明为教皇所主张的权力。其论证方法在两方面都并不复杂。为了外在的和平和安宁,统治者可以在臣民中间对外在的事务发号施令;教会长老只能为了良心而处理外在的事务。⑤ 统治者有权号令教会长老遵守世俗世界制定的法律,并通过世俗的手段惩罚违法者。教会长老不仅实施世俗的司法权,同时还教导统治者如何依据教会的教义实施司法权。⑥ 教会权力不同于世俗权力,因为

---

① *Summary of the proposed Second Blast of the Trumpet. Works*, Ⅳ.539.
② Ⅶ.3.《第一训导书》可见 *Works of John Knox*, Ⅱ.183 sqq。
③ *Ibid*. Ⅲ.
④ *Ibid*. p.253.
⑤ *Second Book of Discipline*, Ⅰ.11. Calderwood (Ⅲ.529 sqq.).
⑥ *Second Book of Discipline*, 14.

它直接来自于上帝。①

所有这些看起来似乎都只不过是在宣布长老会教会的自由,划清教会与国家各自分属的领域。在各种宗教观念都能够得到宽容的时代,这种观点可能是正确的。但是在一个将宗教迫害视为一种义务的时代,长老会的这些观点事实上就等同于在为长老会教会要求完全的最高权威。世俗统治者有义务压制不被长老会教会承认的所有教义,必须执行长老会的命令,必须将长老会的观点视为上帝之道和圣礼加以执行。根据诺克斯及后继者们的观点,所有这些都可以以推翻王位为保证。在精神权力范围之内,长老会教会就代表了整个民族;而在这个庞大的机构之外,国家没有任何权威,只不过是一个专门执行教会长老意志的执行机构。如果君主不服从长老会的长老,并发动全部的政府机器执行君主自己的法律,那么这样的君主就应当被推翻掉。

据说统治者可以帮助、支持并证明长老会教会司法权的合法性,但统治者并没有这种资格。相反,教会长老可以在所有事务中依照上帝之道而协助君主。② 因此,教会长老就握有服从的限度的最终解释权,而统治者则成为任长老会教会摆布的傀儡。

此外,《第二训导书》要求统治者必须保证苏格兰教会的神圣仪式;保证教会的公共地产安全,支持教会长老,③并且因而要反

---

① *Second Book of Discipline*. 5.
② Ibid. I .15.
③ Ibid, X.2.

对邪恶的教士、唯利是图之人和沉默寡言(dumb dogs)、饥肠辘辘的愚昧之徒(idle bellies),保证教会的安全①;要在民事上对那些不服从教会训导的人进行惩罚,"而无需过分担忧混淆世俗司法权和教会司法权",②也就是说统治者要乐享分派给他的卑屈地位。统治者必须为了促进长老会教会的利益而制定法律,但是却不能篡夺不属于世俗权威的权力。③

这些规定事实上就赋予长老会教会绝对的自由与权利,不管在大事还是小事方面都可以创建自己的制度和纪律,并且之后可以运用世俗的强制力量将长老会的制度和纪律强加给一个不情愿接受的民族。因为只要长老会的长老制度在哪里被合法地创建起来,那里一切神圣的君主就应当服从上帝之子的声音,并尊重上帝之子的权威。④《第二训导书》还引用制定法,认为任何其他教派的司法权都不应当被承认,只有宗教改革后的长老会教会以及由此产生的司法权才应当被承认。⑤

正是这点成为了人们从政治的角度反对长老会体系的真正原因,并且也成为了人们证明神圣王权理论合理性,证明国家可以随意处置宗教团体的正当理由。亨利八世和伊丽莎白的法律看起来

---

① Second Book of Discipline. X.3.
② Ibid.4.
③ Ibid.7.
④ 确实,《第二训导书》也承认,君主有权在教会陷入腐败之时改革教会(Ibid. 7),但是这仅仅是一个保留条款,通过这项条款,支持长老会教义的革命才有可能得到承认。在对固定的罗马教会进行攻击的过程中,诺克斯尤其强调了世俗统治权(Letter to the Queen Regent,Works,Ⅳ.443)。和教皇一样,他也承认世俗统治的权利,但其条件是统治权的行使必须服从诺克斯自己。
⑤ Second Book of Discipline,XI.16.

似乎是非常严厉的,并且屈服的教会(submissio cleri)似乎是被剥夺了教会正当的权利。然而在当时,任何有自尊的君主都会提出这些要求。因为,在当时,宽容并未被作为一项原则得到承认,并且当时普遍的准则认为,一个民族要在精神能力方面构成一个团体(corporation),要服从一种教会司法权和一套训导体系。在这种情况下,国家要是赋予精神权力充分的自由就等于自寻死路。因为教会有一千种手段来阻碍国家的行动,并且它还反复重申,这是"为了良心而处置外在事务"。就像在苏格兰一样,教会可以在每个村落中设立不公正的教会法庭,并要求国家支持教会法庭惩罚任何被认为违反了道德法律的违法行为,从通奸到不守安息日,不一而足。正如在苏格兰一样,教会可以主张,君主永远不得宽恕被判处死刑的人;正如在1582年一样,教会可以要求,君主不得与罗马天主教势力结成联盟。① 中世纪的教皇主张有权处理国际间的分歧,并且不断地侵犯国家的界限。但是,即便是在教皇权力处于最顶峰的时期,教皇也不曾像《训导书》的支持者们那样彻底地要求将世俗权力变成教会的奴隶,或者事无巨细地干涉个人的私人生活。然而,关于天主教体系和长老会体系施行的多管闲事的、严厉的暴政,人们也许意见不一。但是,无论它们施行的暴政在程度上有多大差别,它们都一样是暴政,这点是毋庸置疑的。天主教体系和长老会体系都通过神圣权利提出主张,要求

---

① Calderwood, Ⅲ.685. 长老会大会要求:"人们不得因普通或特别的原因同法国、意大利、西班牙或其他国家的天主教徒结社、结盟或缔结友谊。"此时呈交会国王的这篇文章的整体论调是要表明,长老会教会决心获得不受限制的最高权威。

将世俗权力置于精神权力之下，使教士成为政治行动的最高裁判者。

这种主张是不可能被承认的。英格兰民族很久以来就一直嫉恨着教权政治。它曾经拒绝将英格兰王权的权利和自由交给教皇，并且要求在政治事务上保持独立，丝毫不受教皇威严的传统和庄严肃穆的气势所威吓。而这些都发生在教皇的精神权威无可置疑的时代。过去，虽然英格兰对教皇的宗教主张并无异议，但是它和法国国王及皇帝一样都不愿承认教皇的政治主张。因此，英格兰不可能同意长老会以不受人欢迎的形式提出的类似主张。

然而，在苏格兰由麦尔维尔以及英格兰由卡特莱特发展出的长老会理论中，存在一项公认的特点，最大限度地降低了理论的危险性。所有这些作家都坚持两个王国的理论，并没有犯中世纪所有派别都无法避免的错误——这些错误被诸如劳德和路德这样截然不同的人反复申诉。这一错误就在于将教会与国家都仅仅视为一个庞大共同体的不同分支，并且据此观点，认为无论教会的独裁暴政还是世俗的独裁暴政都在所难免。诺克斯便坚持这种更传统的观点。类似地，教皇间接权力理论，正如贝拉明所发展的那样，至少在理论上能够承认世俗国家的自由与内在固有的权利。

无论是反对教皇还是长老会的主张，需要进行的论证都是类似的。人们只需要主张世俗权力具有完全的至高地位，只需要主张世俗权力是由上帝授予的。只要教皇制或长老会导致的危险没有完全消失，神圣权利理论就很难说已经完成了自己的使命。法

第八章　被动服从与英格兰教会

国也有十分类似的经历。一方面，教皇主张革除国王教籍，废黜国王，并剥夺国王世系合法的王位继承权。另一方面，胡格诺派则努力使自己成为复兴的封建主义的代言人，并为了成为国中之国，拥有与其地位相匹配的准主权权威而斗争。结果，无论在法国还是在英格兰，中央权力都成功地确立了自身最高的权威，甚至发展到极端的地步，迫害那些教导中央权力有害的人。

　　上文引述的用来证明长老会理论的那些引文似乎可以进行不一样的解释。人们也许可以辩护说，这些文字只不过是拥有纯粹精神权力而并未主张任何强制性权威的个人对国家提出的谦卑的建议。约翰·诺克斯自己确实并未握有利剑，并且只能建议臣民在某些情况下可以推翻他们的君主。长老会教会从未拥有也并不主张动用世俗的利剑。它只是要求，人们应当为了教会的利益而动用世俗的利剑。这点丝毫不差。然而，教皇与欧洲民族国家的关系从未与此不同。除了在教皇国中，教皇并没有任何直接的世俗权力。受教皇或教皇专使直接指挥的军队很可能都不足以摧毁一个最小的顽固教派，根本不可能对抗任何一个敌对的民族国家。当人们将中世纪的教皇制称为专制僭政的时候，人们通常会忘了，无论教皇制对政治行动产生了多么恶劣的影响，它依然都是一种以同意为基础的政府形式。无论从格里高利七世到卜尼法斯八世的历任教皇是否曾经施行过本质上专断、有时候显得有些残酷的权力，可以肯定的是，他们的专断统治并非以武力为基础，而是建立在纯粹的精神或道德权威之上。事实上，教皇从未实施或主张要动用物质之利剑。教皇只不过要求，除非获得教皇的批准，否则人们不应当动用武力。长老会确实也提出了完全类似的要求。教皇通过发布革除教籍教令唯一能做的就是，作为上帝的代理人宣布人们在理论上并且为了良心都不需要服从他们的主权者了。而在实践中，由于物质之利剑的力量，人们几乎不太可能不服从主权者。英格兰天主教徒或者那些支持废黜国王的人都必须服从主权者；他们"出于恐惧而臣服"。但是，即便承认教皇的主张，也没有人会在教皇一发出革除教籍教令就出于良心的考虑而受到约束。因此，任何一个体系的反对者的目标必定都是主张，尽管教皇或长老会试图实施废黜君主的权力，但是良心的准则依然存在，并且国家要求其臣民效忠服从的道德要求也不会被教会的谴责破坏。在整个中世纪，在"联盟战争"（Wars of the League）期间，在反对伊丽莎白的阴谋中，人们反复不断地强调，世俗的服从义务不会受到除了物质之利剑或政府的法律制裁（愤怒）之外的其他因素的影响。然而，教皇或长老会获得的成功不论多么微不足道，它都证明，道德的标准、良心是一项有力的武器，能够强化或瓦解忠诚的纽带。教权政治的支持者们主张，他们可以随心所欲地操控这项武器。因此，捍卫国家自由的人则必须不断地证明，道德的标准不会由于统治者的道德信仰而改变，因此尽管教会反对，但国家拥有神圣的权利来保证自身的存在；因此服从世俗权力的义务不仅仅是出于"恐惧更是出于良心"。一直以来，服从不仅仅出于恐惧更是出于良心这种观点都被视为专属于教会的权利。要求服从的道德权力不同于强制要求服从的武力，它本身并不属于国家，除非在国家成为教会不可或缺的工具的情况下，教权政治的支持者们才这样认为。而神圣王权理论则与此针锋相对。它认为国家要求服从是具有道德与宗教基础的,即国家有权依照人性和上帝的意志而存在,并且国家是建立在比强者的利益更加高尚的基础之上。教权政治试图从自身作为人类良心指引者的地位中获利,并随意干涉、控制国家和政治。因此,如果要使政治安全得以保证,就必须确保世俗的服从是以良心为基础的,并且国家享有得到上帝恩典的、普遍的至高权威。否则,教权政治都会一次次地干涉并要求裁判抵抗活动可能是合法的某些案件。

然而,在伸张自己权利的过程中,国家提出了过分的主张。它首先断言,自己拥有绝对的权力确定宗教信仰的形式或者至少是确定礼拜的形式,并且它有权创建或废除教会组织。只有当国家同意在这些事务方面接受专业人士即教会的指导,宗教组织才有可能完全同意国家提出的这种主张。然而,国家的全权(omni-competence)必须得到保证,而且必须被作为神圣权利得到保证。因此毫无疑问,这种观点只能得到那些从道德上心悦诚服地认同国家事实上并没有禁止他们自己的宗教信仰的人的支持。

这是对某些卡洛琳神学家(Caroline divines)*的话(有时候看起来也像是极端的伊拉斯图主义者的话)进行的解释。它们颂扬了王权的至高无上;它们认为君主拥有全权可以确定信仰的形式,并且为这些权力要求神圣的权利。这些观点仅仅意味着为世俗权力主张理论上的自由。它并未提出或暗示,国家在实践中可以肆

---

* 卡洛琳神学家指的是生活在查理一世统治时期和查理二世统治时期的重要的神学家和作家。——译者

意地或无需咨询教会领袖就决定宗教事务。对于现在的英格兰教会中人而言，巴罗（Barrow）的《论教皇的至高权威》（*Treatise of the Pope's Supremacy*）或杰克逊的《论基督徒的服从》（*Treatise of Christian Obedience*）都显得太过于伊拉斯图主义了。然而，事实上它们只是在主张主权权力的法律全权。这种观点的真实含义也许可以用今天议会所享有的理论上的权力加以解释。在任何时候，议会都可以在法律上废除基督教而通过惩罚与迫害引入伊斯兰教。这是一个不争的事实。然而，持这种观点的人并不会认为，议会真会改变英国的宗教或者试图这么做。如此大胆的行动就逾越了主权的外在和内在限制了。① 类似地，在 17 世纪，为了反对罗马或日内瓦的教权政治，人们提出了国家的全权。为了反对教皇或长老会依据神圣权利而要求人们服从，人们就必须阐发国王的神圣权利。为了反对解除统治者与被统治者之间情感或良心上的纽带，世俗政府就必须通过不抵抗理论获得良心的支持，并且用被动服从理论来解决一些疑难的案件。

也许令人颇为费解的是，为什么像劳德这种把教会的地位和教士的权力看得十分崇高的人，还会如此强烈地坚持强国家的理论。正如通常所解释的那样，这种理论认为君主有权改变教会政府和理论的形式。但是，人们必须知道，正如帕克和惠特吉福特（Whitgift）一样，劳德也十分清楚国家的最高权威高于教会已经是一项稳固的、几乎不会消失的原则。最高权威只有可能易手。他知道，如果这项最高权威不是握在查理一世的手上，就会落入议

---

① Dicey, *Law of the Constitution*, 72—78.

会的手上，并被用于保护和支持清教主义的发展。劳德并没有忘记，英格兰国教"作为法定教会"，在查理一世时代拥有最多的支持者。尽管与罗马的争论并未完全终结，他必定已经感受到，罗马对英格兰的威胁正在日渐消失。任何一名卡洛琳神学家都了解，君主的最高权威理应得到最高程度的颂扬。因为人们知道，事实上，只要最高权威仍然掌握在国王手上，它就会被用于促进教会的利益。因此，根本无需明确要求国王必须坚持真正的宗教，禁止错误的教义传播。同样，根本无需限制君主的特权就可以保障教会的自由。诺克斯却必须在这两方面努力。而在英格兰，人们却相信国王会保持现状，并防备清教主义的侵犯。在英格兰，王室的权威受人欢迎，而在苏格兰，王室的权威却遭到占主导地位的宗教体系的仇恨。如果詹姆斯六世感到能够摆脱长老会教会的枷锁，毫无疑问他会立马挣脱束缚；并且他也确实曾经多次试图加强君主对于教会的权威。① 对于詹姆斯试图摆脱长老会教会控制的明智的怀疑必然促使长老会教会的领袖仇视任何有关君主最高权威本质的理论，甚至不管他们先前的理论。詹姆斯是对长老会教会的威胁。詹姆斯六世处置宗教事务的自由就必须被否定。另一方面，查理一世的自由越多，英格兰国教的地位就越好，或者至少对于劳德所采纳的独特的宗教观点和宗教仪式而言就越有利。从伊丽莎白对教会事务做出安排以来，王室的最高权威就是英格兰国教会反对清教的宗教革新的保障。

---

① Gardiner's *History of England*, Passim.

因此，对神圣王权理论进行的如下指责是不合法的，即认为神圣王权理论只不过是在为无节操的等级体制张本，是为了获取宫廷的宠幸，而无需论及它对教会可能产生何种影响。因为神圣王权理论的信念能够最有效地保证国教教士们热爱那种秩序的稳定与永久存在。他们不是在为国王而是为上帝效力，而教会的最佳保护就是王室的支持。认为神圣王权理论在国教教士中找到了最为坚定、人数最多的拥趸，同样这也并非是对教士们进行指责的原因。正如上文所述，神圣王权理论本质上是反教会的。然而，正是由于这个原因，如果神圣王权理论想要发挥效果，那么这项理论就应当主要由教士团体加以阐发。教皇或长老会所主张的教权政治体系很可能遭到俗人的否定，但是只有教士才能最为有效地反驳这项理论。教皇提出的主张的真实本质注定了它只能由教士而非俗人加以阐发。因为贝拉明和诺克斯都正确地主张，只有精神权力才能就臣民是否应当在良心上服从他们的统治者这个问题做出权威性的裁决。关于良心的问题必须由精神权威加以裁决。耶稣会的错误并不在于他们主张无论国家是否具有宗教与道德的理由要求臣民服从，道德与宗教问题必须由宗教团体裁决。他们犯下的错误在于，他们认为除非国家执行耶稣会士裁定的正确的神学观点，否则世俗权力本身没有任何道德权利要求臣民服从。在所有的国家中（无论这个国家的统治者信仰何种宗教），服从都是一种宗教义务。单单依靠这种观点还不足以使政治摆脱教会的控制。这种观点要真正发挥作用还必须由一部分人来代表精神权威。除了教士，没有其他任何人能够从自身的立场反驳教皇。除非某个宗教团体的领袖宣称掌握宗教真理并非意味着握有政治智慧,并且一个国定教会是真正由上帝任命的,且无需使世俗统治者成为这个国定教会的封臣,否则人们谴责教权政治提出的政治主张就只能是徒劳无益。英国的神圣王权理论在特定的层面上是英格兰国教会及其教士的产物,这点是无疑的。不过,它同样也是高卢教会的产物。确实,高卢人的自由是这项理论得以生长的主要渊源之一。[①] 因为神圣王权理论在神学方面的典范是属于国定教会权利范围内的事情。教皇已经主张至高无上的权威,并且这种权威有可能使国定教会无法存在下去。

长老会体系虽然主张自己是独立于教皇主权的民族教会(national church),但是它试图在民族之内建立起一个会严重阻碍国家发展、阻碍民族生命发展的组织。一个渊源于日内瓦的宗教组织在很大程度上不可能成为一个民族教会。在教会成功地确立自身地位之前,民族可能就已经消失了。甚至看起来毫无问题的独立性本身潜在地意味着,拒绝将这个教会组织的权利给予整个民族。要是长老会真的变成普世性的教会,那么就不可能存在一个能够声称在精神层面上代表整个民族的宗教团体了。

因此,如果所谓的民族教会指的是一个能够代表整个民族,并且使这个民族的政治生命自由地发展,且不受教权政治的毒害的宗教组织,那么在17世纪,神圣权利理论就同民族教会的观念不可分割地联系在一起,必须在教皇、长老会或独立派的挑战面前保卫建立起的民族教会。

[①] 见前文第六章。神圣权利理论同民族教会的内在联系明确地体现在皮图(Pithou)的文集中:*Les Libertez de l'Église Gallicane*。

因为神圣权利理论不仅是一种政治理论,同时还是宗教理论。对于被动服从义务的强调就是这种观点的证明。作为功利主义政治思想的一项要素,不抵抗很可能被视为无条件的。关于被动服从,人们什么也不能说,即便这并未被禁止。而事实上,这就是《利维坦》中的情况。但是,只要绝对主义理论本质上是一种宗教理论,人们就必须不可避免地讨论在某些情况下不服从法律是一种宗教义务的情况。因为,当世俗的服从被视为是神法的一部分时,人们就不能忽视政府试图迫害真正的宗教的情况。在某些条件下,殉道是一种公认的义务,而这又暗示了不服从主权者命令的义务。除非进行适当的限制,否则没有任何基督徒会支持王位世袭继承权不可侵犯的理论。人们并不是由于预见到詹姆斯二世有可能成为暴君才希望废黜他的,而是由于人们知道他是一名天主教徒。而那些反对废黜詹姆斯二世的英格兰国教教徒则不得不强调在詹姆斯有可能迫害他们的宗教时作为英格兰国教教徒的义务。

被动服从理论在不止一个方面牵制了神圣王权理论的支持者。[①]

[①] 桑德森是神圣王权理论这个阵营中最为敏锐的思想家之一。他充分地意识到了这种风险,并尽量地贬低被动服从的义务。他宣称,在所有疑难的情况下都必须支持统治者,并且应当积极地服从统治者。他允许人们在自己的良心清楚地知道统治者的命令是不公正的时候保留对于君主的服从,但是即便在这种情况下,不服从也是一种罪恶;并且这种情况只是在两恶之中择其轻。"在这种情况下,人们当然不能服从统治者;然而人们必须知道,在做出不服从君主这种保留的情况下,他不服从统治者仍然是一种罪行。对于这种罪行,他自己的良心的判断也不能使其得以开脱。这是我所谈到的一种令人恐惧的疑难情况,在这种情况下许多人都由于自己的错误与顽固而陷于困惑,他既无法追随,也无法反对自己的良心,他只能犯下罪行。"(*Judgment in One View*, 156)

被动服从理论的支持者被谴责对主权者缺乏信仰,因为他们甚至考虑主权者是异端或宗教迫害者的可能性。据称,没有任何一位明智的支持抵抗理论的人会梦想将不服从义务作为一项普遍的原则加以阐发,而从神圣权利的支持者所使用的语言上判断,他们认为被动服从的情况是经常发生的。除此之外,被动服从就几乎和积极抵抗差不多了,① 并且被动服从的支持者也很可能被打上倡导叛乱的标签。霍布斯写道,由于道成肉身是基督教信仰的核心信条,因此单单禁止信仰道成肉身这一行动本身就足以证明人们拒绝服从法律。② 某个基督教教派被另一个教派迫害的例子并不能免除通常的积极服从义务。此外,可以这么认为,即便退一万步,理由也不充分,因为宣称只应当服从上帝而不应当服从人的使徒目睹了基督的复活;因此使徒的例子是与众不同的。③ 此外,当乃缦(Naaman)谈到自己在临门的神庙(House of Rimmon)中叩拜的时候,以利沙(Elisha)让乃缦平静地走了。人们很容易将此类谴责之辞加诸信仰被动服从理论的人身上。这些谴责之辞确实有合理之处,也正是因此,人们才试图用这种理论作为狡猾的诡辩之词解释"光荣革命"以及威廉统治时期教士的默许。除非对于那些将政治视为神学的一个组成部分的人而言,否则被动服从理论不可能产生这么大的作用。被动服从理论在神圣权利理论中扮演

---

① Hobbes' *Answer to Bramhall*, 127. "所谓的被动服从只不过意味着人们应当克制自己不做法律禁止做的事情。这可能就是被动服从的真实含义。因为在君主看来,因为盗窃而被绞死的窃贼遵守了法律这种观点,在我看来是荒谬至极的。"另见 *De Corpore Politico*, chap. Ⅵ。

② *Leviathan*, Ⅱ.43;引文参见附录二。

③ *Behemoth*, 86。

了如此重大的角色的原因是，神圣权利理论和英格兰人捍卫英格兰国教而反对其他敌对教派联系在一起。的确，在当时，一切政治理论都要么以某种宗教为基础，要么是为了捍卫真正的信仰这个现实的目的。当时，政治与神学是密切联系在一起的。并且，虽然在洛克和西德尼的著作中，我们发现政治试图从他们的神学外套中解脱出来，但这件神学外套在当时并未被完全脱去。因此，当人们将神圣权利理论同英格兰国教的存在联系在一起，将其同国教作为同时反对教皇体系和长老会体系的地位联系在一起的时候，我们就会清楚地发现，1688年教士们的行动是存在某些合理性的。神圣王权理论是为了保卫英格兰国家不受罗马的主张的侵害而被提出来的。它是为反对教皇制而锻造的武器，尽管它同时还可以被用来实现其他目的。詹姆斯二世把这件武器视为一柄双刃剑，并试图用来反对它最初保护过的教会，用来支持它曾经攻击过的权力。因此，难怪这柄利剑会在詹姆斯二世手上折断！无论詹姆斯二世对这项理论进行的解释是否合理，它已经完全背离了所有当初提出这项理论的人的初衷。英格兰国教徒果断地采取了行动，因为他们清楚地意识到，没有任何人希望这件伟大的反对教皇的武器会被用来支持教皇。他们必定已经感受到，詹姆斯二世在追随玛丽女王的脚步，并且正试图将王室的高贵权威带入万劫不复的地步。因此，他们不再支持詹姆斯二世的行动。谁又能指责他们呢？无论是在政治领域还是神学领域，任何时代的人们都不清楚他们的理论能够被合理地适用到何种程度。同时，人们也会毫不犹豫地拒绝将某项信念推演到极端，使这项理论最终违背了最初被提出时的初衷。当今,有许多人都在公开宣扬"人民的声音就是上帝的声音"(vox populi vox dei)的理论。但是,这种理论只不过意味着,人们仓促地将选民不适当的裁决视为上帝的命令。如果民主的崇拜者也会不小心上当受骗将恶魔(diaboli)读成上帝(dei),或者为了保住自己的地位而动用反民主的制度,那么我们又怎么能过分谴责17世纪不抵抗理论的支持者们呢?他们发现自己只犯了一次错误,并且即便犯了这次错误,他们也能够充分地向一位新教侵入者而不是向信仰罗马天主教的国王展示不抵抗的美德。神圣权利理论在帮助英格兰人从教皇的枷锁中解脱出来的过程起到了巨大的作用。直到人们在对罗马的恐惧中已经随时准备抛弃那件曾经在同罗马的斗争中有力地协助过他们的武器,才能证明神圣权利理论的使命已经完成。

至此我们已经论述了神圣权利理论所起到的作用,谈到了如下深刻的真理,即政治制度本身是无法使作为自然的主人上帝悦纳的;我们还讨论了,政治制度不应当仅仅是教会权威的工具;政治家没有必要听从教士来制定自己的政策;国家本身是一个有着自身生命的机体,并且它必须遵循不同于教会的发展规律;教会的领袖并不必然拥有超出常人的政治智慧,因此将决定国家政策的问题的重大权力交托给教会领袖,并过分地提升教会领袖为的效力的教会组织(它也有自身世俗的一面)的地位要冒极大风险;或者用现代的术语说就是,"教士不应当涉足政治"。因此,显然,受人嘲弄的17世纪英格兰国教教士对于现代许多重要的原则是有功的。人们不应当不公正地指责他们遵循的是无节操、奴性的政策。他们的目的不是为了某个阶层或教派的利益,他们是充满爱国热情的、英国国教的杰出捍卫者。人们不应当指责他们在原则一无所用的时候就抛弃原则,因为他们在"光荣革命"时期的行动即便和他们的理论在表面上不一致,但他们的行动表明,他们是多么深刻地领悟了自身理论的精神,并展现了他们对自身理论试图加以表达的根本原则的无限忠诚。所有这些都是事实,尽管人们在指责、谩骂神圣权利的信仰者的时候通常都不会考虑到这些事实。

然而,人们不应当忘记,17世纪的人们一直反对的教权政治理论也有很高的价值。这项理论也有现实的使命要完成。尽管这项理论中包含的大部分内容都是错误的、夸夸其谈的,并且对于现代人来说无疑都是荒谬的,但是它使得一项能够指引政治家的最重要的原则获得了承认。因为在教皇或长老会提出的为了精神权力的利益而控制世俗权力的主张中,他们以当时唯一可能的形式铭刻下了良心自由的权利(rights of conscience)的原则。在那些通过强力手段强制人们信奉被视为一项公认原则的年代里,或者在"教随国定"(cujus regio ejus religio)被普遍接受的年代里,唯一能够表达良心自由与追求真理的方法就是提出教会高于国家。因此,在这些时代里,教会与国家之间反反复复地产生的那些问题就不可避免地体现为争夺最高权威而斗争的形式;因为任何一方都不可能承认对方的全部权威,因为一方的承认有可能导致严重地偏离了真理,而另一方的承认则将导致严重地阻碍民族生命的发展。如果人们承认国家是全能的,对异端的迫害被视为一种义

第八章　被动服从与英格兰教会　　185

务,那么持不同的神学观点的皇帝或者国王就有可能宣布教会是异端,并因而对上帝的真理造成永久的伤害。① 因为,如果假设(ex hypothesi)人们承认国家在生活的方方面面都是至高无上的,那么国家就有义务强制信仰,并且进行抵抗是不合法的。由此,国家就可以强制性地宣扬异端学说,并将其冒充成真正的信仰,而由于异端的观念是毫无依据的,因而迫害总是失败。② 如果良心自由与追求真理的权利想要得到彻底的尊重,那么教会就必须挺身而出,成为良心自由与真理的捍卫者,向国家主张至高无上的权力。当然,只要迫害仍然被视为一项公认的原则,那么真理就是无法得到保障的。但是,在关于真理与错误方面,以武力为支撑的权力承认要屈尊向仅仅以道德和精神力量为支撑的权力吸取意见,这至少是朝着正确的方向迈出了一步。在关于应当强制实施或迫害哪种形式的信仰方面,教会指导国家显然比国家固执己见地(proprio motu)处理宗教事务更加理想。甚至,这种不完美的状态就是良心自由、追求真理和人类存在的一种特性,是它们不同于纯粹物质的、世俗的事物的特点。宗教宽容必然涉及如下的原则,即宗教是生活的一部分,国家没有任何道德权利加以控制,而思想是不允许受到强制的。国家依据教会的命令而进行的迫害就包含了这项原则的基因,因为它产生于如下的观念,即国家本身是不得干涉思想的,它只能从深谙思想的人那里吸取意见。这个原则成为了从罗马帝国统治下的国家宗教(State-religion)向现代的思想

---

① 关于教会主张的正当性,见1844年7月切奇(Church)教长致曼宁红衣主教[当时的执事长(Archdeacon)]的一封信。(Purcell, *Life of Cardinal Manning*, Ⅰ.696)
② Mill, *On Liberty*, 16.

自由理念转换的必要过渡阶段。在第一个阶段,国家为自己规定了一种宗教,并强迫所有人都崇拜皇帝。在第二个阶段,国家意识到,国家本身没有能力决定宗教信仰方面的问题,并因此为发现真理而向精神权威请教;但是,国家依然认为强制信仰是一种义务,并将迫害视为国家正当的功能。第三个阶段是各种宗教都得到完全宽容的时代。在这个时代,国家已经放弃了干涉思想的主张,并认为宗教问题是国家无法胜任的。当然,在我们所讨论的这个时期,第三个阶段还未到来。因此,人们应当看到,为了确保作为第二阶段的特色的原则,并防止退回到第一个阶段,教会就必须主张自身在信仰问题上具有最高权威,并否定国家干涉信仰问题的权利(除非是依据教会的命令)。这必然不可避免地会产生某些类似于教皇或长老会曾经提出的政治主张。如果国家承认教会有权在何为应当被强制实施的真正信仰,在教会组织形式与纪律方面指导国家,那么人们就会发现教会将继续侵犯国家;许多只是在世俗方面具有重要意义的事务将会被积极地视为教会的事务;并且,最终国家会失去所有的自由。国家的非精神(unspiritual)特征为国家受教会奴役打下了基础。因此,国家必须主张自己的独立性,而采取的形式就是本书的主题。

除非宗教宽容的原则被普遍接受,否则就不存在任何方式能够终结这场斗争。只有当国家放弃自己提出的宗教与自身权威并存的主张,教会才能够安全地撤回它自己提出的要求政治从属于教会的主张。只有这种情况,国家通过放弃用刺刀强制信仰的做法,它就可以使教会不用冒被摧毁的风险。从此,国家主张的全权也可以得到承认。而每一次有可能动摇主权(无论是一人主权还

第八章 被动服从与英格兰教会

是多人主权）的思想潮流都不再会对教会造成危险。教会再也不需要主张高于国家的权威，因为教会的活动被视为是自由的，不受国家干涉。国家是主权者。它可以合法地做它想做的一切事情。不存在任何其他同它平起平坐的统治权。没有任何教会组织能对国家发号施令。这也就是神圣王权的支持者们复杂的推理和过时的哲学中潜在的原则。良心自由必须得到尊重。信仰是自由的。人们可以自由地选择教会组织形式。国家不得强迫信仰或礼拜仪式。宗教宽容是对主权权力实施的现实限制。这项原则是主张教皇神圣权利或长老会神圣权利的那些人从无数不可能的主张和无政府的思想中为现代人赢得的。双方都没有清楚地或充分地看到自身主张的本质。双方都没有意识到，单单宗教宽容本身就可以平息相互冲突的主张，并可以使教会与国家共同努力发展而无需相互伤害。双方都满怀激情地、诡辩地、丝毫不加批判地假设上帝站在自己一边，而这点在我们看来无疑是伪善的。然而，双方提出的主要主张都是正当的。国家无需得到教士的同意就有权存在，而政治也不应受到教会利益的控制。另一方面，存在许多思想与行动的领域是国家不应当干预的，否则将对人类的最高利益造成最为严重的伤害。双方都在为一些原则斗争，这些原则长久以来就被认为深深地植根于正当理性和功利之中。因此，嘲笑使这些原则得以表达、得以发挥功效的过时形式，责难保王派的卑躬屈膝或者教皇派的盲目偏狭，也就是在嘲笑和指责利用唯一能够利用的武器来捍卫正义事业的那些人。斗争双方的任何一方都注入了过多的激情和偏见，这点是可以承认的。但甚至在现代的论战中，激情与偏见也在所难免。不过，现代的论战通常都不会产生什么重要的结果,不像中世纪和宗教改革时期的论战那样结出累累硕果。对神圣王权这个主题研究得越发深入,人们就必须越发承认,神圣王权的支持者们通过支持国王的神圣权利对英格兰国家的稳定和独立做出了重要的贡献。而正是由于反对神圣权利的那些人的努力,思想自由现今才得以变成公认的原则。

第九章　不抵抗与主权理论

正是在教会与国家相互斗争的时期,神圣王权理论产生了最大的影响,并导致了令人难忘的结果。不过,在政府理论的发展方面,它也有自身的地位,并且必须参照17世纪人们思考的那些政治问题来考察。事实上,可能除了霍布斯之外,截至17世纪末的所有政治理论家要么是以宗教作为自身理论的基础,要么是将捍卫或倡导某种信仰形式的最高地位作为论述的主要目的。当时几乎所有的政治观念都发源于神学上的争论。自然状态和原初契约的观念主要可以归结于罗马天主教作家。[①] 人民主权和教会的至高权威是密切联系在一起的。然而,由于所有这些神学上的争论都有政治性的一面,因此,在对神圣权利理论纯粹政治性的一面进行考察时,就可以对这一方面单独进行研究。采取这种方式也不太会有出错的风险,因为我们已经充分地讨论了17世纪所有政治理论明显的神学特征。此外,17世纪如潮水般涌现出来的政治论

[①] 尤其见 Suarez, *De Legibus*, Ⅲ.4; Mariana, *De Rege*, Ⅰ.1,2,8。在上一章中讨论过的一个问题是"国王的权力更大,还是共和国的权力更大?"整个论证的逻辑是十分有启发的,并且大部分的论证看起来都像是出自洛克的笔下。值得注意的是,尽管第二章在论述君主制是最佳的政府形式这个问题时,马里亚纳(Mariana)使国王受到各种限制,以至于作者事实上将主权交给了人民,并且不知不觉中陷入了支持"混合君主制"的错误中。"我相信,共和国拥有纠正国王的不当行径并推翻国王的权力。"毋庸置疑,在马里亚纳看来,对君主权威的一个主要限制就是由教会的自由所设立的。(参见《从热尔松到格劳秀斯》)

著中，到处都可以找到被勉强拼凑在一起的各种观点。因此要从中找出争论的主要线索并不需要准确地理解参与争论的全部著作。有时候，明显相互矛盾的思想观念也能够通过某个作者的特质而融合在一起。作者们不时地改变着论证方法。各种情感和观点被万花筒般地组合在一起。因此，当前的研究至多只能对相互对立的学派之间观点的差异或相似性进行一般性的描述。本章只能对各方观点的主要特征进行粗略的论述。本章的研究不敢妄称终局性研究。同时我们也不要忘记，有些作者的个人观点与特征有可能会模糊争论的主要派系，并逾越各个不同学派之间思想的分界线。此外，论战每一方的参与者在概念和观点上都存在显著的差别；每个派系似乎都体现了一些与众不同的思想特征。因此，对这些特征进行阐释似乎是合理的，不过前提是必须清楚，还有一些个别的例子可能并未体现这些特征。之后我们必须考察神圣王权理论是否仅仅表达一种近乎荒谬的忠于王权的情感；它同当时的其他政治理论有哪些共同之处；如果神圣王权理论同其他理论存在不同，这些不同是否导致神圣王权理论朝更坏的方向发展；神圣王权理论本身是否也包含了现代思想也不曾抛弃的关于国家、国家的权力、国家的功能的观念？

一

17世纪的政治思想再没有比不抵抗权威的观念更加普遍的特征了。"劝服人民服从"是各个思想流派作家的目标。而当人们倡导抵抗的时候，抵抗也被视为服从某项权威。同时，私人个人也

第九章 不抵抗与主权理论

不得依据自身的判断或意志进行抵抗。抵抗只能作为服从的一种形式存在,只能是作为执行某个更高的、终极的权威——上帝、教皇或法律——的命令的一种形式。上文已经证明,教皇理论事实上就是一种服从君主制的理论。贝拉明或马里亚纳极其轻浮地批驳了服从世俗权威的主张,并阐发了人民主权原则,这引起了人们极大的愤怒。然而,至少某些英格兰国教派作家能够看到所有这些观念都是作为服从理论而非自由理论的一部分得以阐发的,并且"抗拒的必自取刑罚"这句至今都并未被抛弃或被遗忘的经文依然被解释为能够证明教皇在政治方面的最高权威。正如杰克逊主教所评论的:"无论是罗马教会、耶稣会还是我们都一致赞同如下一条原则,即没有任何一个人可以抵抗更高的权力;人们应当服从,至少必须使我们外在的身体、生活和财产被动地服从更高级的权力;而问题在于……尘世中哪一种权力才是最高的权力。"①

长老会教会的观点也是如此。在卡特莱特看来,训导的主要目的就是服从。② 长老会一方面主张可以推翻世俗统治者,另一方面又强烈地表达了必须服从世俗统治者的义务,这看起来是相互矛盾的。不过,这种矛盾只有通过教皇派作家以及威克立夫都共同坚持的一种观点才能得到解释,即仅仅出于被压迫者的利益而进行抵抗是不合法的,并且任何私人个人都不得抵抗主权者。只有长老会教会在上帝的指引下才能为了保证"自由",即长老会

---

① Jackson, *Treatise of Christian Obedience* (Works, Ⅲ. 971).
② 参见如下引文:"圣徒并不履行任何公共职务或承担任何相关功能,但是圣徒之名却包含了教会之外一切的事物。有时候,圣徒的义务和其他所有人的义务一样,都只是使自身接受那些由上帝指派的人员的管理与统治。"*Declaration of Discipline*, 185.

教会的至高权威,而领导推翻"偶像崇拜者"的工作。无论是教皇派作家还是长老会都不曾提到个人的抵抗,①同时它们也都没有提出任何现代的观念,即人们可以从功利的角度来理解服从。

即便对于那些更加世俗化、从纯粹世俗角度看待政治问题的人来说,他们认为可以进行合法抵抗的唯一理由也几乎不变地是上帝的理由。显然,17世纪的许多作家并未将叛乱理解为神圣权利。《反暴君论》中强调了私人个人被动服从的义务,对此上文已经进行过评论。② 一位暴君,无论其统治多么残暴不仁,只要还能够得到王国内合法权威及各个等级的支持,服从暴君就是一种义务。这种观念并不仅限于法兰西。在英格兰,这种观念在如下理论中得到表达,即只有在获得低级官员的命令的情况下,抵抗君主才是合法的。据称,议会拿起武器反对的只是国王本人,但依然支持国王的权威。这表明,人们是多么不情愿相信不合法的事情能够在道德上具有正当性。在这个时候,某些本质上具有革命性的行动总是谎称具有某些虚幻的合法性。普林(Prynne)撰写了非常详细的论文,目的就是为了证明,在"内战"开始的时候,议会和法律站在一边。作者并不认为暴政可以证明废除当时的法律的合法性。③ 这种观念在1688年的法律拟制中体现得更加明显:詹姆斯是弃位的,英格兰合法的宪政体制的延续性并未被打断。还有一些更有说服力的证据。为了支持《排除法案》,约翰逊深思熟虑地宣布,只要法律允许,基督徒就必须服从迫害。"当神法和我们

---

① 马里亚纳显然是一个例外,因为他主张弑杀暴君的理论。*De Rege*, I.7,8.
② *Supra*, p.114.
③ *The Sovereign Power of Parliament and Kingdoms*.

国家的法律之间相互冲突,王国的法律规定要成为一名善良的基督徒就必须被处死时,我们必须为了基督的利益放弃我们的生命。《福音书》中唯一要求人们被动服从的情况就是当法律反对善良之人的时候。"①这种观念在"光荣革命"时期是如此广泛,当时有一位作家就用归谬法(reductio ad absurdum)讨论了辉格派的理论。根据辉格派的观点,如果国王迫害真正的信仰,那么国王就可以被抵抗。而依照这种观点,如果法律也迫害信仰,那么法律也可以被抵抗。但是没有任何一位辉格党人会承认,后一种情况下抵抗法律是合法的。因此,在前一种情况下,即国王违背法律迫害信仰的时候,主张抵抗权也是荒谬的。② 此外,保王派作家的主要力量并不是要攻击如下的观点,即在某些情况下,抵抗法律是合法的。保王派作家的目的并不在于证明抵抗法律是罪大恶极的,人们没有任何理由可以抵抗法律。这点没有任何人会质疑。他们的主要目的完全不同。他们试图努力证明,法律仅仅从国王那里获得具有约束力的权威,因此,当国王违反法律的时候,他也不得被抵抗;因为作为法律的渊源,国王本身高于实证法,而抵抗"主权者"也总是有罪的。③ 保王派和辉格派之间真正的争论是关于是否存在一个

---

① *Julian the Apostate* (Johnson's *Works*,33).
② *Christianity a Doctrine of the Cross*,75.
③ 尤其见上文提及的小册子,并对比如下引文:"双方的理由都是一样的。教皇认为,只要君主是依据神法和教会(作为神法的解释者)进行统治,君主就不得谴责教会;而人民认为,只要君主是依据王国的法律(王国的法律本身就可以作为这些法律的解释者)进行统治,他们就必须服从法律;正如只要国王做出违背教皇的事情,他就会被革除教籍,被推翻,被谋杀(罗马天主教徒认为国王这是罪有应得的);当国王篡夺了人民的自由,那么他就应当被人们推翻;这种论证模式对于双方而言是一样的,并且具有最大的权威。"*History of Passive Obedience* (1684),84.

无需服从法律的主权者(无论是一人主权者还是多人主权者)。[1]"背教者"尤里安引发的复杂问题所争论的也正是这点。辉格派的观点认为,早期的基督徒服从迫害是由于迫害是合法的,而他们(所谓的)抵抗尤里安是由于尤里安的迫害行为的不合法性。[2]甚至洛克也通过否认所有国家中"立法机关"的全权而避开这个棘手的问题。他并未宣称抵抗法律是合法的。他仅仅是否认,违背某些基本原则的法律是"名副其实的"法律。[3] 阿尔杰农·西德尼也持同样的观点。他宣称,不正义的法律根本就不是法律,[4]并援引兰开斯特时期宗教迫害的法律为例。[5] 他没有提出其他任何观点,因为在其他地方他都满足于服从法律的至高地位。在一段非常华丽的文字中,西德尼宣称:"我们所有人都必须无条件服从它,即法律。"[6]在《国王与统治者的职分》(*Tenure of Kings and Magistrates*)一书中,弥尔顿也许比当时大部分其他作家都更接近现代功利主义的观点。然而,他依照一项不可变更的根本法将主权置于人民身上,[7]并因此和洛克及西德尼所做的一样,通过混

---

[1] "在尘世上,没有任何权威能够高于法律,更没有任何权威能违抗法律。"(Johnson, 30)这种观点表达了辉格派观点的全部意涵,它反对神圣权利理论,也反对主权理论。

[2] Johnson, *Julian the Apostate*,"最早的基督徒依照他们国家的法律忍受迫害,而在尤里安统治下的基督徒却遭到了非法的迫害。"28,*Answer to Jovian*,*Answer to Constantius the Apostate*.

[3] *Second Treatise of Civil Government*,Chaps. 11,18.

[4] *Discourses Concerning Government*,Ⅲ. §11.

[5] Ibid. §25.

[6] Ibid. §42.

[7] *Tenure of Kings and Magistrates*,*Prose Works*,Ⅱ. 11. "国王和统治者们的权利都只不过是衍生性的、被转让的,是人民通过信托而授予给国王和统治者们的。不过,这些权力在人民身上依然根本地属于人民,除非破坏人民与生俱来的自然权利,否则不能把它们从人民手中夺走。"

第九章 不抵抗与主权理论

淆自然法和实证法,他试图避免提出诸如抵抗法律在道德上是否正当这种在当时看似十分荒谬的理论。

人们所服从的法律有可能是教会法、"训导"、实证法或者习俗。但是,必须服从人们理解的某种法律,真实的而非隐喻意义上的法律则是一条普遍的准则。几乎所有人都教导必须服从实证法律,因为如果教会的主张要得到承认,教会的法律也必须是实证法。因此,某些作家就下意识地朝着现代的、纯粹功利主义的服从理论发展。这也是无可争议的事实。但是,他们没有任何一个人提出了功利主义的服从理论。他们所有人都会谴责如下鲁莽的假设(功利主义政治的基本原则),即如果法律是极端压迫性的,那么即便这种法律带有"真正的、名副其实的"法律的全部特征,它也是可以不被服从的。17世纪的理论教诲在实际上可能和现代功利主义的并没有很大差别,因为在大部分这些理论中,人们可以找到大量的理由宣称某些遭到强烈反对的法律缺乏严格意义上的法律所应有的一些基本品质。然而,17世纪的理论和19世纪的理论之间存在天壤之别。除了极少数一些例外,17世纪所有的政治思想家都将服从他们所认为的法律视为一项无可置疑、不可变更的、绝对的义务;他们教导,无论国家的最高权威是谁,对于这个权威,不抵抗是最低的义务。

二

原因也不难解释。中世纪的历史是一部写满了政府与无政府状态之间的斗争的历史。根据教皇的理论,世俗政府就是无政府的势力,它们会教导人们不服从真正的主上,而服从次级的权威。从民族国家的政治家的观点来看,一方面教皇主张废黜君主的权利,教士主张豁免权,而另一方面封建领主、私人司法权、私党与庇荫则阻碍或限制着一个无所不包的法律体系无可置疑的最高权威。在"玫瑰战争"期间,这后一种趋势最后一次展现身姿。这些战争使人们不惜一切代价支持专制主义与和平。在这之后的很长一段时间里,相比于强有力的政府与对私战的压制而言,人们不再认为自由或者宪政权利具有何种重要性。在所有人看来,服从就是爱国公民最高的义务,而法律则是国家利益最重要的因素。

人们所考虑的并非是制定法,而是普通法。虽然绝大多数普通法的内容最初也都是直接制定的,然而它却拥有任何立法者都无法授予的、超越时效的神奇力量。普通法被描述成荣耀的光辉,被认为与众不同地体现了最深的原则并且表达了人类的理性与上帝根植于人们心灵中的自然法。当时,人们还不太清楚,议会法律除了宣告普通法之外还能做点别的什么。[1] 这就是人们确立起来作为崇拜目标的普通法。人们将普通法视为有秩序的生活与有纪律的活动的象征:它们象征着过去那些恐怖日子里无法无天与暴

---

① (司法判决与议会法律)"只不过是普通法以及王国涉及君主统治方面的习俗的宣告而已。"*Jenkins Redivivus*,1;爱德华三世第 42 年法律(42 Ed. Ⅲ. c. 1)反复强调议会的某些法律是不可废除的,它也是这种观点的另一项证明。同时参见,班汉姆案(Reports 118 a)。"当议会的法律违背了共同的正义准则和理性,或者相互矛盾,或者不可能被执行,那么普通法就可以控制它并宣告这些法律无效。"《未受侵犯的君主权威》(*Majestas Intemerata*)一书包含了一段冗长的法律论证,反对的是议会的全权,它认为议会立法仅仅只是宣告性的(8)。反对缴纳什一税的议会法律被视为无效(16)。

力的生活已经一去不返了。普通法体系体现的不是地方习俗或某些人的特权,而是所有人公共的事物。英格兰赢得了一个比国王和议会都更加古老的体系的统治;这个体系代表的不再是一时性的暴戾恣睢,不再是相互竞争、变动不居的政策与多变的原则,不再是某些豪门贵族的意志或某个篡位者的狡诈;它代表了不可追忆的至高荣耀,代表了近乎神圣的权威。"法律就是上帝的呼吸,是上帝的声音,世界的和谐之音。"并且,普通法是法律最完美的典范,因为它是无数代人的集体智慧发展与揭示出的自然理性。国王和君主们要通过普通法来统治与制定判决。王国各个等级之间的关系以及宪制的基本法都必须通过普通法加以调整。议会制定的法律或王室法令转瞬即逝的存在要么依赖国王的意志,要么依赖议会议员们的利益,因此议会法律或王室法令都仅仅具有物质性的标准,随时都可以被废除。而普通法则是以不可追忆的历史和近乎超自然的智慧为基础,因而权威高于而不是低于议会法律或君主法令。因此,这就可以理解人们为什么会将普通法视为拥有神圣权利的主权者;因此也能理解,为什么人们会认为普通法的权威比主权者的意志更高。在英格兰法最初形成的时期,人们认为普通法既高于国王,也高于议会,并且曾经梦想着普通法根本不需要主权者的权威便使其产生约束力。并且,我们在17世纪也还能找到许多人,他们依然保有此种观念,并且认为,"法律,只要法律"(Law, Law)①就足够了。对于他们而言,法律是名副其实的主

---

① "确实,在刚刚过去的这些年里,律师们通过'法律,只要法律'(Law, Law)的魅力奴役了国王和人民。"*The Church's Eleventh Persecution*, 7.

权者；他们丝毫不需要考虑，到底是国王、贵族、平民，还是三者一起共同构成国家的最高权威。

三

但是，这些观点都不再吻合事实。立法活动在后来急剧地增加了。在都铎王朝时期，立法活动几乎影响了英格兰历史中最重要的一系列影响深远的变革。中央权力已经对贵族特权主张了最高权威，并且相对于教皇也取得了比较稳固的独立性。

最终，在英格兰政治中也存在广阔的空间，足够主权理论充分发展。立法者急剧增加的权力与立法活动不可能允许人们依照自己的意志评判法律。人们不得不考虑如下的问题，即到底是国王先于法律存在还是法律先于政府存在？由此就产生了一个划分标准，能够将信仰王国法律的神圣权利的人划分为两个阵营。一方面是那些相信习俗是法律的主要要素，且法律因而是国王缔造者的人，他们必然会主张，作为法律解释者的法官应当成为国家的最高权力；而像布拉克顿一样，他们看不到主权者（一人主权者或多人主权者）存在的必要性，并且诚恳地相信，在国家中，没有任何一种权力可以不受法律约束。而另外一方面，另外一些人则把握到了事实证明的真理，他们发现国家中必须存在一个主权者，能够赋予法律效力；他们主张，主权者事实上（ipso facto）高于法律，并且主权者不可能服从于法律的强制力。君主与法官之间的争论不仅仅是国王与议会之间更激烈争论的先声，它是事物本性不可避免的结果。作为普通法专家的法官们为自身主张最高的权威，并且

第九章 不抵抗与主权理论

要是他们的主张得到承认，他们就已经使自身成为国家中最高的权威。没有任何人会否认法官解释法律的权利。国王充分地意识到必须存在一位主权者，因此他便理所当然地认为法官应当具有某种地位。而法官们所主张的事实上就是，所有宪制问题都能够通过诉诸习俗而得到解决，而只有法官才有能力解释习俗。正如嘉德纳先生所指出的那样，法官们的观点将使他们获得17世纪这场伟大斗争的最终决定权。① 和大多数反对国王的人一样，柯克(Coke)并没有真正理解主权概念。他所强调的主张在中世纪是非常合理的，但在一个已经发展了的单个国家中则是不可能成立的。因为柯克以及所有普通法律师们的主张就是要将普通法作为主权者而人格化，并且否认国家中的其他任何人或组织具有主权者的特征。要是他的理念得到实现，解释法律（这使法官成为了主权者）的问题就一劳永逸地得到了解决，那么英格兰就会和亨利·梅因爵士所描述的兰吉特·辛格统治下的旁遮普(Punjaub under Runjeet Singh)一样，每个人都"习惯性地服从"，因此他们从来都不曾制定过真正的法律，并且被认为也没有能力制定法律。② 克拉伦敦(Clarendon)曾经哀叹道，"那些以这项伟大而令人称奇的神秘之物——法律——为专长的人们"站到了清教徒的一边，这是不可避免的结果。③ 因为他们看待事物的方式是看待一种已经不再存在了的事物的方式，并且他们试图像布拉克顿一样

---

① 关于柯克的观点以及导致其停职的各种争论，见 Gardiner, *History of England*, II. 35—43, 242, 279, III. 1—25。
② *Early History of Institutions*, 379 sqq.
③ *History of the Rebellion*, IV. 38—41.

解释英格兰宪制。但是国王已经意识到,随着立法活动的增加以及中央权力对其敌人所取得的胜利,主权已经成为一种事实,并且过去的历史也证明,国王有权对新的事物状态中的一切主张权利。人们发现,正是国王及其支持者们首先看到了这种变革。议会在最开始的时候是不愿意主张主权权力的,它否认主权权力的存在。相反,如果国王被允许保留其所有一切传统特权,对主权观念的普遍认可将有可能使政府成为专制政府(tyranny)。正如梅特兰所言,正是由于缺乏对主权的普遍认可才使英格兰在中世纪没有陷于专制政府。而既然现在整个民族都已经意识到主权权力这一真理,那么为了防止失去自身旧有的权利或甚至被剥夺公平的权利,议会就不得不提出自己的新主张,并逐渐地掌握至高权威。经过多次改变,在"光荣革命"之前,辉格派和保王党的争论放在了主权问题上。一方将法律视为一个由神圣权利保证其存在的体系,法律的渊源消失在遥远的过去,它和历史环境无关,和人类的意志无关,它高于国王,高于掌控国事的议会。另一方则强调主权的概念高于一切法律,并且有权废除法律,只有主权者才能赋予制定法约束力,使习俗具有法律效力。君主的支持者们不断地论证着,国王在法律之前产生并高于法律,否则法律怎么会有约束力呢?他们对对手的愚蠢感到愤怒——他们竟然不承认如此明显的事实。对主权观念的新颖解释在于,那些在国王的非常规性权力方面支持国王主张的法官们所持的不同寻常的、不负责任的观点。① 他们

---

① 尤其见首席法官弗莱明(Fleming)在贝茨案(Bates' case)中的判决,参见 Prothero's *Documents*,340;贝克莱在汉普顿案(Hampden's case)中的判决,参见 Gardiner's *Documents*,46。

认为，法律在任何情况下都不能约束"主权者"，并且他们因此必须将特权的范围扩展到令人震惊的程度。正是在这个时候，主权的观念才开始将自身同习俗至高无上的信念分离开来；而这一事实又迫使所有那些对主权观念深信不疑的人将国王的特权视为整个法律体系的基础与核心，而不再认为国王特权是既有的习俗授予给国王的非常权力和任意性权威的总和。对于这些人而言，主权权力仿佛是一件新发现的利器，并且他们热衷于使用抽象的概念，因此他们使用的语言就给了他们的反对者口实，认为他们解释法律就是为了给予国王肆意、专断的权威。

主权理论可能在某些细节遭到了误解，或者并未被完全准确地掌握。然而，从政治理论的角度而言，保王派与议会派之间的争论仅仅在实际目标方面不同于下述问题，即"在何种程度上习俗会变成法律"。每一位阅读奥斯丁的读者都不得不提出这些问题，并且这些问题在近几年得到了激烈的讨论；不过，法理学的学者们是否已经就此达成了一致还是值得怀疑的。如果那些以科学研究作为自身唯一目标的思想家们就这些问题都不能达成一致，那么人们也就没有很好的理由责难17世纪那场争论中的任何一方了。"只要是主权者允许的，就是命令"这条格言的真实价值问题很可能还将继续困扰着我们。而英格兰的历史事实也已经第一次使完全的主权权力成为英格兰民族国家生活中的一种必要。主权权力最终应当归属于谁这个问题通过近一个世纪的斗争才能得以解决。无论英格兰国家的最高权威属于某个人还是某个组织，它所具有的主权权力在宗教改革时期就已经成为了一个历史事实。只有那些眼光丝毫不受传统限制的人才有足够的天赋清晰地洞察到这个事实。想象力依然被过去困扰的人则将错失发现这一变化的机会。而这一历史发展过程中真正的领导者就是坚信神圣权利的人。

通过许多人的努力，议会的全权如今毫无疑问已经充分地得到实现了，尽管这些人可能并未充分地理解主权理论的个中细节。可以理解的是，对主权观念的最初的感知首先采取的是实践而非科学的形式。对于大多数人来说，存在一个主权者的显见事实便暗示了主权的观念。在观察到事实之前，人们没有能力构造理论。因此，人们如果将目光转向16世纪的英格兰，那么他们就不可能再认为主权权力归属其他人而并非国王。有很多人像普林或托马斯·史密斯爵士一样认为，议会，而不是国王，才是真正的主权者。① 然而，大部分人意识到主权观念是因为他们似乎看到环绕在亨利八世或伊丽莎白的王冠之上的主权。正如上文所述，历史的进程促使人们认为主权权力归属于国王而非议会。对历史事实的这种理解不可避免地导致人们提升国王的地位，贬低议会与法

---

① 普林知道，自己的文章将被视为是危险的悖论。这一事实证明他的观点并未被普遍接受(Sovereign Power of Parliaments, To the Reader)。桑德森主教再次认为，单单对君主的宣誓的誓词就足以证明主权权力是属于国王而非议会的(Ussher's Power of the Prince, 前言)。在"加尔文案"中所有法官都同意的宣誓效忠具有个人性特征，这点也妨碍人们梦想议会是主权权威的实际所有者。上文引述的关于君主有可能撤销议会法律的观点同样也会阻碍议会主权观念的发展。同时，当时还并不存在帝国议会；因此英格兰、苏格兰和爱尔兰的居民是共同效忠国王而不是议会的。如果这三个国家要联合成为一个国家，只有在国王是主权者的情况下才有可能。克伦威尔的联合议会(United Parliament)使议会主权成为了一种可能。值得注意的是，在17世纪，人民主权的理论并非是关于严格的主权归属于议会的一般理论，而是关于人民权利的最终的理论。

律规则的地位。只有在这之后,那些决心捍卫议会权利、捍卫宪制古老传统的人才逐渐地形成了议会主权的观念,并在议会的特权中发现了议会全权的宝藏——这一宝藏在弹性以及理论的便利性方面毫不逊色于含混的君主特权。①

四

在政治层面上,国王的神圣权利和通俗表达的主权理论并没有多少差别。作为一种抽象的理论,主权观念是绝无可能变得广泛流行的。但是,归属某个人或某些人的主权权力作为一种历史事实却有可能引导人们构造一种理论,它远比奥斯丁,甚至比霍布斯、博丹对该理念的学术分析更容易被人们理解,也更容易在实践中产生影响。这就是神圣王权理论。存在大量的证据证明这一事实。许多最坚定地支持国王神圣权利的人宣称,类似的权利属于所有既有的政府,并且不得抵抗这种权威等于一种义务。另一方,人们发现,反对神圣王权理论的人对主权理论的攻击常常并不逊于对君主权威的攻击。此外,虽然霍布斯享有 17 世纪英格兰最早、最充分地阐发主权理论的荣誉,但是他并未将主权理论作为纯粹的科学观念加以分析,而是和他的同时代人一样主张绝对的服从义务以及在一切国家中不得抵抗主权者。对主权的分析不过是向人们反复灌输不抵抗义务这一实际做法的附属产品而已,因此

---

① 克拉伦敦探究了议会的特权是如何一步步悄无声息地提出完全主权的主张的。*History of the Rebellion*, passim.

也是神圣权利的支持者的副产品。

奥夫罗尔的《教会教务手册》(Convocation Book)明确宣称是为了支持君主制而编撰的。该书的目的是为了确认国王的神圣权利以及不抵抗的义务。然而,它实际强调的是所有既存的政府都享有这种神圣的权威。赞成君主制至高无上的观点确实都是从父权制理论中找到依据的。然而该书却认为,只要叛乱者已然建立了政府,那么政府的权威就是来自上帝。这种观点显然会颠覆不可侵犯的王位世袭继承权,也正是因此,它遭到了詹姆斯一世的极度嫉恨。① 显然,这本书的编撰者的思想是比较混乱的。不过其理论中有一点把握得足够清晰明确,那就是,所有国家中都存在某个主权权力,并且这个主权权力的权威是上帝神圣授予的,因此抵抗就是一种罪行。

后来成为"拒绝宣誓者"的希克斯在"排除法案论战"期间写作了《约维安皇帝》。然而,他却明确地主张,所有既存的政府都是源自上帝的,并且《圣经》中禁止抵抗的要求无论对于共和国的公民还是君主国的臣民都是完全适用的。

达德利·狄格思(Dudley Diggs)的作品《臣民武装反抗主权者之不合法性》(The Unlawfulness of Subjects Taking Up Arms Against the Sovereign)是一份更加强有力的证据,能够证明神圣权利理论中最重要的构成要素就是主权概念和对主权者(不论是国王还是议会)的不抵抗义务。除了一些从宗教方面对服从义务的论证以及《圣经》意象的利用之外,我们就好像在读《利维坦》的

---

① Overall's *Convocation Book*, Canon XXVIII. 詹姆斯的信在前言中。

通俗简写本。霍布斯提出的国家起源理论被明确地采纳了。作者并不认为君主制本身得到上帝的任何恩典。以《旧约》和父权制社会为基础的论证被视为不相关的而被抛弃了。① 英格兰事实上就是一个君主国,并且对一切既存政府的抵抗都是罪恶,这就是作者提出的全部观点。此外,厄谢尔(Ussher)认为,主权是自然界的必然结果。② 甚至劳德也宣称,他不会反对任何国家提出的任何政府形式。③ 尽管菲尔墨认为国家必须统一,并且这种观点导致他将君主制视为唯一合法的政府形式;④ 不过他在另外一个地方却提到,任何国家(不论是君主国还是共和国)的最高权力都只不过是源于父权的。⑤

毫无疑问,相比于《绝对君主制的真正法律》和《父权制》而言,诸如《教会教务手册》和《约维安皇帝》之类的作品对于哪些内容真正地构成了神圣权利理论这个问题把握得更加不准确。这些作品的作者的思想十分混乱。不过他们同时自认为通常也总是被认为是神圣权利的支持者。因此,神圣权利理论的本质就必定存在于这些作品的作者和更加准确地阐释了神圣权利理论的作者们都共同强调的一些观点之中。被诸如希克斯这样强硬的"拒绝宣誓者"混淆或忽视的一些观点可能至多只能被视为神圣权利

---

① *The Unlawfulness of Subjects taking up Arms*, 16.
② "事实上,有多少个国家,就有多少种公认的政府形式。""如果情况确实如此,即自然总是试图使自身得以保存,那么我们就可以正当地得出结论,认为君主的最高权威根植于自然法,同时也是根植于自然的创造者即上帝之中的。"*Power of the Prince*, 12, 13.
③ *Sermons*, Ⅲ. (*Works* Ⅰ. 85).
④ *Observations on Aristotle*.
⑤ *Patriarcha*, 23.

理论的"有机组成",而并非其主要与不可或缺的原则。①

人们曾经反复不断地试图说服辉格派理论家相信,如果不存在最高的权威,那么国家就不可能存在,而由于最高的权威是主权者,因此严格说来,它必定就是肆意专断的。如果注意到这一点,那么我们就能够更加清晰明确地看到,双方争论的真正问题显然就是主权者的问题,是合法权威的来源问题。霍布斯认为:"僭政一词不多不少指的正是主权者。"②狄格思宣称:"必须信任某个人,这是不得已的事情,因为如果你不信任一个人,你就必须信任更多的人。"③而其另一本书的主题则是"世界上根本不存在自由国家这种事物"。④ 劳德写道:"你可以以任意的方式解开结扣,但是所有人都必须服从对于某些人来说是非常痛苦的一件事。"⑤另外一位作者则质疑道:"这些叛逆能构建起什么样的国家,最终不

---

① 拒绝宣誓者莱斯利的作品最为生动形象地阐明了"光荣革命"之后的保王派理论。显然,他内心并没有对共和主义的仇恨,他只是担忧无政府状态。"在不得以任何理由进行抵抗与可以以任何理由肆无忌惮地进行抵抗之间,不存在任何中间地带。因为每个人都可以成为抵抗理由的判断者。因此争论的全部问题就在于,要政府统治还是无政府状态?"(*The Best Answer*.)"国王一词,在我看来只不过就是意味着最高的权威。"(*Best of all*.)见附录。

② *Leviathan*,392. 后面霍布斯又别具特色地继续写道:"除非那些使用前一个词的人被认为是对被他们称为僭主的人感到极其不满。"在《比希莫特》(*Behemoth*)第112页,霍布斯表明,所有的政府事实上都是不受限制的;并且他继续写道:"议会的真实含义就是并非国王而是他们自己应当不仅拥有英格兰的不受限制的权力,同时还拥有爱尔兰以及苏格兰(事实似乎能够证明这点)的不受限制的权力。"

③ *The Unlawfulness of Subjects taking up Arms*(79);另参见第43页:"所有的政府都必须将豁免权授予给某个人。"

④ *Royal Charter granted unto Kings*(Chap. XIV.).

⑤ *Sermons*,VI.(*Works*,I.180). 关于这点,参见西季威克对"对善意的承认的强制"的评论。*Elements of Politics*,623.

会堕落为僭政呢？"①确实，在共和制的混乱时期，人们可能会比较容易产生如下的观念，即议会统治要比国王统治更不容易产生僭政。"为什么一个人的意志会违背自由，而五百个人的意志却不会违背自由呢？"②这个问题切中肯綮。保王派的著作在这个问题上的论调就仿佛一位嗔怒的老师试图徒劳地教导一些故意调皮捣蛋的孩子，要他们意识到，梦想有一个完美国家，其中不存在不受法律限制的最高权力，这是多么不切实际的一件事。

然而，在对手相反理论进行的精彩阐述中，这种点体现得更加明显。洛克的论著明确地是针对如下观念的，即国家中存在某种主权权力。他意识到，立法权是最高的，然而他又承担起了一项不可能完成的任务，要为立法权设置不同种类的限制，例如尊重自由和财产权的义务，等等。③ 洛克并没有说逾越这些限制都会带来不便利，或者甚至都是普遍不公正的行为。这种情况有可能是事实，当然也是可以忍受的。但是，洛克试图证明，此类行动是不合法的。如果"立法机关"逾越了洛克为它设置的界限，它的权威就终结了，而国家也就解体了。自《改革法案》以来，也许没有哪一次议会不曾逾越洛克为议会所设置的权能界限，但是这样做并没有导致国家解体，并没有破坏国家宪制的连续性，没有破坏整个法律体系和政府。越是对洛克的著作进行深入地研究，我们就越是可以清晰地发现，洛克攻击的远不止主权观念，更多的是攻击君主制的观点。洛克对立法全权的观念深恶痛绝；但是他混淆了自然法

---

① ΕΙΚΩΝ ΑΚΛΑΣΤΟΣ, a reply to Milton's *Iconoclastes*.
② 同上，还有许多同样论调的表述。
③ *Second Treatise*, c. 11. 约翰逊的作品充斥着对主权理论的不信任。

和实证法,而这个错误可能是最极端和最反动的保王派作家们都已经避免了的。

阿尔杰农·西德尼的《论政府》(Discourses Concerning Government)以及甚至弥尔顿的《论国王和统治者的职分》(Tenure of Kings and Magistrates)几乎同样缺乏洞见。他们所假设的最终立场就是卢梭的立场,即人民主权,并且这个主权者是源于上帝因而是不可转让的。在他们看来,一切政府都仅仅是执行主权者人民的意志的官员,因此在任何时候都可以被废除掉。[①]这种观点显然也是马里亚纳和苏亚雷斯的观点,并且比通常的辉格派观点在逻辑上更加圆融,更加有说服力。

不过,这种观点也是无法成立的,因为无论在当时还是现代,没有任何国家的法律主权可以被认为是归属人民的。主权也许确实应当属于人民,但是在现代任何一个国家,这种情况都不是事实。弥尔顿和西德尼谈及主权属于人民的观点只能证明他们还没有准确地理解主权的观念。他们只不过在表达一种信念,相信人们拥有反抗残暴压迫的普遍权利。如果在否定主权存在的时候,他们没有利用对主权这一术语的宽泛解释,那么对于他们的这种信念,也没有什么好反驳的。他们认为,除非在完美的民主制中,否则便不存在主权者这一事实。这可能仅仅只是一个理想,并没有表达既存的现状。人民应当成为主权者,这是一种容易接受的观点。但是要断言人民事实上就是主权者以及人民还未被视为主权者的所有国家都不是名副其实的国家,就要犯下思想严重混乱

---

① *Discourses Concerning Government*, Chap. Ⅲ. *Tenure of Kings and Magistrates*, 14.

的错误。弥尔顿认为:"断言国王只对上帝而不对任何人负责,这无异于颠覆所有的法律与政府。"①他的这一观点在逻辑上将导致否认罗马帝国或法兰西王国的法律与政府。不过,西德尼思想的混乱更加触目惊心。在提出人民主权理论之后,他继续以一种十足的奥斯丁的口吻论证立法者的权力是不受限制的。接着,他继续写道,这种权力在英格兰是属于议会的。②西德尼的矛盾之处显而易见。人民是主权者,而聚集在议会中的一小波人拥有"不受限制的"权力——制定法律的主权权力。即便承认(除非在极其宽泛的意义上)议会能够以选民的名义统治,即便主权权力归属选民,然而选区也完全不能等同于西德尼笔下的人民。在《政府论》中还存在更严重的矛盾之处。虽然西德尼承认立法者的权力是不受限制的,但是他却依然不加考虑地宣称不公正的法律根本不是法律。

甚至原初契约的理论也足以证明民主派并未准确地掌握法律和主权的概念。奥斯丁已经证明,在没有主权权力执行契约的情况下,一份契约还能够产生约束力这种观点是完全站不住脚的。原初契约理论的广泛流行因此也许可以被当成一份证据,表明坚持原初契约理论的人相信法律拥有神圣的权威,它主要依赖于道德约束力,而不依赖于武力。只有那些本能地将法律视为先于国家而存在的人才会信赖原初契约理论,相信政府和服从的关系渊源于一份有约束力的契约。

---

① *Tenure of Kings and Magistrates*,12.
② *Discourses Concerning Government*,Ⅲ.§§21,45,46. 西德尼认为菲尔墨对主权的阐述只不过证明"他(菲尔墨)的判断是不可救药的堕落,他的心灵的本质以及他命运中的恶毒行为都是在反对理性和真理。"

五

从所有这些似乎可以看出，尽管17世纪的各个思想流派在关于法律与政府的性质问题上观点各异，但是在对法律的尊重和迫切捍卫政府权威方面根本上是一致的。法律必定是至高无上的，必须不惜一切代价阻止无政府状态。这是当时各个流派中有影响力的思想家们的主导思想。不过，一方由于对法律的尊重，他们试图赋予法律准主权的权威，并否认当前以及将来的人们有权对这些法律进行实质性改变。因为辉格派所尊重的法律是作为习俗以及和习俗难以区分的古老立法的产物而存在的。另一方则保持着更深刻的洞见。他们发现，在任何一个文明国家中，法律都不可能离开立法者而存在，并且他们由此推导出必须存在一位真正的主权者。对作为最高权威（无论是法律还是立法者）的那种权力争论双方都一致认为是不得抵抗的。毫无疑问，君主制的支持者们犯下了错误。他们将自身的理论推演到极端，将主权权力理论上的全权推演到极致；因而他们有时候便不愿意承认在现实中对限制主权者权力的重要性。他们承认对主权权力进行所谓的"内部限制"，即由性情气质和历史环境施加的限制。但是，他们的不抵抗理论禁止他们引入任何外部限制。不过，相比于他们的对手，保王派一般而言对现代国家的法律和政府有着更清晰的理解。而他们的对手则常常无法区分自然法和实证法，并且常常着迷于一个迷幻空间，着迷于为主权权力施加法律限制。

一旦人们意识到国王的神圣权利在哲学层面上只不过是历

史环境下所体现的主权理论的,那么国王神圣权利的许多最重要的观念都可以得到全新的理解。现在人们常常听说"根本法"这么一个术语,这个术语指的就是现代哲学家归入"政治的基本概念"①之中的那些东西,并且也仅仅暗示了这样的信念——如果国家是名副其实的国家,那么就必须存在主权者和臣民。希克斯将法律区分为实证法(laws positive)和帝国法(laws imperial),他的做法只不过是换一种方式表达了同样的观念;帝国法指的就是国家本质中固有的东西,它们在真正意义上的法律产生之前就已存在。

世袭继承权神圣不可侵犯是神圣王权概念中的另一项要素。或者更准确地说,它是主权不可转让这一特征的一种表现形式。无论在实践中主权不可转让这一特征的作用多么微弱,它都是同主权概念相伴相生的。毫无疑问,否认主权者有权改变政府的形式便是对主权者进行了限制。然而,除了能够执行法律的法院之外,人们几乎无法为所谓宪法的众多分支找到更好的制裁力。对于不可侵犯的世袭继承权也是如此。只要如下观点,即法院会支持世袭继承权不可侵犯的理论依然有效,那么将其视为宪法的一个组成部分就是理所当然的事情。

议会的权利仅仅只是作为君主的恩典和赏赐而由君主授予的。这种观点是国王詹姆斯思想的重要特征,并且成为他自己以

---

① Sidgwick,*Elements of Politics*,Chap. Ⅱ. 在所有正统的神圣权利的支持者们看来,都铎王朝时期改变了王位继承顺序的立法都是越权的(ultra vires),是无效的。这点是毋庸置疑的。

及科威尔博士的理论基础。后来,它就成为了保王派作家们公认的原则。这种观点事实上也只是表达了主权权力不可转让、不可分割。博丹就是这么运用这种观点的。① 他详细地论证了,王国等级会议所谓的权力只不过是主权者授予的,主权者授予权力并不意味着他自身的权力被贬损或被分割。博丹试图表明,在英格兰,议会对于新制定的法律的同意事实上并非是不可或缺的。权利或特权的颁授者可以随时收回这些权利或特权,这是一条公理。因为,主权是不可分割、不可转让的,因而任何主权权利都不可能被无法挽回地让渡。所以,人们似乎自然地就会得出结论,认为因为《大宪章》是约翰王颁授的,因此他所让渡的权力依然内在于国王之中,并且可以被收回。在历史上,君主也曾经收回过某项权利,并且君主依然在理论上拥有这些权利。人们反复提到的这些历史证据足以表明,主权具有不可分割、不可转让的特征这种观念在当时人们的头脑中是根深蒂固的。他们根本无法理解,国王为什么会失去那些曾经千真万确地属于国王的特权。②

关于政府具有神圣权威的理论,各派思想家都一致同意。大部分人都以某种形式认为不抵抗是一种宗教义务。正是主权理论使保王派作家区别与芸芸大众,并将他们同霍布斯联系在一起。因为《利维坦》不仅包含了一种主权理论,同时它还证明了君主制是最佳的政府形式,而抵抗主权者永远无法被证明合法。因此,神

---

① *De La Republique*,139.
② 《未受侵犯的君主权威》(*Majestas Intemerata*)一书鲜明地体现了这种情感。作者无法理解为什么国王会丧失那些曾经属于他的权利。

圣权利理论和霍布斯的理论之间的亲缘性就要比通常所认为的更高。

六

但是我们该如何解释信仰神圣权利的人们对霍布斯的强烈憎恨呢？憎恨霍布斯的原因是多方面的。他的哲学思想、公开的异端学说、对大学的仇恨、对亚里士多德的轻蔑（菲尔墨是十分崇拜亚里士多德的）、不折不扣的伊拉斯图主义、对纯粹的被动服从的诅咒，所有这些都有可能加深人们对霍布斯的厌恶。不过，霍布斯引起人们反感的首要和主要原因却并非这些。

首先，他的政治学说是纯粹的功利主义的。相比于不抵抗理论的敌人的作品，他的政治学说甚至包含更少的宗教约束力，而这种宗教约束力是当时人们要求一切政府都必须具备的。他的观点过于现代了，因此他的思想便和他所生活的那个时代脱离了关系。上文已经表明，在许多方面，他的政治理论和当时的政治理论之间的联系要比人们想象的更加密切。然而，在根本上，他的政治理论和当时其他所有的政治理论之间存在着一道鸿沟，这道鸿沟可比所有其他政治理论相互之间的差别深刻得多。在霍布斯生活的时代，只有霍布斯意识到，政治并非也不可能是神学的一个分支。但是，他走向了另外一个极端，并犯下了另外一个错误，将神学视为仿佛是政治的一个分支。而这个事实本身就使他不可能被那些在圣保罗中求证服从理论以及从尼布甲尼撒的视角求证君主制合法性的人们所接受。①

然而,还有更深层次的原因造成了霍布斯和其他保王派作家之间的分歧。霍布斯的政府理论是建立在原初契约的基础上的。无论多么荒谬,原初契约的观念都是神圣权利的反对者们拥有的一个明确的概念,并且是保证他们的理论得以连贯一致的根基。确实,辉格派的思想家们都或多或少不情愿地承认功利原则,尤其是洛克,而这也将他们同未来的思想,同边沁和穆勒的思想联系在一起。然而,17世纪的各种民权理论的基础并非功利,而是原初契约。而神圣权利的支持者们对原初契约的观念攻击得最为猛烈,因为原初契约表达了一种和保王派的思想针锋相对的观点。

---

① 对于霍布斯而言,宗教只不过是"王国中的一种法律",它是为了和平而非为了真理的利益而被实施的。因此,对于宗教是不允许存在争议的。教士们的义务就是单纯地宣扬"服从"。我们不能期待英格兰国教神学家会支持以这种论调写作的人。"因此,我们就可以公正地对这个黑暗王国中信仰教皇和罗马教会的作者们以及其他所有人做出有利的判决,只要他们不再向人们心中灌输如下错误的教条,即现今地上的教会就是《旧约》和《新约》中提到的上帝之国。"(Leviathan, 383)而当时无论哪个流派的理论家的信念都恰好和这种观点背道而驰;他们在《圣经》中寻找完备的政治理论。贝拉明和苏亚雷斯的主要思想就是,基督已经指定基督教教会成为最完美的政府形式,而政治理论也可以牢靠地建立在这个基础之上。《论罗马教皇》(De Romano Pontifice)的第一段就是要阐明这个观点;而苏亚雷斯也以同样的理由证明了君主制的卓越性。(De Legibus, III. 4)马里亚纳宁愿坚持更加可信的观点,认为大公会议要高于教皇,并以此证明国王应当服从共同体;尽管为了防范遭到反对派和更加普遍的教皇享有独裁权力观点的报复,他断言教皇的权力是直接来自上帝,但是他依然坚持国王的权力是来自人民。(De Rege, I. 8)类似地,人们已经证明,大部分英格兰国教神学家都认为政治建立在神学的基础之上的;例如萨切弗雷的布道词就是这种信念的鲜明证据,尤其是《论政治的联合》一文,这篇布道可比其他更知名的布道词更有说服力。"它(政府)不可能将自身建立在宗教之外的其他任何基础之上。"霍布斯将宗教与政府之间的关系对调了位置;他和其他保王派作家得出相同的观点,这点丝毫不能影响最根本的原则上的差异。

在神圣权利信仰者全部的诡辩和错误中,国家是一有机体这一特征占据着最重要的地位。而契约理论,无论是辉格派还是霍布斯主义者笔下坚持的,都否定这种观念。对于他们来说,国家只是人为创造的。而对于菲尔墨、希克斯或莱斯利来说,国家是自然生长的结果。在洛克、西德尼和弥尔顿的理论中,原初契约限制了一切政府形式,并且将国家降格为一部机械的工具,可以被轻易地摧毁,可以被重新组装。在霍布斯看来,国家机器一旦被创造出来,就必须永久地存续下去,但是,它缺乏生命的品质,缺乏内在发展的原则。根据辉格派的观点,主权者人民可以反复不断地建立国家的宪制,并且,如果人民是足够善良的人,他们都可以完全不需要国家宪制。国家事实上是一种必要的恶。17世纪的民权理论是希尔德布兰德赤裸裸地表达过的观念的遗留,即国家是由于人类内心的邪恶而导致的堕落状态的后果。这种观点曾经被阿奎那暗示性地提到过,并且在所有教皇派作家中或多或少都有所影响。[252]这种观点和神圣权利支持者们的观念相去何止千万里。政治社会对于人类而言是自然的,因此政府和服从就是人性的必然。无论是毫无批判地诉诸《圣经》,还是诉诸父权制理论,或者诉诸过去的历史,所有这些做法都是为了证明一种鲜明的思想,即国家并非是人为的造物,相反它是自然的机体;只有承认国家自身具有与众不同的发展法则,人们才能找出解决国家问题的明智方法;并且国家的发展法则不能像一台机器一样被对待,修修补补。民权理论的逻辑前提就是将国家视为从民众意志中产生的毫无生命的造物,它缺乏生命力,缺乏情感,也缺乏传统。没有任何政府理论像洛克的政府理论那样远远地背离了生活事实,在这方面洛克和菲尔墨之间的差异统统都有利于菲尔墨。在菲尔墨的理论中,确实也存在一些不切实际的东西,这些东西在许多更不知名的神圣权利支持者们那里是不存在的。但是毫无疑问,信仰神圣权利的人们所使用的论证方法要比他们的对手所使用的论证方法更具有历史性。莱斯利的许多作品就以强有力的反讽与理性力量阐释了这种差异。甚至菲尔墨的理论也是建立在如下观念之上的,即对于人类而言,一直以来都存在着的事物必定就是自然的,具有神圣权威,因而是不可变更的。

此外值得一提的是,神圣权利的支持者们和他们的对手还有一点不同,即他们更加接近真理。因为在教导毫不动摇地不抵抗最高权威方面,双方是一致的;因此,根据现代的观点来看,双方都是错误的。双方都不承认被现代人普遍认同的叛乱的神圣权利。双方都利用了一些不加批判的论证方法,并误解了《圣经》或者有意回避《圣经》。同时,神圣权利的支持者或至少其中大部分人都并未认为君主制是唯一合法的政府形式,所有的共和国都应该改变它们的政制。双方都并未坚持功利主义的政治理论。也许在民权派中,人们会发现某个理论家在教导功利主义的服从理论;而在保王派理论家中,人们也会发现某个理论家认为上帝只保护君主制这种政府形式。但是,这些都并非普遍的情形。针对那些没有意识到法律和主权真实本质的人,保王派作家一针见血地指出,在任何国家中都必须存在某个高于法律的最高权威。针对那些认为国家是依照一份不可能存在的契约而产生的人为造物的人,他们主张如下深刻的真理,即政府对于人类而言是自然的、必需的。国王的神圣权利表达了"人是政治动物"(Φύσει ἄνθρωπος ζῷον πολιτικόν）这一政治思想的终极真理。我们应当引以为豪,因为我们最终意识到国家是有机的这一真理,并且还应当热情地为奥斯丁以及其他一些现代的法理学者欢呼,他们清晰地阐释了法律与政府的概念。因此,我们根本没有任何权利吹毛求疵地指责那些曾经阐释了相同真理的人。他们反对已经不再切合实际的法律理论,反对虚幻、荒谬的政治理论（这些政治理论在虚幻和荒谬程度上仅仅逊色于卢梭的理论）。确实,和这些观念得以表达的形式相关的那种秩序早已不复存在。但是,正如为了反对卢梭对人类的权利、自然的平等、人民主权的絮叨,我们今天依然十分尊重柏克的辩才,那么我们又有什么权利指责菲尔墨或者莱斯利呢?柏克主张国家宪制的生命具有历史的特征,强调国家是有机地生长的,强调情感与"偏见"的价值。而菲尔墨和莱斯利则同样不失真实地反对洛克,他们认为,人类非但不是生而自由的、平等的,相反他们生来就是奴隶,因此政府深深地根植于过去的历史,而国家也拥有任何人都不能轻易触碰的生命。

最后,神圣王权理论还是某种人类感受的表达形式。人们感受到,促使人类参加政府的并非对于政府功利性的信念,而更需要某种道德情感和良心的纽带。柏克感受到了同样的需求,他的雄辩之辞至今依然环绕在人们的耳旁。他知道,在促使人们效忠于政府方面,情感和传统的影响力要比利益的计算更有力,而且如果国家只能依靠功利的诉求而要求人们支持,那么没有任何国家的宪制会是稳定的。他毫不掩饰地认为,习俗的躯壳（dead weight）,即"偏见",是所有国家都应当掌握的武器。因为他感受到,情感的纽带必定能够为文明的理性增添力量,使其获得更加持久的支持。而神圣权利理论以适合于 17 世纪的形式表达了同样的真理。因此,既然人们都愿意对上世纪这位伟大的思想家致以谢意,那么我们也应当对那个时代的那些人致以更加隆重的谢意。同样,我们丝毫也不应当吝于给予这场论战(我们今天都正在享受着这场论战的成果)中的主角们应有的地位,虽然他们的基本原则是通过从这些基本原则中衍生出来的实践准则的失败而获得最终胜利的,虽然他们的论证方法缺乏迷人的说服力,虽然他们的修辞风格缺乏使爱德蒙·柏克获得不朽桂冠的尊严气质。

卡莱尔写道:"所有有效的权威都必须具备一些神秘主义的条件,这是不折不扣的真理。"①关于将人类团结在一起构成统治与服从关系的纽带的真实本质,菲尔墨、莱斯利和萨切弗雷也许比现代的评论家或议会议员具有更深的洞见。在某种意义上,"人类的忠诚将在人类的心中永恒地生长着",②而且必定总是作为社会的基础而幸存下来,且出于良心的服从最终将成为政府的主要支持力量。③ 相比于现代政治中琐碎的陈词滥调,在一定程度上,国王的神圣权利表达的社会和国家方面的真理更加深刻,更具有普遍意义。

---

① *French Revolution*, II. 2.
② Cardinal Newman, *Letter to the Duke of Norfolk* (80).
③ "没有法律就没有任何稳定性;而如果人们不是出于良心服从法律,那么法律也不会有约束力;仅惩罚是无法,也永远不可能使法律有约束力的。"Laud, *Sermon* IV. (*Works*, I. 112).

第十章　结论

通过前文的考察，可以得出结论认为，无论在重要性还是价值方面，神圣王权理论都并非卑躬屈膝的教会倔强地灌输的完全荒谬不经的观点。它反映了人类本性最深层次的本能，因而才能够变得流行。神圣王权观念将医生的圣洁崇高、人类原始的忠诚的祭司特征、[1]罗马皇帝的崇高神圣性以及也许还有护民官的神圣性融汇于一身。不过，神圣权利理论更多地要归功于基督徒共同的服从的情感；并且它在早期基督教教会的实践与理论中最为有效地发挥了作用。一直以来，服从具有神圣权威的政府的情感都作为一种模糊的观念存续着。后来教皇才决定为了自己的利益而利用这种观念。教皇的图谋导致人们开始考察在这个问题上普遍流行的一些准则的价值，并强调世俗政府具有的独立权威。这就产生了神圣王权理论。究其实质而言，它是一种自由理论，强调政治社会享有不受教会组织控制的自由的理论。

这项理论作为强调世俗国家独立性的反教皇理论而发挥了最

---

[1] 这种感情在17世纪都并未消失。可以通过查理一世口中的如下文字得到证实——当他的牧师否认他的君主至高权威的时候，查理一世说："也许，否认我的权威的人们也必须充分地承认，我是作为上帝的祭司履行我的职责，而不仅仅是作为人类的君主。我确实认为，这两项职务——王权职务和祭司职务——是完全有可能由同一个人担任的，因为在过去，它们就被统括在一个名称之中，被融合在长子继承权之中。"(*Eikon Basilike*)这种情感在当时是相当普遍的。

大的价值,并实现了最引人注目的功能。教皇提出,他享有由神圣权利授予的主权。为了反对教皇的主张,人们就必须提出国王也享有主权,并且国王的主权丝毫不逊色于教皇的主权。因此,神圣王权理论便是一种反教皇理论。然而,由于它直接针对的目标是教权政治理论,因此不可避免地,支持或反对这项理论的人主要都是教会神职人员。并且,这项理论采取的形式是获得成功的必要条件。要是人们将拒绝授予教皇的主权授予给了议会而不是国王,那么这项理论就很难说能获得成功。为了对抗历史悠久、光辉灿烂的教皇权威,确立其他比王权更低级的机构的主权地位都将徒劳无功。当然,这种目标也不可能在想象中实现。它也有可能会变成不合时宜的事物。如果某个国家挣脱教皇枷锁的力量纯粹源自民众,那么它在摆脱对教皇的效忠之后又只能被另外一种同教权政治相当的势力控制。这种势力在目标上和教皇的主张如出一辙,有时候甚至比教皇的主张更加残暴。在16世纪,如果某个国王有实力能够摆脱教皇的枷锁,又无需使国家落入另一种教会权威的手上,这是十分幸运的。当然,也只有国王才有实力对抗教皇。

此外,我们发现,神圣王权理论还是中世纪政治向现代政治过渡的必然转折。神圣罗马帝国时期所表达的政治概念和现代人们看待政治和神学的关系是存在天壤之别的。神圣罗马帝国时期的政治观念认为,神学是政治理论的渊源,国家是基督王国的一个方面。而现代人则认为政治和神学相互之间没有什么关系。如今,政治是全然世俗的。即便在某些地方,宗教作为一种情感介入到政治中,人们也无法期待神学能够解决政治问题。政治理论都变

第十章 结论

成功利主义的，尽管这种转变在多大程度上是一种进步或者功利主义政治是否能够永远存续都还是一个悬而未决的问题。无论如何，如今功利主义已经以某种形式统治着政治思想。但是，功利主义要取得今天这种成就必须经历一段漫长的发展阶段和斗争阶段。在政治生活能够将自身从某种也许可以被称为神权政治的阶段解放出来之前，它必须为自己主张拥有同神学平起平坐的权利。人们必须主张，在人类发展的历程中，政治发挥了适当而必要的功能，因此政治的独立存在必须具有和神学科学或教会组织同等的地位，政治仿佛是为了人类的利益而制订的神圣计划中的一部分。由此就产生了如下的主张，即国家是一种真实的理念的实现，并且在世界上拥有一席之地。教皇派作家们直接或间接地否定了这种主张，因此这种主张只能通过神圣权利理论加以表达。因为只有当这项主张是通过神圣权利提出的，它才能在现实中有效地对抗教皇提出的主权主张，教皇认为自己作为上帝代理人，可以驾临于所有国王和君主之上。因此，所有支持神圣权利的人都至少必须提出如下的主张，即世俗政治是完全得到上帝恩准的，并且政治组织无论是依据上帝的准许还是依据教会人士的观点和教会法的规则都享有同等的权利存在。

在中世纪，思想的各个领域都被视为从属于神学的，神学的方法阻碍和窒息了科学、艺术和文学的自由发展。宗教改革主张人类的精神应当自由地在各行各业的研究与活动中驰骋，它使人们意识到真理是不可能自相矛盾的，并且各行各业的劳动成果只要通过适当的方法，并确立起有价值的目标，最终都能够被统一在一起。

因此，在政治领域中，神圣王权理论的兴起和流行仅仅是类似的现象。神学试图不合理地控制着政治，并且将人类置于一种非哲学的基础之上，用一种毫无批判性的方法对待人类。

逃脱传统方法所设置的阻碍的唯一办法就是从旧的、以《圣经》为基础的观点中引申出结论，并通过传统的引用《圣经》的方式证明政治必须从神学中解放出来，而且教会必须放弃控制国家的一切图谋。宗教改革的作用就是在思想的各个领域中将人解放出来，使研究工作不再单单依靠一种方法，不再单单为了实现唯一的目的。在政治领域，这项成果的实现只能首先通过为非神学的政治观点要求神学的约束力。只有当这项成果得以实现之后，政治才能够自由地发展出纯粹以哲学或历史为基础的各种理论。在这之前，人们就不能停止为政治寻找《圣经》的权威，或在《圣经》中寻找到理想政府的典范。只有当神圣权利理论完成了自己的使命，将政治从中世纪的束缚中解放出来，政治才能够步入现代的阶段，而神圣权利理论自身在这时才会变得过时。

此外，中世纪的无政府状态似乎也在人们的思想中形成了一种迫切需要法律与服从之义务的感受。再者，宗教改革和其他一些因素已经使得国家的立法活动变得极其活跃，习俗或教皇或封建体系对国家行动所施加的限制已经被普遍地解除了。因此，主权理论就成为对历史事实的必然表达，并且人们必然意识到，法律作为主权者的命令而拥有自身的权威。上文已经证明，王权的支持者们与民权的支持者们之间展开的政治论战最主要的一点就在于，他们是承认还是否认这些事实。

造成王权支持者和民权支持者之间分歧的另一个主要原因在

第十章 结论

于他们对国家的不同理解,即国家到底是人为的造物还是历史的造物。神圣权利的支持者们教导说,国家是一个鲜活的有机体,它有着特色鲜明的生长习惯;这些习惯不能被忽视,必须加以考察。他们的反对者则坚信,国家是一台复杂的机器,能够被西哀耶斯们(Abbe Sieyes)拆解和重新组装。

此外,神圣权利理论似乎实现了自身的目标。教皇的政治主张已经不复存在。无论罗马是否已经严格地放弃了自己的主张,至少最狂热地支持教皇权力的罗马天主教徒如今也不再会将世俗的最高权威作为自己的目标。如今,梵蒂冈依然会对世俗权力提出要求,但它不可能再主张对所有君主享有最高政治权威。教皇废黜君主的权力以及教皇全权的理论不仅仅未获得支持,而是消失得无影无踪。现代的教皇主义者连做梦也不敢提出这些权力主张,而即便有人提出了这些主张,也没有任何一个罗马天主教国家敢承认它们。长久以来,人们都认为,教皇永不犯错的主张不应当削弱世俗的效忠。① 此外,一些现实的因素(其中同苏格兰的联合可能是最重要的因素)也将另一个教会组织的主张削弱到最低。这个教会组织和罗马教会如出一辙,试图将国家更加严密地掌控在手中的权力。世俗政府的全权如今在全世界都是一个不争的事实——除了一项例外。从教会通过神圣权利提出的要求教会自由

---

① 见 Cardinal Newman's *Letter to the Duke of Norfolk*; *Life of Cardinal Manning*, I.399。

也许教皇对布兰登堡没有经过自己的同意就被选举为国王的抱怨是教皇最后一次主张世俗的最高权威,当然除非拿破仑的加冕也能够以这种观点理解的话。(Lamberty, *Mémoires*, I.383)

（即意味着最高权威）的主张中产生出了宗教宽容的原则。这一原则在实践中对国家的行动进行了限制，因此，单单通过这一原则，无需主张教会的至高权威就可以实现宗教信仰自由。

就宗教改革的政治层面而言，国王的神圣权利不仅是有用的也是必要的。这点能够得到许多证据的明确证明。这点可以通过如下的事实加以证明，即与教皇的主张进行的论战在早期所采用的理论表现形式和16、17世纪的理论采用的形式并无太大差别。随着"复辟"的完成，长老会统治英格兰的最后机会也不复存在了。"光荣革命"最终消除了所有来自罗马的危险。只有在这个时候，神圣王权理论才不再有用。事实上，从这时候开始，神圣王权理论开始从一种带有实践目的的理论转变成一种感伤与哀婉过往时光的浪漫信念，并且它在神学和政治中散失的价值也许就体现在文学中了。我们可以看到，那些曾经赋予神圣权利理论政治价值的重要原则也许实质性地流传到柏克的思想中，并且在柏克的思想中发生了形式的转变。由于宗教宽容和解放天主教徒的立法，这些对立理论的存在理由（raison d'être）也便不复存在了。另一方面，一旦英格兰完成了自己的使命，为人们合理地证明了"光荣革命"的合法性，原初契约的观念也就开始消失，让位于纯粹功利主义的政治理论——通过边沁的影响而占据主导地位。

神圣权利理论并不是由于荒谬不经而是由于它已经完成了历史使命而不再受人欢迎。正如人们在"光荣革命"时期有充分的理由不信任这种理论一样，人们在1598年或1660年也同样有充分的理由不信任它。当然，正如帕森斯（Parsons）的论文所表明的那样，有些作家甚至在更早的时期就已经了解到了神圣权利理论。

第十章 结论

国王的神圣权利不再具有现实的重要性,这并非由于这种理论是荒谬的,而是因为它所教导的教义已经变得不再必要了。转折已经完成。国家的独立性已经得到了保证。政治已经有充分的理由证明自身是自然秩序的一部分,它不再需要神学的证明。

此外,如果单纯地考察神圣王权理论的政治层面,那么它所包含的概念已经成为我们共同的遗产。国家是一个有机体以及服从法律是一种义务的感受就产生了今天的"守法公民",同时也塑造了英格兰人的性情,使他们厌恶暴力地同过去决裂——而后面这种性情已经成为英格兰与众不同的光荣:

> 由此自由开始一代代地
> 缓慢地积累、扩大

正是由于神圣王权理论,英格兰的革命是历史中最和平的革命,并且英格兰宪制的延续性丝毫不曾被打断。在现代人看来,詹姆斯二世的"弃位"肯定只是一种拟制,其虚伪的性质显而易见。然而,"弃位"这个术语起到了一种担保的作用,它保证英格兰王国过去的法律与习俗依然能够得到保留,保证英格兰民族生命有序的发展而不会被大洪水中断。"弃位"可能是一种谎言,但它所表达的情感却无疑是正确的。

此外,不抵抗理论也只产生了有益的结果。如今它确实已经被功利主义的服从理论取代了。尽管功利主义的服从理论可能是正确的,但很可能比被动服从理论带来更大的风险。现代的政治家们会轻易地将不抵抗理论视为毫无意义的说教。然而,大部分明智的思想家们都承认,只有在最极端的情况下,抵抗才能被证明是合法的。也许人们可以将服从法律的原因归于服从法律能带来的利益,但是没有任何人会认为服从法律所导致的任何不利就可以成为不服从法律的理由。如果国家的稳定想要得到保证,那么服从法律是一种义务的感受就必须广泛地存在。这点毫无疑问。我们都非常愿意承认,"武力是于事无补的"。因此一般而言,某种效忠的情感就是一切政府繁荣和安全的必要条件。那么,我们又有什么理由谴责那些宣扬不抵抗理论的人呢?他们只不过在表达和如下格言相一致的一些观点,即人们不应当仅仅由于恐惧而服从法律,更应当发自良心地服从法律。一位现代的思想家曾经表明,法律和政府不应当仅仅依靠军事武力,还应当需要其他一些约束力。因此,只要人们认同"刺刀无所不能,唯不能坐在刀尖上"这一格言,人们就没有任何理由因为劳德表达了如下的观点而谴责他:"没有法律就没有任何稳定性;而如果人们不是出于良心服从法律,那么法律也不会有约束力;仅靠惩罚是无法也永远不可能使法律有约束力的。"① 只有服从被深深地铭刻在被统治者的心灵之中,政府才能相应地发挥其功能。而如果缺乏忠诚,法律也不过是无用的摆设。17 世纪的人们在强调所有的抵抗行为都是应当受到谴责的时候,他们所要表达的也就是上述这两项真理。他们确信,任何形式的政府都要比无政府状态好得多。在他们看来,相比于无法无天的状态,暴政都是更加值得支持的。尽管现代的情感偏向于相反的观点,但是他们的理论仍然并未被反驳。无论人们

---

① Laud, *Sermons* (*Works*, I. 112).

第十章 结论

是否认同如下的观点,即无论独裁者施行多么残暴的统治或者民主制实施了多么压迫的行动,它们都不能使抵抗国王成为一种权利,或者使抗议议会(或者郡委员会)成为一项义务,但所有人都会一致认同的是,广泛存在的服从法律的情感对于国家的稳定而言是不可或缺的。因此,可以理解的是,大部分人都将抵抗法律(无论多么不公正的法律)视为被道德法则实际禁止的行为。即便存在一些"抵抗的情形",最好还是把它忽略掉。

因此,除了神圣权利理论,很难再想象出一种能够更加有效地表达这种观点的方法了。如今,人们已经广泛地接受了以纯粹的功利主义作为服从的基础,它在将来是否会导致巨大的危险还不得而知。英格兰人应当感到庆幸,因为在忠诚的纽带开始松弛,人们开始倡导叛乱合乎道德的时代,在大部分英格兰人的心中依然存在着一种对于法律的尊严和服从的义务的深刻感情。这种情感就是国王神圣权利的信徒们遗留给我们这个时代的珍贵遗产。[*]

这里并不是要认为,神圣王权的信徒们不曾犯下过严重的错误,也不是要认为,世袭继承权不可侵犯的理论是永远正确的,或者它如今依然有效。毫无疑问,对于君主特权和议会全权,都做出了过高的评价。这里只是要认为,神圣王权理论发挥的主要作用是好的,并且是有效的。保王派的错误在于,他们试图将一项仅仅适用于特定条件下的理论变成绝对而普遍的理论。他们没有看到,尽管君主制比其他任何政府形式都有更强有力的理由主张自

---

[*] 从下一段起至本章结束的内容在第二版中被删除,仅见于第一版,一并译出供读者参考。——译者

己是一种神圣的制度,但是君主制依然不能被荒谬地变成普世的。他们许多人都无法意识到,君主制只不过是政府形式之一种。为了反驳一种宣称以永恒的原则为基础的理论,他们也过于迫切地要找到不受历史环境影响,同时也不受时间限制的、确切的、永恒不变的政治原则。

不过,他们的对手也犯下了同样的错误。虽然他们抛弃了神圣权利的名称,但是他们在自然权利理论中依然保存下了神圣权利同样的主张,即发现了一种确切的、永恒不变的政治原则——不可转让的自由和上帝赋予的平等。这种观念从洛克一直流传到了卢梭,并且在今天依然广泛流行。然而,从这项理论的历史中得出的主要的实践教训却是一切政治理论都具有相对性。政治理论是历史环境和民族特性的产物。它们必须随着环境的改变而改变。即便将它们推演到极端,并且将它们视为是万世不变的真理,它们也不能因此而永恒不变,更能适应新的历史环境的新理论将取代它们。一项理论在过去曾经主张具有普遍的有效性,但是自从其被抛弃那一天起,这一事实就将成为它之前为人类做出的贡献都被遗忘得一干二净的原因;因为只有这项理论显而易见的荒谬性才能使其在人们残存的记忆中赢得一席之地。人们一直以来都试图将某场特定斗争中暂时性的制度变成永恒的真理,但都失败了。如今,人们发现,神圣王权理论既无法正当地主张成为抽象的真理,也无法主张它依然在发挥效力;但是人们不应当忘记,神圣王权理论曾经也是一股力量,不应当将一项不再可信的信念当成仿佛从来不可信的信念。政治是相对的,因此当人们将理论体系建立在永恒的原则并为其主张普世的权威时,他们就离悲剧不远了。

至少，我们可以从神圣王权理论中吸取很多这种教训。

我们还可以得出另外一项实践性的结论。17世纪的思想家们试图将他们的政治建立在神学基础之上，并充分利用《圣经》，仿佛它就是一本关于法律和政府的论著。有很多理由可以解释他们的做法，并且他们的错误很可能是不可避免的。但是，他们确实犯下了错误，并且确实失败了，并且他们的错误与失败已经成为他们遭受不应得的侮辱和嘲弄的口实。那么，我们还有什么理由能证明，当下人们试图在《新约》中为社会组织寻找到真正的思想基础，以及将新秩序[工联（Trade's Union）将永远取代资本主义]建立在登山宝训（Sermon on the Mount）基础之上的做法能够获得更大的成功呢？

盛开的亚伦之杖或 1646 年的神圣权利

要是你有幸来到 1646 年底的威斯敏斯特,聆听那里的辩论,就会听到许多议会议员讨论一个神圣会议的问题,那么你一定也有机会听到他们关于神圣权利的高谈阔论。不过,这种神圣权利指的是什么呢?现代的读者一定会回答说,指的是国王的神圣权利。不过,尽管这个答案可能是正确的,但很可能也是错误的。因为,人们只是无法确定,他们争论的主题是确认占统治地位的长老或长老会其他人的神圣权利,反对那些仅仅由于一时权宜而赞同长老会的人,还是要否认整个团体的有机联系。这点正如罗伯特·贝里(Robert Baillie)早先抱怨的那样:"他们所有人都准备谨慎地承认长老,不过在我们看来,这是一种极其危险与不幸的方式,因此应该完全被否决。最后,我们达成了一项相互矛盾的大杂烩,所有人都沉默地接受了他们神圣的、渊源于圣经的制度。这是影响深远的一点;尤其在独立派方面,我们遭遇到了最大的困难;我们希望不要仓促地进行干涉,除非依照上帝的命令,发动我们的军队,并且期待我们的军队能够极大地支持我们的主张。"[①]这段文字写于 1643 年。不过,1646 年《庄严联盟与约法》(Solemn League and Covenant)的事项才接近实现。对于《庄严联盟与约

---

① Baillie's Letters, II. 111.

法》的支持者们来说，非常不幸的是，最后是"新模范军"而非皮姆（Pym）招来的苏格兰人的军队赢得了胜利。同时，在议会的势力处于最低谷的时候，皮姆同苏格兰人缔结了联盟；苏格兰人（正如贝里所言，出于"虔诚的盟约"）用《庄严联盟与约法》的条文约束英格兰，希望实现三个王国宗教与教会管理方面的统一，希望依据上帝之道①，依照改革教会的典范，对英格兰、爱尔兰的宗教教义、崇拜形式、纪律约束和教会管理方面进行改革。因此，只要条约有效，苏格兰人就有理由期待在英格兰建立彻底的长老会体系。名义上，通过 1645—1648 年制定的一系列法令，他们确实做到了这点。这些法令建立起了《公共礼拜程序大全》，禁止公祷书，并要求建立整个长老会法院体系，虽然这些工作都是在议会管控之下进行的。一旦主教制和公祷书被铲除了，议会一方就不再有棘手的敌人。但是，就严格的长老会教义来说，情况就完全不同了。苏格兰是外国，并且并不全然站在清教一边。清教派遭受到"法定"教会的反对，它决心看着宗教完全由一个外国的势力控制，这个外国势力并不比曾经的教皇制拥有更大的权利。除此之外，议会中还存在一股强大的世俗势力。诸如塞尔登（Selden）这种坚定的伊拉斯图主义者，决心绝对不让个人完全地服从任何的教会权威。据称，长老会体系会侵犯世俗权威，并且会威胁到国家自然的自由。此外，还有一个很重要的事实，即独立派。正"支持神学家们的主张"的军队是费尔法克斯（Fairfox）和克伦威尔的军队。独立派和

---

① 这一条是由韦恩（Vane）插入进去的。人们认为，通过插入这项条款，韦恩戏耍了苏格兰人，确保了英格兰的安全，防止英格兰完全采用长老会模式。

长老会之间在理论上横亘着一道鸿沟,它要比长老会与主教制之间的鸿沟更加宽广。公理会派的理论主张人民主权的理论。它受到严格的长老会教徒的厌恶。在公理会派的理论看来,基督教民众全体都是基督使命的对象,而长老会理论的贵族色彩一点也不比主教制的弱,也就是说,长老会认为,政府的全部权力都掌握在官员们的手上,尽管这些官员,即长老中的有些人,是在俗之人。用后来的术语来说就是,人民和教会的法律没有任何关系,他们只能服从法律,就像今天从教皇到教士的许多人都会这么说一样。再者,长老会教义坚定地相信一个有机的教会王国,这个王国有着等级森严的法院体系,包括堂区法院、长老监督会和长老会法院。

270　　"这不仅是由上帝的实证法律保证的,同时甚至也是由自然法保证的。教会是人民的集合,他们并非自然的法外之徒。可见的教会是一个教会的政体,它是一切政体中最完美的;其他政体中一切杰出的优点都融汇在教会政体之中。在教会与共同体政府共同的事物以及在两者之中都具有共同用处的事物方面,教会是非常类似于共同体的政府的。自然法要求共同体拥有各式各样的法庭,要求更高的权威可以凌驾于更低的权威之上。"但是独立派否认这点。独立派认为,每部分会众都是一个完整的教会。在这个范围之内,它承认占主导地位的长老的神圣权利以及革除教籍的权利。但是,它不承认一个教会服从于一个团体。独立派并不像某些人认为的那样,主张个人的自由;但是它主张每个教会都享有主权;并且它认为,掌握权力的不仅仅是教会的官员们,而是教会的全体成员。它同样也强调同世俗权力的独立,不过它认为,每个教会会众至多只有要求宽容的权利。无论如何,正是由于他们不同意宗教大会的决定,某些教会领袖最初就被称为不从国教者(Dissenters);这个术语不同于更早的不信国教者(Non-Conformist)。正如贝里抱怨说:"这里的独立派发现,他们在这里的官员们[①]都不像那些在新英格兰的官员那么顺从,因此,他们就对这些官员口诛笔伐,剥夺他们用来对付那些邪恶异端的一切权力。"

最后,尽管长老会体系是由议会的权威建立起来的,但是它也仅仅在这点上允许向世俗权力上诉,而这点又是纯正的长老会(blue Presbyterian)极其厌恶的。

此外,由于英国人讨厌"神圣的训导",这也阻止了长老会体系在共同体中的运转。独立派同护国公也能和谐相处;克伦威尔的口号是普遍的宽容,当然除了宽容教皇制和主教制。克伦威尔将这种存在例外的宽容确立为"根本法",并且体现在《政府约法》(*Instrument of Government*)和《恭顺请愿与建议书》(*Humble Petition and Advice*)中。

无论在细节还是在原则方面,这场争论都意义重大。它几乎涉及有关神圣权利讨论中的一切主题。尽管在政治理论的读者们看来,这场争论似乎主要是神学方面的,不过仔细考察之后会发现,这种看法是不对的。因此,如果读者们一开始可能会对相关问题讨论的相关性存在疑惑,我要请求你们的原谅。

首先我们可以看一下几本书的封面。这些封面或者信息丰富

---

① 官员在这里和在整个 17 世纪一样,代表的都是最高世俗权威。

或者相当简洁,和那个辉煌世纪中的许多书的封面一样。我选取了三本书,分别是某几位伦敦牧师所写的《神圣权利》(Jus Divinum)、萨缪尔·卢瑟福特(Samuel Rutherford)的《神圣权利》(Divine Right),以及乔治·吉尔斯比(George Gillespie)的《盛开的亚伦之杖》(Aaron's Rod Blossoming):

"论教会政府的神圣权利(Jus Divinum Regiminis Ecclesiastici),根据《圣经》中(除了在前言之后特别提到的几处)上帝之光的启示,由《圣经》主张并得其确证。

一、确定了神圣权利的性质;

二、描述了拥有神圣权利的教会政府;

三、对教会政府各个分支的描述得到了解释和确认;

四、提出了教会检察官、官员以及主导的会议的神圣权利。

根据《圣经》,长老会的教会政府由布道与长老会长老治理,包括堂区法庭、长老监督会和长老会会议,它享有千真万确的神圣权利;这些都是显而易见的。由伦敦城众牧师著。"

另一本书的封面写道:"教会政府以及革除教籍的神圣权利;在仪式以及教会政府中对《圣经》的完美展开和平的争论,在这些仪式上废除祈祷书是正当的。包括以下六卷:简要地考察了伊拉斯图反对革除教籍的理由,对这位伟大的神学家进行辩护;贝扎(Beza)反对伊拉斯图的指责,威廉·普林(William Pryn)、里奇(Rich)、胡克、默顿博士、杰克逊博士、约翰·福布斯博士(Dr. John Forbes)以及阿伯丁的各位博士的观点;有关自愿的礼拜仪式、庆典仪式、树偶像、偶像崇拜、无关的事物、可变更的政府;官员在宗教事务方面正当、合法的权力,以及普林先生提出的支持伊拉斯图的一些观点都得到了适当的讨论。除此之外，还包括对丑行的简要讨论，对阿伯丁诸位博士们提出的一些新理论做出回应。萨缪尔·卢瑟福特著。"

最后一本书的封面写着："盛开的亚伦之杖；已经得到证明的教会政府的神圣权利，最近伊拉斯图主义者关于世俗政府与教会政府之间区别、革除教籍以及搁置法律的争论，我们从《圣经》，从犹太以及基督教的古代史，从后世作家们的一致意见，从官员们的真实性质和权利等方面对其进行了充分的讨论与论述。我们论述了，人们提出的认为长老会教会政府拥有不受限制、肆无忌惮的专断权力的反对意见是毫无道理的。爱丁堡牧师乔治·吉尔斯比著。

因有一婴孩为我们而生，有一子赐给我们，政权必担在他的肩头上。（《以赛亚书》9:6）

让那些胜任统治之职的人享有双重的荣耀。

先知书的精神服从先知，因为上帝并非混乱的始作俑者，而是和平的缔造者。

奥古斯丁，驳多纳图斯教徒，第四章。

不要用强力或没有耐心掩盖罪恶，否则有耐心时就会破坏团结。

授权出版。"

现在，我们引述敌对阵营鼓吹手的一段话。诺维奇的科尔曼（Coleman of Norwich）先生在下院的每月斋戒活动中发表了一篇名为"被阻拦与破坏的希望"的布道；这篇布道很快遭受众多的批评，并成为争论的焦点。布道中的文段既印证了他自己的观点，也印证了他所反对的观点。例如,"除非是上下级之间的政府,否则我从来没见过在一个国家中能和谐共存两个政府,并且据我所知,在圣经中,也根本不存在这种事情"。他详细讨论了教会权力对世俗权力提出的过分主张,就像保罗五世(Paul V.)在争论中对威尼斯共和国提出的主张那样。并且,他认为,长老会的主张也暗含了类似的危险:"你们也许会说,这太言过其实了,但是,如果真的像他们那么强调神圣权利,我们就必须阻止他们。"接着,他继续提出了任何时代真正的伊拉斯图主义者都会提出的观点,即世俗官员是教会的统治者,教会和国家只是一个社会的不同方面。

"作为真正的基督教官员,他必定是教会的统治者;事实上,并非所有官员都是基督徒,不过,这是他们的错;所有官员都应当是基督徒,并且当他们成为基督徒的时候,他们就要在基督的引导下并且为了基督履行自己的职责。基督将政府安置在他的教会中;除了公职文官(Magistracy)之外,我无法找到其他种类的政府官员,而公职文官,我确实能够在《罗马书》(第八章)中找到。我发现,一切政府都被授予给基督,授予给了作为中保的基督。基督也作为那些被授予给教会的官员的首领。想要剥夺基督王国的统治权及其官员,这种亵渎行为,我是永远无法原谅的,不,绝不会原谅,因为官员都是属于基督的。"①

另外一位作者问道:"为什么要拒绝给与共和国教会的称谓和特权呢?"

在《神圣权利》中,作者也从对立的角度阐发了相同的观点:

---

① *Hopes Deferred and Dashed*, pp. 26, 27.

"要是人们不承认这两种社会,即教会和共和国,事实上并且在本质上是彼此不同的,那么就会产生极其荒谬的推论。那么,真正的共和国也就是教会,而真正的教会也就是共和国。那么,教会和共和国就是可以互通的术语(termini convertibiles)。那么,在名义上(eo nomine)属于共和国的一切成员也就成为了教会的成员。那么,真正的共和国在形式上就和教会没什么两样,它是基督的神秘身体。那么,教会的官员也就是共和国的官员,天国钥匙的权力赋予他们行使世俗宝剑的权利,因此,宣扬福音书的牧师,依其本性也就是治安法官、法官和议员。所有这些推论有多么荒谬,还是交给世界去评判吧。"①长老会实质上所反对的也就是这种将教会和共和国混同在一起的主张。

在《为基督徒官员请愿》(*Plea for Christian Magistracy*)一书的结尾处,威廉·胡塞(William Hussey)提出了伊拉斯图主义的观点。"让我们想想下面的一些问题:

一、基督授予给神甫们的职能是否比包含在布道和洗礼中的职能更多? 否。

二、基督是否已经将任何政府授予给了教会? 否。

三、信仰福音的共和国是否就是可见的教会? 愚蠢至极(Ass)。

四、此种正当组织而成的共和国中的任何成员,当其同意制定世俗法律的时候,他自己是否可以在有关良心的事务方面可以不受这些法律的约束呢? 否。

---

① *Jus Divinum*, 83.

五、人民是否拥有选择神甫的权力？否。"

对这场争论进行反思将有助于我们理解当时人们讨论神圣王权时的思想氛围。这项理论并非人们凭空捏造出来用来支持暴政主张的怪兽。这项理论的外在形式见证了当时人们争论这些主题时的思想氛围。当时是神圣权利的伟大时代。我们必须把国王的神圣权利同长老会长老、独裁教皇、主教们，甚至普罗大众的神圣权利并列在一起。神圣权利的观念是一切制度与世俗体制内在固有的主张。1647年,在普特尼进行的辩论中,平等派的代言人兰博罗上校(Colonel Rainborow)所说的一些话也许现在对于我们还有一些教诲。"我认为,在英格兰,穷困潦倒的人和那些位高权重的人一样,都拥有有价值的人生；因此,先生,我的确认为,任何生活在政府统治之下的人首先都拥有依靠自己的同意将自身置于政府统治之下的权利,并且我确实认为,在英格兰,穷困潦倒的人并没有受到奴役,严格说来,他是拥有将自己置于政府统治之下的权利的。"在这里,他强调的是,在一切法律面前,除了财产权之外,人之为人具有的神圣或自然的与固有的权利。因此,他自然会遭到许多人的激烈反对,这些人代表了几个世纪以来占统治地位的原则,这种原则并非国王的神圣权利,而是有产阶级的神圣权利。埃尔顿(Ireton)立马做出了回应:"让我来告诉你,依照你提出的这项规则,我想你必定是要飞向绝对的自然权利的避难所,你必定要否认一切世俗权利；我敢肯定,事情的结果就是那样。"[①]

在著作的前言中,吉尔斯比也提出了相同的原则:"致真诚的

---

① *The Clarke Papers*, I. 301.

读者。耶稣基督是一位国王,在他的教会中拥有一个王国和政府,这个王国不同于世俗王国,也不同于世俗的政府。这个真理具有其他任何真理都不具备的特点,值得颂扬,基督自己也是为这项真理献身的,并用自己的血封印了这个真理;我们可以从基督献身的故事中看到,这项指责是他唯一坦白承认的,也是他被犹太人深深激怒,遭受迫害,被驱逐出家园的原因,也是皮拉多要判处他死刑的原因,并且同时也被镌刻在他的十字架上。……耶稣基督拥有和世俗政府合作的另外一个政府,正是这点令希律、皮拉多以及其他许多君主、君王和国家深深恐惧与妒忌。"

或者正如卢瑟福特所言:"如果教会是一个完美的、可见的社会、家庭、城市和王国,耶稣基督是本质的也是实践中的(esse et operari);那么,当官员成为基督徒,帮助并扶助教会的时候,作为父亲,基督是不能把钥匙从管事们(stewards)的手中夺走的。"

其次,我们最好简要地考察一下拉丁文的"神圣权利"。拉丁文 Jus 要比英文 Right 更加准确,它能够提醒我们一种法学占主导的思想氛围,长久以来,政治问题正是在这种思想氛围中进行争论的。一定程度上,这是由于罗马法产生的影响。人们从诸如"涉及所有人利益的法律必须得到所有人的同意"(quod omnes tangit ab omnibus approbetur)以及"皇帝满意的即具有法律效力"(quod principi placuit legis habet vigorem)等这些经典的拉丁文格言中既可以推导出民权理论,又可以推演出绝对主义理论。同时,封建主义也倾向于将各种政治原则视为法律权利,并且甚至视为私人的法律权利。这是国家契约理论的背景。只有依照法律,契约才会有约束力。除非在一个深深地浸淫着法律精神的时代,原初契约是不可能得到合理解释的，那么，原初契约理论也不可能描述一个先于法律的社会。因此，原初契约理论被迫提出了自然法和自然国家的理论，认为自然法和自然的国家先于、高于一切法律，并且如果必要的话，可以取代一切法律。关于神圣王权同样也是如此。神圣王权理论的目的及其力量（甚至包括其弱点）就在于，它认为君主制的存在可不仅仅是出于一时的权宜，君主制也不仅仅是出于单纯的同意，可以在上帝的直接律令或者自然权利中找到君主制的存在理由。存在高于一切制定法的根本法，这种观念贯穿于整个17世纪的一切争论。爱德华·海德（Edward Hyde）用这种观念来为查理国王打头阵。皮姆也主要用这种观念攻击斯特拉福德；世袭继承权神圣不可侵犯的观念背后也是这种观念。无论在英国还是法国，坚信王朝正统的人们都不可能主张，国王在法律上有权力无视王位继承顺序，尽管路易十四（Louis XIV.）几乎走到了这一步。在一个方面，神圣权利理论试图使国王高于一切实证的法律，试图将国王视为奥斯丁意义上的主权者。另一方面，它又试图将世袭继承的绝对君主制作为国家的根本法，任何力量，甚至议会中的君主（Crown in Parliament）都无权加以改变。从长老会派的做法中也可以看出同样的现象。长老会派非常不愿意看到人们用除了神圣权利之外的任何其他理由来证明长老会体系的和理性。此外，他们担心此种承认有可能引入其他一些他们希望永久地废除掉的官员。他们不敢承认发展的原则，不敢承认基督教社会的权利，这些都被视为天主教体系或主教制的一个部分。他们不得不主张："长老们不同于一切布道的执事长老，他们是如今受《新约》治理的上帝教会创设的神圣体制。"①也就是说,他们主张,长老会长老是"单纯、严格意义上的"教会内在固有的一部分。国王的神圣权利也是如此。严格来说,君主制是国家观念内在固有的,它可以从国家的统一性中推导出来;其他任何政体都将导致无政府状态;尽管并非在所有国家都是一个世袭的国王是主权者,还有可能是多人的主权者。一直以来,神圣权利都暗示某些具有更高级基础而不仅仅以直接的需要为基础的东西。因为,在其他任何意义上,神圣权利都将是毫无意义的一个词语。对于所有人,只要他们不是无神论者,任何真正意义上的权利在一定程度上都是神圣的,政府都是上帝的神圣创制。想要清楚地看到一项理论背后暗示的含义,有效的办法通常就是看看这项理论所反对的是什么理论。国王或主教或长老会的神圣权利都旨在反对这样的观念,即国王或主教或长老会的神圣权利仅仅是一项属于人类的、源自同意、产生自环境的权利,因此是可以被抛弃的。在王权的情况下,神圣权利理论的本质在于提出国王是至高存在者,只是直接位于上帝之下,国王的权力不需要教皇或其他任何人的中介。

---

① 有些人非常严厉地质疑教会官员即长老会教会长老的神圣权利,因为他们发现,《圣经》中对长老会教会长老的提及还不如对布道长老及执事的提及那么充分和明确。其他一些人则是直接地否认与反对长老会教会长老的神圣权利,正如非常坚定地相信伊拉斯图主义和主教制原则的人那样。不过,还有一些人愿意在教会事务方面谨慎地支持长老。但是,如果单凭谨慎考虑就足以确立某一类教会官员,那么我们就将开启一扇门,可以随意地创设教会官员;接着就会产生各式各样的委员会委员。还是让我们收回我们的咒骂,重新采用主教教士、执事长、副执事长、教区法官、小吏作为教会官员;到哪里可以停止呢?"除了耶稣基督本人之外,在教会中,还有谁能够创设新的官员呢?"胡克所遭逢的完全的清教观念可以用下面这些话加以概括:"当然,如果除了谨慎之外,圣经并没有为长老会长老提供更多的理由,那么,在教会中最好还是不要有长老会长老的存在。"

神圣王权理论是一件反对教会的有力武器，它强调世俗权力内在固有的权利，并且认为世俗权力是同教皇平起平坐的，并不需要服从于教皇。因为教皇制主张具有合法的神圣主权，它不承认存在任何权利拥有同自己平起平坐的权力。此外，在同帝国斗争的过程中，教皇制令人不可思议地得到罗马法的大力襄助；因为虽然罗马法注意到了《君王法》，并且赋予了皇帝绝对的权力，但是罗马法赋予皇帝的权力仅仅是作为主权人民的授予。因此，无论皇帝自认为自己的权力多么强大，总是有人会认为，皇帝获得的权力来自罗马人民的自愿转让，并非直接源自上帝。在帝国从希腊人手上转移到罗马人之手的过程中，当教皇将皇帝的冠冕带到查理大帝头上的时候，甚至在更早的时候，当人们（至少）在教皇撒迦利亚同意的情况下废黜希尔德里克的时候，教皇派的学者们就已经掌握了其他许多的例子，可以精巧地用来支持教皇的主张，认为皇帝和国王们的统治的确并非缺乏恩典，但他们的获得的恩典是通过教会权威得到的。在希尔德布兰德和亨利四世的斗争中所使用的一些表达中，我们都可以找到这两种观点的踪迹；之后，它们又在伟大的霍亨斯陶芬（Hohenstaufen）家族的皇帝们同教皇的斗争中得到发展，并最终在教皇约翰二十二世同巴伐利亚的路易之间进行的中世纪的终极对决中发展出一项伟大的文学传统。宗教改革发展了双方的观点，尽管贝拉明所阐发的教皇"间接"权力理论试图确保皇帝不仅可以主张普世君主制的权利，同时贝拉明的理论还承认（无论是多么小心翼翼地），世俗国家的权力是固有的，不具有任何教会的特征。神圣王权理论的核心就在于这种反教会、反教皇的特征。我们甚至可以说，其反宪政的一面，正如詹姆斯一世或菲尔墨所发展出来的那种特征,只是后来的思想产物。但是在英格兰,国王已经使自身成为公祷书的支持者,成为主教制的殉道士。因此,在詹姆斯一世儿子治下,教士成为这项理论最为重要的支持力量,并因此许多人会认为,这项理论就是教士们的财产。由于大叛乱,这项本质上具有反教会特征的理论具有了某种教会主义的色彩,并且这种色彩在民众的想象中从未消失。这着实是一种令人费解的反讽。詹姆斯二世试图将这项理论作为教皇主义者反动的武器,但他没有获得成功,这倒是一点都不令人费解。他犯下了并非非同寻常的错误,他太在乎理论字面上的含义,认为那就是具有的实际意义。在字面上,神圣王权理论意味着除了世袭继承权之外的彻底的绝对主义;但事实上,这项理论只是强调相对于教会权威,世俗权威具有内在固有的权利。詹姆斯二世试图,或者说人们都认为,詹姆斯二世正在试图利用绝对主义理论复兴教皇的权力,而人们之前阐发神圣王权理论正是为了反对教皇的权力。[283]很自然,他失败了,并且在付出了惨重的代价之后才知道,人们不应当依据理论字面上暗含的含义来解释某项理论,而应当依据该项理论形成的环境对其进行解释。

因此,神圣权利理论的本质就是,它认为世俗社会具有固有的、非衍生(至少就人类而言)的权威。在神圣权利的晚期阶段,"权利直接来自上帝的神圣授予"这个观念即便没有完全消失,至少其重要性降低了,它让位于这样的观念,即神圣权利之所以是神圣的乃在于它是自然的。在同原初契约的支持者们进行的争论中,王权派作家们一直都主张,国家是自然发展的产物;这点是同它们的对手截然相反的,他们认为国家乃人为的造物。在长老会同对手独立派或伊拉斯图主义者进行的这场争论中,我们奇怪地发现,卢德福特和其他一些人都谈道,教会是一个有机生长的机体。还有另外一段话非常严谨地论述了从神圣权利向自然权利的转变过程,值得在此引述:

"在自然之光中就不存在神圣权利吗?在当前教会政府的例子中,教会政府符合真正的自然之光,应当认为它是具备神圣权利的。尽管自然之光黯淡,但自然之光还是可以教导我们以下两项真理:一、正如世界上的任何社会在其自身之内都有自身独特的政府,否则这个社会就不能存续,因此教会既然是一个社会,它必定在自身之内拥有自身独特的政府,否则它和其他任何社会一样都将无法存续;二、在每个社会中,在存在分歧的各种事务中,弱者都应当屈服于强者,事务是由多数人决定的,否则分歧就将无穷无尽;教会为什么又不是这样呢?"①

这似乎是在强调多数的神圣权利。不过,当我们明白这点之后,我们显然会看到,神圣权利很快就会成为自然权利的代名词,向现代政治的转折就开始了;并且它也会被认为是从自然权利向纯粹功利主义转变背后的实质,因为神圣权利理论或自然权利理论背后的实质是一样的。它们都强调国王或国家或个人或公意或工作的权利,或最低工资标准或机会平等或其他什么的具有神圣权利,也就是说是某种至高无上的原则,高于一切制度性的权利,应当是这些制度性权利的衡量标准,而并非制度性权利的造物。可以说,所有那些试图为政治寻找某种根基而不仅仅认为政治只

---

① *Jus Divinum*,11.

是历史发展或出于一时权益的安排,都在一定程度上分享了自然权利的观念。

现在,让我们进一步讨论以下长老会为争夺神圣权利而发起的这场争论暗示的一些思想。它能够清晰地阐释国王的神圣权利。马丁·路德经常吹嘘,再没有任何人比他更推崇君主统治。他的自我吹嘘也并非毫无道理。他指的是领土性君主的权力,而不是帝国政府的权力。他以不止一种方式影响了领土性君主的权力的扩张。通过在帝国之内的进一步划分,他粉碎了中央权力实际控制小邦国的一切希望,地方性的小君主们都可以自由地在宗教力量的帮助下发展成主权国家。其次,他粉碎或极大地削弱了一种严肃的并且能够制约正在冉冉兴起的国家权威的力量;与此同时,政府的职能随着现代观念的发展被极大地扩张了。第三,路德诉诸于德意志的贵族,他谨慎地转向世俗君主(等级森严的程度一点也不逊色于教会内部存在的等级体制),寻求他们帮助完成宗教改革的工作。因此,一切竞争性的机构都被粉碎了,所有的权力都掌握在"神圣君主"的手上;而教士(正如路德后来看到的那样)的地位降低到几个世纪以来最低的地位。作为一名革命者,路德几乎没有什么民主自由的观念。至少从农民起义的时候起,他就倾全力支持领土性君主。仅就宗教而言,宗教改革的理论都体现在伊拉斯图的教义中,并且所有的宗教改革者,无论是英格兰的还是欧洲大陆的,实质上都坚持几乎相同的观念。路德、劳德甚至约翰·诺克斯在这个问题上的选择比人们通常所想象的更少,他们所有人都授予"神圣君主"大量的权力,并且主张君主有义务铲除异端。他们任何人,甚至诺克斯都没有将教会与国家理解为两个不同的社会；无论他们本身实际上是多么渴望赋予教会体系（无论是主教制还是长老会体系）的说服性功能崇高的地位，他们所有人都赋予世俗权力更加崇高的地位，这点是中世纪的教会理论无法企及的。将教会与国家理解为同一个社会中的不同方面或部门的这种观念，在英格兰尤其占据主导地位；理查德·胡克在《论教会政体》(Ecclesiastical Polity)中既反对教皇派也反对布朗主义者(Brownist)，他赋予世俗统治者权威的地位。在16世纪后半期，长老会派开始发展出两个王国的理论。在为詹姆斯国王所做的著名的布道中，安德鲁·麦尔维尔阐发了这种理论：

"因此，国王陛下，正如我之前多次告诉你的一样，现在我依然要告诉你，在苏格兰存在两个王国，两个国王，一个是共和国的首领詹姆斯一世，另一个是教会的国王耶稣基督。国王詹姆斯一世也是这位国王的臣民，在耶稣基督的王国中，詹姆斯不再是国王，不再是领主，不再是首领，而是普通的一员。"在《迫在眉睫的宗教改革》(Reformation Without Tarrying For Any)一书中，分离派(Separatism)的创始人或先驱罗伯特·布朗(Robert Browne)也强调这两个领域的完全独立。

再洗礼派也是同样的情况。托马斯·卡特莱特和那些想要建立起长老会派训导并试图通过议会将其强加给人民的清教派的确也都阐发了两个王国的理论，并因此使枢机主教惠特吉福特这样的人深感震惊，对于他们来说，此种两个王国的理论似乎是无法理解的。而敌对的一方，无论是长老会派还是耶稣会士派，都把这种将国家神圣化、赋予国家全权的做法称为"马基雅维利式和土耳其式"(Machiavellistica et Turcica)。很可能，正是由于在詹姆斯一世看来,这种区分两种社会的理论侵犯了国家的主权,因此詹姆斯一世才发出"君主制同长老会达成一致就如上帝要同魔鬼合作一样不可能"的感叹。当然,他这句话很可能和"没有主教就没有国王"的说法是一样的意思,也就是说,除非在每个教区都有一个君主,否则在王国中就不可能存在一个教区。不过,这句话更加可能指的是长老会提出的自身具有神圣权利以及内在固有的独立性,而不是指长老会教会的政府形式。

然而,正是在长老会提出的这种主张中蕴含了长老会狂热信徒们对于真正的政治的贡献。现代人几乎很少有人会同情完善的、严格意义上的神圣王权理论。然而,在神圣王权理论中,我们可以发现,它针对教会的主张,提出世俗权力是神圣的,并且具有内在固有的权利,政治社会是自然发展的必然结果;这种观念已经成为现代世界发展过程中(如果我们考虑到其真正的目标)最有影响力的因素之一。这种观念也并不会威胁到教会的自由,只要世俗权力不要试图强制性地执行某种单一的宗教体系。另一方面,长老会派和教皇派主张通过宗教对国家施加实证性的限制,防止国家专断独裁。任何基督徒都不可能像异教帝国的臣民那样赋予世俗权力全权,他们不可能真正相信世俗权力具有完全的至高无上性。两个王国理论将长老会推向比之前教皇派更加崇高的地位,因为这种理论使得长老会教徒能够在理论上主张教会的独立性,同时又无需否认世俗权力的权利,或者说它无需认为世俗权力的权威只有通过教会的恩典才能够存在。甚至在建立单一的宗教体系方面,他们在理论上达到的高度也不逊色于法国政治家派们实现的成就。因为《神圣权利》《长老会政府的神圣权利》和《盛开的亚伦之杖》的作者们虽然主张世俗统治者有权进行迫害，但他们也疾呼世俗统治者是为了世俗的目的，为了促进共同体的和平进行迫害，而不是出于上帝的律法。他们认为，真正意义上的国王是教会的一名官员，根本不具有受王权派作家们广受欢迎的"混合人格"理论的特点。他们放弃了我们之前讨论过的只有一个社会的观念，这种观念认为只有一个社会，教会和国家是这个社会中独立的两个方面，或者说（如果能够将你的注意力限于官员）两个不同的部分。至少在英国的论战中，他们试图主张开除教籍单纯只具有教会的特征，不算作世俗惩罚。然而，他们犯下了一个致命的错误。前一个世纪，伊拉斯图已经讨论了真正的困难所在。只要教会的神圣权利是最崇高的，只要唯有一种宗教得到宽容，（无论是长老会教徒还是伊拉斯图主义者都主张，国家要在宗教方面保持同质），那么，甚至纯粹教会的谴责都将导致危险的结果。我们可以引述下面一段话为证："他认为，王国的法律可以惩罚神甫；难点就在于这点；如果神甫和长老拥有来自基督的、谴责一切基督徒的权力，并且他们根据基督托付给他们的方式使用这种权力，那么还有哪些世俗统治者能高于他们，还有这样的统治者能够制定约束、束缚基督之法的法律吗？如果他们有权进行惩罚，这些世俗官员也可以进行宽恕吗？如果他们使用了这种权力，基督教的官员能惩罚他们吗？这就意味着基督拥有的是一个卑微的王国，他的臣民都可以控制他自己；但是你会说，如果他犯下了严重的罪行，应当被罚没财产或者付出生命、自由的代价，官员就可以对他进行惩罚；但是，如果官员试图不公正地进行惩罚，那么他就是亵渎神明的，神甫和长老就可以将其逐出教门，他们的合作将使他们成为自己的法官。只要官员厌恶他们的行为,他立即就成为亵渎神明的人,并被送到撒旦那里。还有哪个教派的教士能拥有如簧巧舌,能够反对官员,想要限制他们,还是交给智者去判断吧。"①

这种观点要想成立,必须具备一个条件,即国家只允许一种宗教存在。长老会派的错误就在于他们强烈的、远胜于其对手的不宽容精神。长老会的确攻击了国家的神圣权利(这种权威强大到甚至包含了教会治权),他们的这种攻击本身并没有什么错误。他们所强调的只不过是任何一种宗教都会强调的,甚至只是任何信仰个人良心的道学家们都会强调的,即在很多时候,"我们必须服从上帝而并非人类"。单纯的世俗法律,即便是由公意创设的法律,都不可能是绝对的。各个时代的殉教圣徒每次舍生取义的时候,他们反对的就是政治统治者们——从尼布甲尼撒到尼禄一直到俾斯麦(Bismarck)——提出的至高的权力主张,他们眼见着马基雅维利式的政治手腕在不断崛起:"你只可到这里,不可越过;你狂傲的浪要到此为止。"* 他们的错误在于,他们认为宗教宽容是一种世俗的危险,在于他们认为,虽然国家不同于教会,但国家必须采纳长老会的仪式作为宗教崇拜的唯一标准。他们的这种错误也是他们的许多对手会犯的。他们提出存在两个王国,这并没有错;他们的错误在于否认存在二十二个王国。国家中的宗教团体如果数量众多的话,并没有什么危害。类似地,世俗统治者主张教会权威的独立性并没有什么错,他的错误在于否认教会的独特性,

---

① Hussey, *A Plea for Christian Magistracie*, 7.
* 《约伯记》38:11。——译者

在于试图禁止自己不喜欢的宗教,或者用一位德意志君侯的话说就是,"臣民的良心信仰要跟随君侯自己而定"。

进一步地,我们似乎可以看到,至少有某些长老会教徒理解了这种理论暗含的含义,即这不仅仅关系到教会与国家这两个彼此各不相同的社会之间的关系,更关系到普遍的人类社会的本质问题。难道所有一切大型的社会不是都由无数的团体构成的吗;这些团体中的每一个,只要它是永恒存在的,难道它不是都具有某种真实的、固有的权力吗?这种权力不仅仅来自更高权力的授予,它得到更高权力的承认,但并不是由更高的权力所创设的。这点正如《神圣权利》所言:

"众所周知,长老监督会的或长老会会议的权威不可能是以一种私人性或破坏性的方式由《圣经》引入某个教会(上帝已经授予这个教会权力);相反,人们一致认为,宗教会议的一切权力高于任何个别的教堂会众,相对于地位更低的教堂会众,它本身是内在与完善的。"

"众所周知,世界上最高的教会会议也不可能要求低级的教会组织绝对地服从,除了某些特殊情况之外,不可能随心所欲、肆意妄为,绝对的服从只能是对在《圣经》中由上帝规定下来的法律。我们之所以厌恶教皇的专断,就在于他宣称自己的意志就是法律。"[1]

然而,长老会信徒并没有看到这一点;并且直到最近几年,那

---

[1] *Jus Divinum*, p. 230. 另参见贝里《书信集》中的下述引文:"令大卫先生感到难过的是有关教会会议的事务。大卫先生坚持认为,教会会议并不具有独特的神圣权利,它只是由各个长老会教区组成的委员会,负责执行一些长老会教区认为适合由其审判的司法事务。"Ⅲ.59,60. 教会会议拥有内在固有的权力还是仅仅具有被授予的权力,在这点上产生了大量的分歧。

些追随这些原则的人中也没有几个人能够看到它们背后蕴含的巨大的含义。这是两种不同形式的神圣权利理论支持者们争论的问题的核心。世俗社会是否是唯一的一种权力，其他一切权利都是通过这项权力的授予而成的？如果情况是这样，那么，对于暴政就没有任何真正的制约了，无论暴政采取多么民主的政府形式。或者说，国家是否是众多团体——包括教会、工联、家庭——唯一的、最终的联系纽带？这些团体全都拥有自身内在的生命，是真实的存在，得到政府的承认并接受政府管制，和个人一样，它们也都并非由政府的命令创造的。当时，在这场关于长老会长老权利而进行的奇怪争论中，人们以不同的形式争论的也就是这个问题。现在，同样的问题又再一次地产生了，尽管是以不同的形式并且包含了更加广泛的问题。我们一直以来都面临着宗教团体以及它们的主张的问题；但是经济、社会、政治和道德等多种力量的复杂交汇使得这个问题变得更加紧迫。对于这个问题，在这里，我没有办法超出历史范围之外对其进行讨论。如果读者想要抽象地了解这个问题，梅特兰为基尔克的《中世纪政治理论》(*Medieval Political Theories*)一书所作的导论将是一个很好的入门。也许，读者会发现诸如 J. E. F. 曼(J. E. F. Mann)主编的《真正的民主》(*The Real Democracy*)或者其他那些讨论基尔特社会主义或工团主义的作者的作品在实质方面是不无助益的。

伊拉斯图与伊拉斯图主义者

伊拉斯图是一位伊拉斯图主义者吗？这个问题并不容易回答。因为派系的名称通常都是一种污名。并且，虽然伊拉斯图主义者是人们最为常用的一种教会污名，但是我们也不得不说，很多利用这一骂名的人似乎认为，伊拉斯图这个名字或者由它衍生出的名词被不断地利用就足以使这个名字流传千古，而无需再关注他的生平、著作以及生活的那个时代。① 但是，我们无法抛开催生出伊拉斯图主义的历史环境，只将其置于真空中加以理解；并且单单这个名字本身就足以证明这种理论同理论假象的作者之间存在某些联系。因此，略微探讨一下伊拉斯图的思想得以产生的环境，并因此适当地评估其真实的意义，这并不是毫无意义的。这么一项研究将对教会与国家之间的关系这个问题有所启发，我们可以借此窥探那些不相信良心的自由的人的内心世界。因为，正如我们所见，伊拉斯图唯独关心一个问题，即如何以适当的方式在一个宗教完全统一的国家中执行教会的纪律训导。② 他既不关心阐发

---

① 例如，我发现，在非常著名的一本神学百科全书［赫尔佐格（Herzog）］中就记载着伊拉斯图在英国创建了一个会社。

② 佩里（Perry）牧师认为，伊拉斯图"写作著作的目的是为了证明，在基督教国家中，世俗权威是宗教纪律适当的老师与管理者"。在我看来，他的这种评价对于描述《解释》(*Explicatio*)，至少是非常不幸的一种方式。*Student's Eng. Church Hist.* II. 12.

真理的权利的问题,也不关心那种允许多种宗教并存或迫害真正信仰的国家应当具有何种强制性的宗教权威的问题。他的观点也许非常适宜现代的俄国,但是除了推定地,它对英国今日的教会争论基本没有什么影响。他关心的是道德纪律,而不是理论;关心的是宗教统一,而非宗教宽容的政策。不过,我们首先了解以下他的生平事迹还是很有益处的。托马斯·吕伯(Thomas Lüber)1524年9月7日出生于瑞士巴登,[①]因此他受到了宗教改革中茨温格利这派(Zwinglians)的影响,并且终其一生——至少就有证据证明的而言——都没有再改信其他教派。[②] 同时,正如人们已经证明的那样,似乎也没有任何证据表明,伊拉斯图的政治-教会思想是直接来自路德的。这种推论,正如后文会看到,则是另外一回事。1542年,他进入巴塞尔的学校,并依据一位伟大学者的名字将自己的名字毫无语法错误地从吕伯改成伊拉斯图(这对于这位伟大的学者真是一种不幸的命运)。[③] 他选择进入哲学学院,并研

[①] 关于伊拉斯图的生平掌故,我尤其要提请读者们参读邦纳尔德(M. Bonnard)的著作《托马斯·伊拉斯图与教会训导》(*Thomas Eraste et la discipline ecclésiastique*, Lausanne 1894)。这是一部非常杰出的作品,它以伊拉斯图的手稿以及其他一些资料为基础,作者非常详尽地展示了所谓的伊拉斯图主义完整的发展过程,并且在脚注中大量地引述了一些尚未出版的、非常有价值的书信。类似地,苏德霍夫(Sudhoff)的《奥列维安努斯与乌尔辛努斯的生平与书信精选》(*C. Olevianus mid Z. Ursinus' Leben und ausgewählte Schriften*)中的"为教会训导而展开的斗争"(*Die Kämpfe wegen der Kirchenzucht*)一章同样也非常有价值,尽管它更加短小,并且对伊拉斯图充满敌意。下文中,我分别用 B. 和 S. 指代这两本书。

[②] 我这么认为,假设有关他公开的阿里乌斯主义这样的问题是以有利他的方式加以解决的。席尔瓦努斯(Silvanus)那封非常有意思的书信指责伊拉斯图是自己叛教的理由,但它事实上并没有任何证据能证明伊拉斯图背离正统。S. App. B. p.507.

[③] 参见 Jebb, Rede Lecture, "Desiderius Erasmus"。

习了古典学、数学和神学。两年之后,由于瘟疫爆发,他不得不离开巴塞尔。他去往意大利,在那里似乎得到了一位非常富有的金主的支持。他花了三年时间在博洛尼亚,六年时间在帕多瓦,并且由于对医学的精深造诣而声名大噪。在意大利,他同一位出身贵族的女士结了婚。伊拉斯图去世后,这位寡妇后来又嫁给了一位意大利人,正是由于这位意大利人,伊拉斯图的英名得以存留。在此之后,伊拉斯图在亨尼堡(Henneberg)的宫廷担任了几年的宫廷御医。很快,他就由于展示出当时最为高明的医术而享誉盛名,并且写了许多医学方面的著作,这些作品无论在篇幅还是在数量上都远胜那些令其声名不朽的小册子。他反对帕拉塞尔苏斯(Paracelsus)的观点,同时也极力攻击诸如炼金术和占星术这些欺世盗名的做法,尽管他自己也相信巫术,并且在这方面,也并没有超越他的那个时代。① 但是,他的能力——既有一般性的,也有特殊的——都得到了同时代人们的认可,无论人们的认可是友好的还是敌意的,或者双方面的认可都有。日内瓦的贝扎是他的朋友,并且显然一直都是他的朋友,尽管同他存在争论。苏黎世的布林格(Bullinger)和格瓦特(Gwalther)不仅仅是伊拉斯图的支持者,同时还是他的心腹——海德堡的自由意志论者的麻烦就是不断地被灌输到这些人的耳朵里的。伊拉斯图被公认为他们这个派系的领袖,他似乎也拥有作为一名领袖的伟大品质,拥有极强的吸粉能力。不过,另一方面,他似乎也成为了恶毒攻击的主要目标,并且

---

① 这也许就是为什么一位现代的作者告诉我们,伊拉斯图并不是现代意义上的开明的科学人士。个人而言,我认为,我们有权适用于16世纪的伊拉斯图的一个词就是,伊拉斯图是一位杰出的进步主义者。

他的敌人也非常傲慢地将他称为伊拉斯图主义——自他那个时代以来,多少人都是通过这个称谓而听闻他的大名的。①

不过,无论如何,作为一名科学的医生,他是一位非常杰出的人。无论我们是否赞同他有关教会政治的观点,毫无疑问,伊拉图斯阐发这些观点的技巧是非常高明的,并且阐述得也非常清晰。

1557年,他接受了一项任命;这项任命将把他卷入异常激烈的争论之中,也使他的名字流传后世。德累斯顿和海德堡的宫廷都对他发出了邀请,伊拉斯图选择了选帝侯奥托·亨利(Otto Henry)的邀请,后者当时正在创建一个治疗学方面的席位;此后,伊拉斯图便一直待在海德堡,直到去世前三年,他由于一场"伊拉斯图式"的宗教革命而被赶了出来。伊拉斯图精力充沛,热忱、频繁地涉足大学的各个方面,包括起草新的大学规章,制订新的学习方案。1558年,他被选举为大学的校长,并成为海德堡教会会议的一员(1564年,他主动辞去了这一职务)。这是一项非常有力的证据,证明他已经成为了一名神学家。不过,我们还有更多的证据。在伊拉斯图抵达海德堡的时候,当时海德堡的宗教派系的情况简单说来是这样的:选帝侯本人是一个宽容的路德派信徒,海德

---

① 参见布林格对达色努斯(Dathenus)的评价:"因此,我的兄弟达色努斯,向您致以敬意,我要问,假如几时产生了宣布教会绝罚的权力,你要思考,对于我们这肯定不是没有原因。这样的结果是,所有人,你们全体,不拘多少都不会赞成,无神论是受谴责的和被驱逐的,并且一直是我们宗教的最凶悍的敌人。"*Explicatio*,358;同时参见格瓦特对贝扎的评价:"对此,真相是什么?是谁造成了海德堡的这个局面?我们能够期待,这样一个大胆的举动充分提醒了我们,它指控无神论者不愿接受意见,而且有时甚至需要他们这些人在任何信仰、教义和习俗上都没有一个是善的。"*Ibid*.379,380.

堡似乎已经成为当时各个国家神学异端的庇护所,正如现在的伦敦是政治异见者的收容所一样。① 在海德堡,主要存在两个派系,路德派和瑞士派。这两个派系又可以进一步细分,前者可以分为严格意义上的路德派和追随梅兰希顿(Melanchthon)的人,而后者可以细分为加尔文派和茨温格利派。伊拉斯图本人便是茨温格利派在俗界最重要的代表。每一个派系反过来可以说又掌握了一部分人,宽容的路德信徒、茨温格利派、加尔文派或者是严格的路德信徒。伊拉斯图大辩论就是这场冲突的结果,这场冲突以路德派的革命以及伊拉斯图的退休而结束。伊拉斯图此前已经由于自己成功地赢得某个埃斯蒂安·西尔维乌斯(Etienne Sylvius)的支持而招致路德派信徒的忌恨。据说西尔维乌斯本人也是一名茨温格利派信徒,拒绝按照神学教授黑斯胡斯(Hesshus)的要求去做,并且攻击了天主教和茨温格利派的圣礼理论。

1559年,奥托·亨利去世,继承他的是腓特烈三世(Frederic Ⅲ.),一位极端虔诚并且在信仰方面极度反路德派的人。1560年,不同的派系之间产生了争论,伊拉斯图得到了伟大的加尔文派信徒奥列维安努斯(Olevianus)的盛赞。奥列维安努斯自称自己的学识和智慧在众多神学家中鹤立鸡群,并且希望通过伊拉斯图

---

① 布林格认为,伊拉斯图善待流亡者的做法也是人们应当谨慎看待伊拉斯图的一个主要原因。"假如他的忠诚的工作没有收获,对于你和另外一个流亡者来说,就几乎难以提供款待,现在你享受一个还带着其他许多。他的恩惠时而在国内,时而在国外,同样他的学问既出类拔萃又领袖群伦,最后你要尊重他的公正与真诚,为此他被一切善良的人颂扬,他人理所当然地确定给他的奖赏(praemium),现在这个已被有些人用来交易。"*Explicatio*,366.

的支持获得更大的优势。① 他获得了极大的成功,在八月,选帝侯最终决定引入"改革后"的信仰,并将天主教和路德派教义都一并禁止了。② 1563 年,奥列维安努斯和乌尔辛努斯(Ursinus)编撰了"改革后"的海德堡教义手册,并被正式引入。该手册得到了伊拉斯图的支持,并且他自己很可能就是《来自布洛特布雷亨的小册子》(Büchlein vom Brotbrechen)一书的作者。伊拉斯图还参与了摩尔布隆(Maulbronn)的谈论(1564 年),并且出版了另外两本关于无所不在论的争论(Ubiquitarian controversy)的著作。

正如我们所见,反路德派的新教派在海德堡已经获得了胜利,并且赢得了选帝侯排他性的支持。因此,很自然,在获得胜利之后,那些希望获得日内瓦指导的人们都渴望引入著名的"训导"——这些训导对于他们来说几乎就等同于宗教组织的存在理由。训导意味着一个有组织的、由道德管束(police des mœurs)的长老会体系;这个体系从作为基层单位的教区或教堂开始,有一个由教区法庭、长老监督会、省区和全国性的长老会会议构成的法庭等级体系,所有这些法庭都是教会法庭,都宣称拥有神圣权利,独

---

① "但愿这个人通过神圣的文字隐藏了整个事情,他的热心倾向于这些神圣的文字,但是我不知道他通过哪个盟约放弃了医治的圣召,教会富有智慧的长老却没有放弃,他们在收获当中把他驱逐了。我们可能承担着近乎难以置信的执事的贫困,他本人却具有真正不可思议的技能。我敢说只有最少数日耳曼人才了解这么博学和智慧的、有力量的(viros)神学家。"Olevianus to Calvin, B. App. II. p. 203.

② 在《教义手册》的三百周年纪念版的历史导言中,导言作者认为(第 43—45 页),选帝侯并不想同梅兰希顿或奥格斯堡信纲的追随者们决裂,甚至引入《教义手册》也仍然不想同他们决裂,只是不宽容的路德教义不再承认他的任何权利,而将其视为敌人。

立于世俗权力,能够将各色人等逐出教会,只要他们在或大或小①的事项方面没有达到长老会长老的要求,或者没有及时提交一份友好的劝诫或悔过书。据称,这套体系出自基督之手;它即便不是真正的教会必不可少的注意事项,至少也是真正的教会急需的附属品。它在日内瓦这个出生地,在尼德兰、法国繁荣兴盛起来,并且在数个世纪里都是苏格兰实力最为强劲的教会势力。② 训导的神圣权利最初是在伊丽莎白统治时期被提出的,之后又在威斯敏斯特宗教大会上被提出,在英国引起了激烈的辩论。而我们或许可以将伊拉斯图的一生都描绘成在同长老会长老做斗争。在伊拉斯图看来,长老会粗暴地僭取了专断的权力,因此他要发展出(并且确实发展出了)一套有关世俗统治者职能的理论,作为对抗长老会僭政的手段。

似乎早在 1556 年,有人就建议要在海德堡引入这种拥有革除教籍权力的长老。然而,提议无疾而终。不过,作为一个避难所,大批的流亡者从法国、尼德兰涌入海德堡,他们顾不上各种世俗欲望,急切地渴望看到建立这种神圣的审查制度,能够拯救人们的灵魂,保护神圣的事业。③ 伊拉斯图宣称,暂且搁置权利问题不论,在他看来,要将这些事实上急需改宗的人革除教籍是极其不明智

---

① 说"小"并没有什么不适当,因为贝扎认为,训导有必要存在的一个理由就是,官员如果不接受监督,则将会留下某些不受处罚的方面。*Tractatus*, 120.

② 巴克勒(Buckle)认为,长老会体系导致的后果比西班牙宗教裁判所带来的后果还要糟糕。

③ 参见 Bullinger to Beza, *Explicatio*, 371. "他们发出怨言说,君主通过尼德兰人或比利时人管理几乎所有的人,包括外国人,甚至那些已经过世的自己人。"

的一种做法,因为只有不到三十分之一的人信仰这种新的宗教;① 并且,对这些根本就还没有成为加尔文教徒的人就以不是一名良好的加尔文教徒为理由而对他们实行精神的审查,这种做法也绝非上上之选。因为要求的司法权不能伴随世俗的惩罚。然而,伊拉斯图很可能并没有相信这种限制,因为在一封书信中,他宣称,训导比西班牙的宗教裁判所好不了多少,只不过支持训导的这些人还不敢由于饥渴难耐而痛饮人血罢了。②

伊拉斯图告诉我们,一开始的时候,他接受了流行的观点,认为革除教籍是一项上帝赋予教会的神圣特权。但是,当研究了各种权威经典,包括古代的、中世纪和现代的经典之后,他发现,人们给出的理由都经不起推敲;因此他又到《圣经》中寻找,结果在《圣经》中也没有找到相关证据。而人们宣称可以支持革除教籍权利的经文实质上是需要做不同解释的。③

这样,他就告诉自己,长老会长老的权利只不过是"子虚乌有"的扯谎而已,因此,伊拉斯图就准备要为臣民和君主的自由,简言之也就是为了俗人的自由,同神棍党斗争了。"新的长老只不过是大写的旧的教士",这就是伊拉斯图所阐发的伊拉斯图主义的要旨,只不过,他还会把那些满脑子教会思想、看着和狂热的长老会

---

① *Explicatio*,前言。甚至苏德霍夫在这方面都和伊拉斯图站在一起,正如他极其厌恶伊拉斯图的原则一样(369)。"那种不利关系,尤其是在海德堡宫廷、大学和市民圈子中来自无知和冷漠的对立,苏黎世的立场态度在其中要承担最大责任,哪怕必须承认,像普法尔茨那样得到国家促进和维护的教会,起初对风纪的迅速兴盛发展也不可能是有利的基础。"

② B. p. 73, n. 1;另参见 p. 65, n. 2。

③ *Explicatio*,前言。

长老们没什么两样的俗人也归为教士。他抱怨说,海德堡发生的所有这些变化实际上都是一个由五名外国人组成的阴谋团伙的杰作,他们在选帝侯身边有自己的耳目,并且将选帝侯变成实现自己目的的工具。① 这其中,以尼德兰人达色努斯和奥列维安努斯最为重要。后者是来自特里尔的一名流亡者,1560 年抵达海德堡,并迅速引发争议,之后写信给日内瓦的权威,寻求建议。到 1562 年,他就能够报告说,选帝侯意识到必须引入训导。然而,问题显然并没有这么简单,因为他提到那些关心人类智慧的人(很可能指的就是伊拉斯图)以及律师们提出的反对意见。海德堡的这些律师,也正如后来在英格兰的律师那样,反对引入一种有可能侵犯他们自己的特权的权力。②

引入训导采取的步骤如下:《教义手册》(1563 年)确立了将那些顽固不化的死硬分子和伪善之徒驱逐出教会的原则,并且宣布被革除教籍者将被上帝从基督王国中驱逐。③ 1563 年颁布了一道表达相同原则的法令;1564 年制定了另外一部法令,进一步地规

---

① "所有谋士,不管出自贵族还是微贱者,抑或平民或随员,都被关注到,但是有一个对于所有人来说更有权威。" B. 76, n. 3. "总体来说,现在也是通过首脑顾问(principe concilia)得出秘密的结论,甚至与儿子们、谋士、大臣和下属的意志相反,比利时人和高卢人除外,我并不知道树立了什么规矩。" S. 341,注释. "君主通过抵制为数众多的建议继续打破宣布执行绝罚的规章。但是,五官职权(quinqueviratus)能对较大部分发挥作用。" S. 342. 以上所有段落均来自伊拉斯图的信件。

② 加尔文的评价非常著名:"Si tibi cum iureconsultis certandum est, scias hoc hominum genus ubique fere esse Christi servis adversum, quia non existimant se gradum suum passe tueri, si qua vigeat ecclesia autoritas". Calvin to Olevianus; *Opera*, xix. Ep. 3869.

③ "依基督之诫命,以基督之名行非基督学说之事,或者四处游荡,受几次兄弟般的告诫后,仍对其错误和恶习屡教不改,对教会的规定和告诫置若罔闻,这已表明,可以禁止这些人参与教区的基督圣礼,而上帝本身也要把他们逐出基督的王国。" Fr. 85.

范了训导；不过，这部法令具有临时性特征，并且最终的权威留给了世俗中央权力——这些都同奥列维安努斯的观点相去甚远。1568年，一名英国流亡者，乔治·威瑟（George Wither）来到了海德堡。此君是由于圣衣之争（Vestiarian controversy）而不得不离开英国的。他提交了一篇论文，讨论的是当时在英格兰争论得如火如荼的礼拜仪式问题，希望以此获得博士学位。神学院不想冒犯帕克，也不想得罪英国圣公会，因此他们禁止威瑟讨论这个问题，不过也只是向他提出建议，而没有革除其教籍。伊拉斯图非常激烈地抱怨说，当局过于顾及英国的感受，在斗争中丝毫没有考虑到自身城市的利益。① 6月10日，威瑟提交了自己的论文。这篇论文支持训导中革除教籍的做法，认为它是一种无需世俗长官准许的、既存的神圣权利，同时还包括了革除君主教籍的权力。伊拉斯图当时并不在场，不过他的一位朋友反对这篇论文，认为论文无异于宣告当局的存在完全违背了《圣经》。争论被中止了；第二天，伊拉斯图到场了。当时的反对意见都有哪些理由，这些都被记载在乌尔辛努斯对这些反对意见进行的回应的注脚中。② 我们发现，人们所提出的理由同伊拉斯图的论文中的理由是一样的，并且，同那些论文一样，人们的主要目的也并不是要强化世俗权力的地位，而是要反对训导。争论并没有就此打住。伊拉斯图开始就这个问题写一些评注。后来，他将这些评注变成了一百篇论文。反对他的人对此怒不可遏，他们攻击他滥用职权，多管闲事，并且

---

① *Explicatio*，前言。
② *Opera*，I. 301—306.

试图阻止这个根本就不是神学教授的人讨论神学问题。① 最后，他将这些论文缩减到七十五篇，并以手稿的形式进行流通，还给在日内瓦的贝扎送了一本。贝扎自然不同意伊拉斯图的观点，并写作了《虔诚与审慎地论述革除教籍》(Tractatus pius et moderatus de Excommunicatione)一文；这是当时对伊拉斯图进行的篇幅最长也是最重要的回应。这篇文章的内容和标题还是名实相符，在论调上也颇为谨慎、可敬，不过在强调"基督的特权"（正如后来的长老会所称的那样）方面，它是毫不妥协的，并坚决反对宽容对待那些被指控贬损了天国威严(lèsemajesté)的人。另一方面，伊拉斯图也收到了许多持同情态度的书信，它们都来自苏黎世的茨温格利派神学家们，尤其是布林格和格瓦特。他们两人都没有站在争论双方的任何一方，只是鲜明地宣称自己一般性地赞同伊拉斯图的观点。他们还补充说，虽然他们不想谴责任何其他教会，但他们也不至于愚蠢到将训导引入自己的城市。②

可怜的选帝侯对这场争论感到不厌其烦，希望尽力阻止双方更深入地推进这场争论，③就像后来的劳德和查理一世在加尔文

---

① 参见卢瑟福特对他的描述："作为一名医生，他写下了不少博学的作品，但他却草率地离开了医学道路，半路出家鲁莽地卷入最为艰深的神学辩论，遭受到了他的朋友们都意想不到的打击。"*Jus Divinum*, Epistle to the Reader.

② 参见《重要问题之解释》(*Explicatio*)之后附录的书信。布林格的论点不算太出格，也许因为伊拉斯图告诫说，虽然必须压制这些人的暴政，但也务必小心谨慎，宽容对待两个教会，防止对太多人造成灾难。据说，布林格之前就承认这种革除教籍的权力比其他任何事情都更能毁灭教会。布林和和格瓦特两人都极其反感"将教会训导同基督奥秘混为一谈"。

③ "民众低声地说，君王深受令人讨厌的隆重的公共祷告仪式的建议困扰，几近筋疲力尽。倘若到此为止，全部都与比利时人一起，就此停下，这就是罪恶的暴君做的最无知的事情。"Jezler to Ulmer. B. 78, n. 1. (奇怪的是，我们注意到，荷兰的阿米尼乌斯辩论显然也是伊拉斯图的作品被广泛运用的众多论辩中的一次。)

教徒和阿米尼乌斯派之间的争论中所做的那样。但没人理会他。很快,在1569年,他就采取了一项令训导派高兴不已的举措。他娶了比利时贵族布雷登罗德(Bredenrode)[读过莫特里(Motley) 306 作品的读者对这个家族应该都不会陌生]的遗孀。这件事自然将导致达色努斯及其党派的影响增强。对被放逐的西蒙尼乌斯做出的异端谴责也进一步地限制了伊拉图斯。人们多次试图以放逐来威胁其他支持者(描述得有些不可思议),但都没有完全成功。因此,选帝侯要求乌尔辛努斯和赞奇(Zanchi)发表书面意见。他们二者都支持训导,尽管非常不情愿地卷入争论的乌尔辛努斯做了尽可能多的保留,以支持世俗权力,认为获得世俗权力的统一是开除教籍必需的条件;仿佛要是伊拉斯图真正的目标是支持君主而不是攻击革除教籍的权力,那么乌尔辛努斯也会完全赞同对手的观点,并且据说也的确颇为同情伊拉斯图的观点。① 赞奇的观点

---

① 另一方面,乌尔辛努斯不想将权力授予给除基督教共和国或君主之外的寡头政体。不过,和伊拉斯图一样,他也不会将个人接受圣礼作为悔过的充分证据。*Explicatio Catechesis*,*Opera*,I. 296 sqq.,and *Judicium*,Ⅲ. 802 sqq. 他进一步宣称,想要实施的任何此类训导如果缺乏世俗长官的协助,就是无效的(正如在1646年,诸如强制出席之类的权力是不可或缺的)。
(a)"假如他们同样想要知道的话,他不应当是教会中某个特别的长老,这个长老要么宣布执行亵渎的绝罚,要么任命一个能够这么做的人,那么我邀请基督徒导师和平民,我不同自己争辩。"Ursinus toBullinger. B. 159,n. 1.
(b)"然而,为了使新的长老能够得以任命,他甚至能够被教会的特别成员或其他同类教会执行绝罚,我绝不赞同这个意见。"*Ibid*.
(c)"在这件事当中没有什么不被尝试,直到要么是全体的要么是大部分的官员和平民同意,没有一个政治的或教会的混乱不是从那时开始的。"*Ibid*.
(d)"钥匙不仅属于使者也属于整个教会。"
Exp. Can,*Opera*,I 298. 此外,乌尔辛努斯的"观点"的整体论调非常强烈地坚持需要整个教会的统一作为防止暴政产生的手段;这种论调大体上相当于信仰多数决原则的人的态度,但是也会忽略另外一个事实,即和寡头一样,多数人也完全有可能实行暴政。

和理由与贝扎的大体相同。① 但是训导派意志坚定，伊拉斯图非常反感地提到训导派同选帝侯进行的秘密阴谋，他们试图诱使选帝侯接受那些法国和比利时流亡者的建议②，要选帝侯违背自己子女、谋臣和臣民们的意愿，将他们父辈都无法承受的枷锁加在他们头上，而这样做的目的仅仅是为了支持那些被权力之欲火焚烧的人的观点。③ 这个问题最终以灾难终结。在特兰西瓦尼亚(Transylvania)君侯同帝国为支援对抗土耳其人进行的谈判中，人们发现，纽瑟(Neuser)和希尔凡努斯(Sylvanus)曾经的数封反三位一体的信甚至体现出了信仰穆罕穆德宗教的倾向。这一丑闻令伊拉斯图名誉受损，人们迫切地感到要进行弹压，因此，在1570年，选帝侯发布法令明确地建立起训导，尽管甚至这份法令也将最高的权力留给了选帝侯。伊拉斯图自认为这道法令是可以忍受的。④ 据说，纽瑟逃跑了，并首先成为了一名穆罕穆德信徒，之后又成为了无神论者。希尔凡努斯受到了审判。关于是否要处决他，意见不一。贝扎写信强烈支持严厉执法。他认为，忏悔和悔悟

---

① *Opera*，Ⅷ. App. 139. 赞奇赋予世俗统治者监管两类法典、改革教会、惩罚偶像崇拜、保证教士称职的职责，但是他自然也谴责了那些"随心所欲地改变宗教信仰，不是作为上帝的仆人而是试图统治教会的人"。*De Ecclesiae Militantis Gubernatione*，Ⅷ.555. 这表明，在当时，人们授予了大量的权力给君主。诺克斯也提出了同样的观点。

② "他既没有听到儿子们，也没有听到抚慰者，他们对他来说就是那个被排除在外的被挑选出来的，所有固定的人都被翻转过来，没有贵族，没有博士，也没有平民。"S. 344. "主教是有权势的达色努斯。通常来说，我们要么希望，要么不希望，都理应是日内瓦人和比利时人。"

③ "于是，你们被开除教籍不是其他人，正是人们空虚的假象在命令其他有欲望的人。"Erastus，*Confirmatio*，Ⅲ. 3，p. 196.

④ B. 96，n. 2.

是根本不可能的,只有死刑才是唯一能够拯救希尔凡努斯的可靠方式,以免他将来再犯下类似的亵渎行为。这件案子久拖不决。最终,选帝侯决定将希尔凡努斯处死,正如他自己所说,这么做是为了圣灵的利益,是为了实现真正的真理。① 不过,没有任何证据表明伊拉斯图和这些异端分子有牵连。

训导不受人们欢迎。有些人拒绝担任长老。担任了长老的人彼此也争论不休。民众也厌恶训导体系,并使其形同虚设,就像在之后一个世纪中训导在英格兰大部分地区被建立起来时的情况那样。训导事实上就是最糟糕意义上的伊拉斯图主义。它是世俗权力受到国之内外的影响之后强加给人民的,它违背了大多数民众的意愿。

在 1572 年,伊拉斯图再次成为校长。伊拉斯图感到,长久来看,训导是不会那么轻易地放过自己的;这点正如吉本对革命的仇恨那样,白哲特(Bagehot)先生说:"事实上,吉本得出结论认为,他很可能就是革命者们想要杀死的那类人。"1574—1576 年,伊拉斯图也被革除教籍了。1575 年,他被指控具有反三位一体的倾向,不过被宣告无罪。1576 年,选帝侯的去世又带来了另外一项改变。在选帝侯继承人的之下,路德派发动了一场反动,敌对的派系再次团结起来,因此伊拉斯图辞去了教职,并离开了海德堡。如果他是一般意义上的伊拉斯图主义者,那么他就不会这么做。他去了巴塞尔,在那里,他受到人们的尊敬。在那里他讲授了几年的伦理学,之后于 1583 年去世。

---

① "他也拥有圣灵,这圣灵在本质上是真理的使者和教师。"B. 92,n. 1.

现在让我们遵循他作品的命运,因为它展示了他的作品的含义。出于维护和平的缘故,伊拉斯图以及贝扎对辩论所做的贡献都一直处于手稿状态。然而,临终前,伊拉斯图似乎改变了自己的想法。不过,这并不确定。1589 年,论文和《明证》(*Confirmatio*)(对贝扎的回应)都出版了,名为《重要问题之解释》(*Explicatio gravissimae quaestionis, utrum Excommunicatio, quatenus Religionem intelligentes et amplexantes, a Sacramentorum usu propter admissum facinus arcet; mandato nitatur Divino, an excogitata sit ab hominibus*)。出版商自称是白欧西乌斯·苏尔塔塞特鲁斯(Baiocius Sultaceterus),并且自认为自己的行为是为了实现伊拉图斯临终前的愿望,是出于对真理的热爱;不过更可能是出于对金钱的热爱。扉页上写着出版地是"佩斯卡拉"。贝扎感到非常愤怒,他说,伊拉图斯可能永远不会允许这种行为发生。所谓"佩斯卡拉"可能实际上就是伦敦,而真正的编辑者则是伊拉斯图遗孀的丈夫卡斯特菲特罗(Castelfeltro),而约翰·伍尔夫(John Wolf)是真正的出版商。当时,在英格兰,卡特莱特和特拉维斯(Travers)又重新点燃了关于训导的争论。贝扎暗示,惠特吉福特是正当其时地出版伊拉斯图作品的幕后指使者。① 对此,他予以否认。不过,他肯定知道作品的出版。从塞尔登的《论希伯来人的会议与政

---

① 这的确是正当其时,因为贝里谈到贝扎害怕对伊拉斯图的著作进行回应(II. 227)。他指的自然就是《明证》。另参见 pp. 265, 311。威斯敏斯特宗教会议的全部争论表明伊拉斯图的作品真是天才之作。塞尔登的《论希伯来人的会议与政府》只不过是发展了其中一部分的思想。参见 *Jus Divinum*, or Collinges' *Responsio Bipartita*。在这两部作品中,伊拉斯图都被视为最可怕的对手。

府》(*De Synedriis*)中的有关论述似乎可以证明,伍尔夫因此"受到了枢密院的嘉奖"。① 伊拉斯图作品的出版,其最终目的是为了结束英格兰关于训导的争论,这点是毫无疑问的。胡克就说自己很熟悉伊拉斯图,并探究了他提出的一些问题。在关于教会与国家之间关系的原则上,胡克坚持的就是伊拉斯图而非伊拉斯图主义的观点,尽管在掌管天国钥匙之权的问题上,他同伊拉斯图观点不同。不过,胡克坚定地认为,将君主逐出教门是极不公正的一件事情。

伊拉斯图的名字也卷入了在荷兰发生的阿米尼乌斯派争论。② 我们发现,格劳秀斯写了一部名为《论帝国对于圣礼仪式的至高权力》(*De Imperio Summarum Potestatum circa Sacra*, 1964),这本书可以说完全充满了伊拉斯图主义的气息。然而,和伊拉斯图一样,格劳秀斯也是小心谨慎的。他并没有授予世俗统治者违背上帝律法、制定新的信仰法律或禁止祷告、禁止圣礼的权力。③ 对于霍布斯,甚至对于塞尔登之类的作者来说,这种观点显然是可怜的、教会的观点。此外,尽管格劳秀斯援引了许多支持者,其中包括沃尔夫冈·马斯库鲁斯(Wolfgang Musculus),但他并没有引证伊拉斯图;并且,二者关于革除教籍方面的观点也彼此相左。

---

① 塞尔登非常详细地描述了整件事(*De Syn*. Ⅰ.1016—1021)。参见贝扎在其前言中所说的,同时也可参见斯特莱普(Strype)的《惠特吉福特传》(*Whitgift*, Ⅰ.168, and App. Ⅲ., 302)。

② 阿米尼乌斯及其友人仰赖世俗权力,他们也因为诉诸至高的世俗统治者反对教会权威而饱受攻击。参见多特会议(Synod of Dort)的文件(由司格特博士翻译),以及《前朝史》(*History of Preceding Events*),第137页及其他各处。

③ *Opera*, Ⅲ.214.

威斯敏斯特宗教会议的辩论将伊拉斯图主义这个词采纳到了英国。神学家们试图起草一份关于统一的长老会教会政府的计划，在这个过程中，关于执掌天国钥匙之权的争论成为了最为棘手的问题。英格兰的清教徒们都是坚定的现代意义上的加尔文主义者。但是，他们不想握有在他们看来是专断而不受限制的权力，也反感这种权力被一个教会组织掌握。独立派并不反对废除信徒个人在会众中的权利，他们反对将各个教区统一成一个更大的组织以评议各种决定。① 他们似乎愿意承认向世俗统治者上诉的最终权利。这使得他们非常接近于伊拉斯图主义者。② 贝里对于独立派有着满肚子的怨言。他是这么描述他们的：

"在宗教大会中，我们陷入了一种流行的假设；这种假设体现在教堂反对伊拉斯图主义异端的文件和教堂通告中；它在我们头脑中已经存在好些日子了，并且还将持续更长的时间。伊拉斯图主义的异端邪说在我们国家影响力非常大，尤其在律师们当中，在议会中那些不幸的议员们当中影响甚大。我们发现，这种假设总是认为'在《新约》中，基督已经创制了一个完全不同于世俗政府的教会政府，它由教会的官员执掌，无需得到世俗统治者的授意'。宗教大会中没有人会质疑这个真理，除了科尔曼先生(Coleman)。科尔曼是一名公开的伊拉斯图主义者，充满学识，却是无比愚蠢、

---

① "我们坚持的条件是，任何一个会众团体都不受长老会监督会(Classical Presbytery)的统治。"Baillie, II. 139 (1644)

② 尼尔(Neal)的评论非常著名。除了将伊拉斯图称为神学家之外，他对伊拉斯图观点的描述都非常公正。他说，在伊拉斯图看来，牧者的职责仅仅是说服性的，就像教授在学术方面说服自己的学生一样，而根本不具有附带的掌管天国钥匙的权力。

鲁莽、阴郁的一个人,名声也很坏。但是议会中的律师们在各方面以损害我们的长老会为业,他们不仅影响了长老会的良心,也使他们产生忧虑,担心议会会损害长老会的市场,担心律师们会非法地对待他们的诉讼。这样,议会中的律师们就用虚荣鼓舞了这个可怜的人;他也就变成了他们的支持者,竭尽全力地满足议会的意愿,鼓吹伊拉斯图主义的观点,反对长老会。我们为他进行了自由而公平的听证;尽管我们回答完他所能够提出的一切问题,用无可否认的证据表明了我们的观点之后,我们担心当案子被提交到议会两院的时候,议会两院会将其从信条(Confession)中删除;因为这点是他们的偶像崇拜。他们中的大部分人都对它非常的狂热;教皇和国王都不像这届议会中的大多数人那样执迷于教会的领导权。一旦教皇或国王试图通过武力夺取领导权的时候,几乎所有的神甫、教士们就奋起为了基督的特权而反抗他们。因此,我们当前也来到了一个异常危机的时刻,必须与这种事态进行斗争。我们一直以来都在为建立我们的政府而努力,不过,撒旦一直在阻碍我们。神甫和长老们都不愿意下定决心并采取任何行动,除非他们可以拥有一部法律以获取某些权力;先前所有的法令都存在根本的缺陷,无法令人接受。伊拉斯图主义者和独立派在议会中勾结在一起,竭尽所能地远离政府,而当政府就范了之后,他们又尽其所能地使政府腐败无能。不过,最后,在昨天通过了一项法令,旨在弥补先前的所有缺陷,使我们能够尽快地正常运作。我们付出了大量的努力,保证这部法令能够不受干扰地施行,不过,尽管我们做了许多努力,前文提到的身处邪恶之中的那些兄弟们无所不用其极地百般阻挠,以致法令无法实施。对于这种情况,我们进行了抗议;宗教大会也会进行抗议;伦敦市的神甫们也会进行抗议;不过,蒙上帝惠助,最有效的抗议手段可能就是伦敦市自身的热情了。在法令出台之前,他们对其中一些实质内容进行了请愿。议会两院都投票认为侵犯了他们的特权,并提出一项动议,除非还没有得出结论的争议提交到议会面前进行讨论。伦敦市认为这项表决是非常邪恶的。它有可能在他们之间造成分裂。我们的祈祷者和信徒们对伦敦市充满着智慧与勇气。我知道这件事情花费了谁大量的经历。我们知道,独立派比任何人都更不愿意追寻上帝的真理。亵渎神灵的异端现在在这个国家比在世界上其他任何地方都更加肆虐。不过,他们不仅是沉默的,同时还是他们所有人的自由的支持者和追求者。对于是否应当宽容他们独立的教会,我们和他们都已经在纸面上进行了许多争论。在最后一次会议上,我们决定停止纸面上的争论,并在下个星期四进行口头上的辩论,反对他们所渴望的独立的合法性。当我们达到目标,议会两院将讨论这件事情。议会和军队中的大多数人都拥有巨大的自由;不过,宗教会议、城市和王国中一切教士团体都满怀激情地反对如此明目张胆地破坏约法。"①

在《盛开的亚伦之杖》(目录)中,吉尔斯比先生这样描述伊拉斯图派的起源:

"伊拉斯图主义的错误并非诚实的父母所生。伊拉斯图是助产士,参与了伊拉斯图主义错误的产生。它是吸吮亵渎与自

---

① Baillie, *Journal*, Ⅱ.360,1(1646).

私自利的野兽。它浓烈的食物是专断政府。它的导师是阿米尼乌斯主义。它的腐败与贪婪从何处而来？它是如何藏身于改革后的教会中的？它是如何被伊拉斯图本人扼死的？伊拉斯图主义驳斥伊拉斯图。反对这种错误的那些人。争论最近是如何复兴起来的？"

在《神圣权利》中，卢瑟福特花了很大篇幅对伊拉图斯进行了有力的回应，并且认为，回应了伊拉斯图，也就充分地回应了普利尼的反对意见。① 他是这样描述伊拉斯图派的："从世俗君主王冠上摘取下来的玫瑰或花朵算不上什么丰富的战利品。从耶稣基督尊贵的冠冕上摘下的钻石和宝石对于世俗的最高统治者只能增添一些暗淡微弱的光芒，它只能凸显秃头，而不能增添美丽。"他利用了被帕斯卡变得非常著名的理由："在心存疑虑的事物中，良心只能选择最稳妥可靠的一方。基督教的统治者们最好不要冒险试探永恒、怒火和未来的审判，将希望完全寄托在可怜的伊拉斯图主义教条上，而侵犯耶稣基督尊贵的特权。"

这些理由和海德堡的情形十分类似，尽管在这里更多地关注世俗统治者；不过，在《对双方的回应》(Responsio Bipartita)中，柯林格(Collinges)认为他的对手的观点全部源自伊拉斯图，"那些厚颜无耻之徒的始作俑者"。② 伊拉斯图主义者这一术语最初并没有扩大到指那些反对革除教籍的人，而是指支持如下观点的人，即世俗统治者有权随意地规定宗教信仰，并要求服从人们服从。伊

---

① Epistle to the Reader.
② p.20.

拉斯图主义者所指代的范围的扩大就是源于这场争论。① 如今，它原初的含义当然大部分都已经被遗忘了。

1649年，《重要问题之解释》在阿姆斯特丹重印出版。在1659年，里面的论文（并非《明证》）被翻译成英文，名为《教会审查的无效性》(The Nullity of Church Censures)，另外一个译本出现在1682年。

在我们这个时代，苏格兰教会的分裂促使李博士(Dr. Lee)在1844年重新出版了老的译本，并且他还做了一篇详尽的前言，表明伊拉斯图并非通常所理解的伊拉斯图主义者，苏格兰教会并非是伊拉斯图主义的，也并非是伊拉斯图的支持者。

对相关史实做了如此详尽的描述之后，接下来我将阐述几点理由，用以解释本文一开始我所提出的那个问题，伊拉斯图在何种程度上是一名伊拉斯图主义者？不过，首先必须定义伊拉斯图主义。也许，塞尔登的话最为露骨，因此也就最为充分地阐释了这项理论："教会还是《圣经》才有权裁判宗教？事实上，双方都没有，只有国家才有这种权力。"②这种观点足够清晰明了。它将一切真理都交到世俗权力的手上，并完全否认个人或者教会对良心拥有任何权利。它将权宜的要求置于理性的要求之上。它使政治的便利

---

① 应当说卢瑟福特对伊拉斯图的评价颇高，一点都不低于伊拉斯图的追随者们对伊拉斯图的评价。不过，我认为他在以下这几点上是有欠考虑的：(1)伊拉斯图对世俗统治者的评价不是随意说说的(obiter dicta)；(2)就圣礼方面，伊拉斯图赋予统治者的权力可以授予给任何一个接受在俗教士理论的基督徒，他就像伊拉斯图那样坚定地坚持这种理论；(3)伊拉斯图通常认为世俗统治者不能随意地改变宗教，而是将世俗统治者视为正统教会的正统首脑；(4)并不像卢瑟福特所认为的那样(513)，伊拉斯图并没有说，世俗统治者有权革除背教者或其他任何人的教籍。他只是说，他对训导的反对不能适用于他们。

② Table Talk, Op. Ⅲ. 2067；另参见2016。

成为信仰的唯一检测标准。正是这种观点使得它在国家的官僚等级体系理论中占有一席之地(locus standi);尽管的确我们应当更加公正地说,正是官僚等级体系理论及其后果以令人厌恶的方式造就了伊拉斯图主义。此外,用于支持教会至高无上理论的主要理由,无论是由耶稣会士或长老会还是第五王国派那些人所阐述的,实质上都是相同的。在一个宗教统一依然是一种政治理想的时代,宗教组织必须主张在信仰问题上具有决定性作用,否则宗教信仰就会沦为政治便利的问题。这是能够确保真理的唯一办法,尽管对于生活在宗教宽容已经解决了信仰问题的时代的人们来说,它看起来颇为荒谬。关于教会至高无上的各种理论可能有些邪恶,不过它们总比使宗教或无神论成为单纯的政治工具,成为国家或私人利益的玩物要强许多。事实上,在一个宗教迫害被视为义务的时代,它们是确保良心的权利的一种形式。罗马帝国曾经使宗教成为单纯的政治工具。作为一种不可避免的反制,基督教会被迫主张自身也拥有同等不可动摇的权力,凌驾于世俗权威之上。接着,宗教改革见证了俗人奋起反抗教会的这种主张。几乎所有支持改革的人们都乐于允许世俗统治者在指引宗教改革的方向方面拥有更多的权力;[①]在我们这个时代,人们是不会乐于这么

---

① 甚至可以参见 Knox's Letter to Queen Regent Mary, Works, Ⅳ.433;另参见《第二训导书》(Second Book of Discipline), Ⅹ.7, in Calderwood, Ⅲ.545。如同教皇一样,诺克斯也乐于提升世俗权力的地位,只要世俗权力能够作为一项有力的工具。有许多所谓的伊拉斯图主义者,他们之所以狂热地支持世俗权力,只不过是希望世俗权力能够贯彻或坚持他们所主张的特点的宗教观点。正如后来的一位作家说的:"长老会只会将这种荣誉授予给他们的世俗统治者,让这些世俗统治者执行长老会的判决,帮助绞死那些受到长老会谴责的人。"同时参见荷兰清教流亡者的自白。

做的。还有一些人做得更加过分。《利维坦》充分地展现了最为成熟状态下的伊拉斯图主义。霍布斯将宗教置于国家的绝对控制之下,国家可以出于自身的目的建立或禁止它乐于看到或它厌恶的宗教形式,国家不仅可以要求每个人忠实地服从,同时还要求每个人发自内心地服从。良心事实上必须服从于国家强加的任何种宗教。的确,霍布斯有所保留,允许人们单纯地被动服从,不过这只能发生在国家否认基督复活这种情况中。这种情况实在太不思议,因此,毫无疑问,霍布斯认为每个人都必须服从国家所强加的任何一种宗教或服从国家对宗教的否定,并且必须将其视为一种道德义务。国王同时也变成了教士和主教。主教不再有权利将自己称为主教,不再是神圣任命的;而教士布道什么也不能说,只能宣扬服从世俗统治者的义务。

但是,宗教是国家的造物这种理论也许只是对伊拉斯图主义进行的更加简单的定义;我认为,没人会否认,人们通常所使用的伊拉斯图这个词至少具有这种含义。现在的问题在于,伊拉斯图教导了这种理论吗?如果没有,他的教义类似于这种理论吗?而这种理论又是如何同伊拉斯图这个名字关联在一起的呢?对于第一个问题,我认为,答案是否定的;对于第二个问题,答案是肯定的,尽管对于二者相似性到底有多大,人们意见不一。而通过上文提及的那些争论的历史可以回答第三个问题。

我们必须记住伊拉斯图的作品并没有直接支持国家,它们的目的只是要抨击革除教籍的权利。在有关世俗统治者的职权方面,他所表达的任何观点都只不过是在阐述自己主要态度的过程中附带地提到的(obiter dicta)。事实上,他必须证明,如果他的观点被采纳,道德本身不会受到损害。因此,他接着说,革除教籍不仅是离经叛道(unscriptural)的,是一种篡权的行为,而且世俗统治者也能够实现革除教籍所达到的目的;他并没有说世俗统治者自己可以革除他人教籍。他的论证思路如下:(一)犹太人中间就没有革除教籍的做法;(二)《新约》中也没有相关依据;(三)在一个每个人都持相同观点的国家中(并非革除教籍),一切强制性的治权都只属于世俗统治者。这种论证具有时代的特色,这里也没有必要详细地加以讨论。伊拉斯图提到的犹太人的例子可以讨论一下。现在人们证明,犹太参议会[①]不仅是一个宗教组织,也是一个政治组织,并且拥有强制性的权力。在《论希伯来人的会议与政府》中,塞尔登非常详细地探讨了这一点。[②]《新约》中支持训导的经文在当时就被人们加以考察与解释。其中最重要的经文是《马太福音》第18章第17节。伊拉图斯认为,基督的命令和革除教籍没有任何关系。它只涉及私人性的错误。受到伤害的一方可以向犹太参议会控告,也可以向一个类似的、在非基督教国家中扮演仲

[①] 训导派的观点主要以如下所谓的事实为依据,即犹太参议会的权力持续到教会中,并且这些权力本质上是宗教性的权力。在这个问题上,班克罗夫(Bancroft)在《对所谓的神圣训导进行的调查》(Survey of the Pretended Holy Discipline)中以及比尔森在《基督教会的永恒政府》(The Perpetual Government of Christ's Church)中似乎都持和伊拉斯图类似的观点。

[②] 贝里迫不及待地对塞尔登进行了回应。他说:"议会中的伊拉斯图派要比独立派更加强大,并且带给我们同样多的不幸。塞尔登就是他们的首领。如果皇帝能够治一治这个傲慢的人,他当然有能力这么做,他就可以通过拉比们证明,犹太国家不同于他们当教会,在犹太人中间也有革除教籍这种惩罚方式,还有一个两院制的犹太参议会,一院是世俗的,一院是宗教的;如果皇帝可以用希伯来人的证词同塞尔登对质,就一定能治一治后者的虚荣心;他对自己的东方学识自负得不行。"(Ⅱ.277)吉尔斯比也强烈坚持这种观点。

裁法庭角色的组织控告。如果这些都没有成功，犯错的兄弟就要被视为外邦人和税吏(publican)。这并不意味着他被开出教籍了，只是意味着国家法庭针对他采取的一项行动。他不再是一名基督徒，因此，人们只能将他视为公民。① 圣保罗将犯错的兄弟交给撒旦的事例也同样被讨论了。这被解释为圣保罗为将此人从世界移除而进行的祈祷，而并没有被解释成革除教籍。② 最后，伊拉斯图宣称，在基督教国家中，世俗统治者有权惩处一切犯罪。他无需革除他人教籍。那只能赋予他纯粹宗教性的职能。③ 他只是在依据一项以宗教原则为基础的法律行动。伊拉斯图并没有触及教义，因此，并没有赋予世俗统治者对于真理的权力。因为他说，他所考虑的只是君主和人民全都信仰同样的、也是真实的宗教的情况。在我看来，所有这些似乎表明，伊拉斯图的观点同现在教会的争论没有关系。现在的教会争论发生在一个承认各种宗教的国家，并且这个国家的"世俗统治者"(议会)是由拥有各种千奇百怪观点的人组成的。要将伊拉斯图的观点等同于霍布斯或塞尔登的观点，我们就必须忽视两项前提条件：(一)真正的宗教被认为已经建立起来，任何其他的宗教在国家中都不被

---

① 这一理由也出现在 Musculus, *Loci Communes*, *De Magistratibus*, p. 631, Ed. 1611.
② Lightfoot, *Horae Hebraicae*, 在这些方面也分享了伊拉斯图的观点。
③ 的确，克兰默(Cranmer)也是这么做的。"依照圣经，它既没有要求，也没有禁止主教或教士革除他人教籍，不过，只要宗教的法律赋予了他给出教籍的权威，那么他们就应当利用这些权威，用以处置这些法律有权处置的那些罪行。如果宗教的法律禁止革除教籍，那么他们就没有革除教籍的权力。并且，只要法律授予某些人革除教籍的权威，那么并非教士的那些人也可以行使革除教籍的权力。"不过，在这之后，他又补充说："这只不过是我当前的观点和判断，对于这件事情，我不敢鲁莽决定，因此完全交由陛下您圣裁。"(*Questiones*, N. O. 116, *Remains and Letters*, 117)

允许;(二)世俗统治者没有权力违背上帝之道。伊拉斯图所反对的显然就是在一个国家中存在两种主导的强制性权威。

"正如在安排世俗事务时统治者不应当越过平等、正义和诚实的界线,即共和国法律与现状的约束;因此,在安排、规划神圣事务,或者说有关神圣宗教的事务时,世俗统治者也绝不能在任何方面背离神之道的约束:正因为他应在一切事中遵守这种统治,他也因此不应放下自己的武器。基督共和国的统治者是独一无二的,他由神委派,他的外在统治权至高无上,既涉及政治生活,也涉及虔敬的基督教生活。发号施令的权威、权利和教导的权利不应该授予神甫或其他任何人。在我看来,这种说法应与基督教共和国息息相关,在其中统治者和他的臣民公开信奉一种宗教,一种真宗教。我认为,在其中绝不存在两种不同的司法权。换句话说,在基督教共和国中,显然世俗统治者要负责照看错误的意见,在某种程序上,或许这种划分理由是可以忍受的。"①

"我仅反对道德判决,或如今被叫作基督教判决的判决形式与政治统治者做出的判决存在不同。显然我否认两种司法权,或者说,我否认有两种不同的公共或外在的道德判决能够合适地出现在一个由上帝指派的虔诚统治者负责的共和国之中。"②*

这在本质上不同于伊丽莎白在《劝诫被居心叵测之徒诱骗的单纯之人》(*The Admonition to simple men deceived by the*

---

① *Confirmatio*,Ⅲ.1,pp.161—162. 在另外一个地方,他说:"上帝之道和圣礼可以废除臣属的权力。"

② *Ibid*.Ⅳ.1.

* 这两段文字承蒙华东师范大学林国华老师翻译与指正。——译者

malicious)提出的主张吗？伊拉斯图的世俗统治者事实上就仅仅是主权者，"在他的统治领域内，他是至高无上的，高于其他一切人和事"，没有人能比他地位更高。[①] 此外，他说，在信仰这件事情上，世俗统治者当然会咨询神学领袖们的意见，他们会告诉他，什么是上帝之道，什么不是。并且，他也承认，对于道德方面的罪行，世俗统治者授权一些组织来处理是挺不错的，这些组织将至少由教会人士或由教堂选举出来的人组成[②]，他们将对罪行进行调查，并将罪犯绳之以法。但是，他反对宗教权威拥有司法权的观点，他认为宗教权威是非政治的（non-political）。[③] 他的对手们毫无理由地辩解，称他们的训导绝对没有篡夺国家的权力。对此，他质问这些人，如果情况确实如此，那么为什么他们要求国家采取行动引入他们的训导呢？同时，他也反对将训导强加给不愿意接受的民众（这些人在我们看来是太过"伊拉斯图主义"，并且被剥夺了基督教共同体的权利）。[④] 他们犯下了教会党们都会犯的致命错误，他们认为，他们的判决只涉及宗教事务，是完全不同于其他人做出的判决。他们的主张永无谬误。伊拉斯图针锋相对地问道："难道不是

---

① *Confirmatio*, Ⅲ.1, p.163.

② *Ibid.* 172.

③ 参见《巴克斯特传》(*Life of Baxter*)的作者卡拉米(Calamy)对巴克斯特观点的描述，巴克斯特厌恶长老会派的援引，参见 *Reliquiae Baxterianae*, 142, 143。

④ "假如基督教会在名义上完全是大众的，这是真的，那么委托长官就是假的，以至于教会不愿指定它的司祭。虽然事实上首要的长官(Magistratus praecipuum)是教会成员(Ecclesiae membrum)，他自己对解释者来说却不命令有权势的和主要的基督成员去裁决，而是命令教会这一整体；其中没有产生另一个最有权力者，因为他属于这个事物。" *Confirmatio*, Ⅵ.1, p.329.

只有阿罗布罗格人(Allobroges)在判决中才不会犯错吗?"①贝扎认为,教会的判决只是宣告性的,它向尘世宣布,天国中那个不可见的法庭先前已经判决将某人逐出天堂。② 在他看来,这种判决不同于长老会长老们通过那些世俗法庭做出的判决。伊拉斯图一眼就看穿了这种(下意识的)诡辩。他发现,要试图判断一个想要领取圣餐的人到底是真诚的还是不知悔改的,这将涉及对动机的了解,而这种了解是不可能的,因此,一方面它损害了神圣的正义,至少在另一方面它侵犯了人类。它要对动机进行审判,也即它主张永无谬误;它影响声誉,也即它会影响世俗生活。③ 事实上,在当时长老会和教会派们都将教会理解成在很大程度上是政治性的,正如严格的预定论也就是适用于上帝的行动的法律主权理论。加尔文的上帝就是霍布斯的利维坦,拥有不受法律、正义或良心节制的权力。对于教皇派和长老会教徒来说,教会就是一个国家(a State),甚至是唯一的国家(the State),尽管并不是他们所有人都

---

① *Confirmatio*, Ⅲ.4, p.223.

② 在宣布执行绝罚中,"我们安顿了上帝、司祭和这个司法权威,它的官员和解释者正好是司祭"。革除教籍只不过是对先前在天国中已经采取的行动进行的一项补充:"显而易见的是,假如在人间所受的绝罚不是在天上所受的更加隐蔽的绝罚的宣告,据此无可争辩的是,他根据功劳所获得的是他在天上有时不被认可的,那些处在人间信徒之中的人会认为这是值得的:这个后来在人间做出的宣告在天上也得到了估定。" Beza, *Tractatus Moderatus*, 4. "然而我们……我们信仰天上有法律效力,我们也知道基督在他自己仆人面前称王,领导这个他自己的教会;但是,我们不认为这些真正合法的司祭的裁决是令人生畏的,正如上帝的永恒之子宣布了这件事。" *Ibid*. 8.

③ "我们实际上讲的仅仅是这些,以至于我经常提议,我渴望上帝进行修复;然而,我们力争达到这个统一,不是在上帝的司祭制度,他命令晚生的人类统治者自行忏悔,他们投身于谎言;要么违犯圣礼,要么取消了这些圣礼。" *Confirmatio*, Ⅱ.1, p.152. 另参见 Ⅰ.4。

会这么极端地认为。① 但是,伊拉斯图发现了他们试图引入的那套体系存在的风险。② 他发现,在一个所有人都信仰同一种宗教的共同体中,革除教籍的权利将赋予教会寡头们巨大的权力。在我们现代这个宗教异质的世界中,革除教籍并不会有很大影响,尽管甚至现在它也有可能影响到一个人的生意,并因此法庭③应当适当地进行调查。但是,在一个具有统一的宗教信仰的社会中,如果按照长老会的设想施行训导,那么人格诽谤的行为就有可能不再是要接受世俗惩罚的问题,而会被上升到神法的层面。主张此种权力显然就是在要求获得本属于世俗统治者的职权,除非有人向世俗统治者提出诉讼,而那是最令人讨厌的事情。牧师在布道的时候,如果毫无理由地随意指摘他人,那么没有任何理由他可以不因诽谤而接受惩罚。革除教籍是同类的事情,只不过在程度上更加严重而已。如果你告诉某人的邻居们,某人的人生目标就是令邻居们不愉快,并且他们都相信了你,那么你这么做的目的肯定不是为了帮助某人实现自己的人生目的。值得注意的是,这也就是在威斯敏斯特宗教会议上发生的论证的主要理由,尽管名目不一样,并且也并没有明确地表达出来。训导的支持者们声称,长老

---

① 成熟的长老会教义的确承认两个王国的理论;但是这不可能是加尔文或诺克斯的观点。参见关于 1646 年《神圣权利》的讲座。

② 他将长老会同教皇的侵犯等而视之。"事实上,上帝是真正有力的,他是万物之王和万物之主,是一切的力量,是一切的良知,《圣经》神圣不可侵犯,罗马教皇处于其统治之下。但是,我们创设了不安分的另一个,我们没有证明产生教皇的好处。我肯定听说了这样的话,但是我也看到和经历了相反的一面。我们正确地谴责了教皇的其他许多东西;但是,在我们看到了一点确证之后,我们又制造了相同的东西。"*Confirmatio*, V. 1, p. 298.

③ *Ius Divinum*, 632.

会的司法权根本不是强制性的,而是单纯宗教性的。在他生活的那个时代,伊拉斯图并没有因为赋予世俗统治者过多的权力而遭受谴责。贝扎没有提到相关的问题,其他反伊拉斯图主义的人也没有明确地反驳一切强制性权威都属于国家这种观点。① 相反,他们都急于表明,他们的观点同它并不冲突。的确,在这点上乌尔辛努斯背离了自己的派系,并且断言,革除教籍应当征求世俗统治者的意见,并由他做出决定。伟大的训导派和反伊拉斯图主义者普林(Prynne)受到人们的攻击,理由是他以我们所谓的伊拉斯图主义的根据支持训导,也就是说,他支持训导的理由在于,政府支持或将要支持长老会体系,因此每个人都必须服从政府。有人质问他,在主教们独裁统治的时候,他为什么不依据这种观点行动呢?② 此外,英格兰的长老会教徒们最为深恶痛绝的一件事情就是议会顽固地坚持世俗权力的最高上诉权。③ 他们反对对革除教

---

① 的确,贝扎宣称,世俗统治者掌管两种法律(two tables)。*Tractatus*,99. 二者的真正差别并不在于世俗统治者的权力,而在于革除教籍的神圣起源。为了证明反伊拉斯图主义者们的伊拉斯图主义,我们可以对比在《审判》(*Judicium*)的结尾处乌尔辛努斯提出的呼吁,他请求选帝侯将涉及新的教义的问题提交给他处置。

② 参见 *Certain Brief Observations on Mr Prynne's Twelve Questions*.

③ "但是我们并不认为,(在一个体制良好的教会中)世俗统治者接受对教会法院做出的判决进行的(所谓)上诉,或者接受被审判一方对判决提出的申诉这些做法是符合耶稣意愿的。因为接受上诉或申诉就意味着废除教会法院的判决。"Gillespie,253.

"为建立我们长老会教务评议会,我们展开了激烈的斗争。它必定是一件神圣的事情,虽然各色人等都极力抵制;然而蒙上帝惠助,我们必将战胜恶人,很快就能看到评议会建立起来……"

"现在,我们最难缠的对手就是下议院中的伊拉斯图主义者。他们最后同意在英国的土地上建立教务评议会和长老会议,并且为达到这个目的制定了一些法令。但是,他们几乎没有赋予这些教会法庭什么权力,以至于宗教会议(他们发现自己的请求没有被同意)都极其怀疑是否已经建立起了教会法庭;他们希望通过数千人强有力的请愿,获得比他们最初欲求的更多的东西。想要实现这点并得到我们所欲求的一切的唯一手段就是我们在纽瓦克(Newark)征召的军队。"Baillie,Ⅱ.317,318 (1645).

籍进行限制并想要彻底地贯彻革除教籍的做法,使其不受任何其他司法权的限制。① 毫无疑问,在英格兰,这种仇恨的主要力量都来自于对教士独裁的恐惧。② 塞尔登宣称:"长老会是世界上拥有

---

① "想要限制对妄议公共的、不受争议之原则的行为以及对事关公共习俗和基督教普遍习惯的事务进行革除教籍的审查,这是阿米尼乌斯主义者和索齐尼斯教徒(Socinians)的危险教条(这两种情况在双方党派的既有知识来看都是如此),它将为其他各种恶行和错误打开大门,提供便利;这些恶行和错误并非根本性的,也并没有受到一切基督教徒的憎恨,但它们有可能会颠覆改革后的宗教。"*The Reformation cleared*,21.

② "教士,无论他们建立起何种教会形式,他们总是在宗教事务方面将自己私人的意见当作永无谬误的真理,并使君主与人民彼此反目,使一类人反对另外一类人,并诱使他们的追随者们支持他们不正当的争论,直到他们都不知不觉地成为教士野心和无限权力的奴隶,而根本不可能获得任何真实可靠的或真正意义上的基督教改革。"

"在各个时代,教士们都利用自己的智慧和权力通过人类的法律和惩罚压制异端和宗派,他们难道就没有破坏耶稣基督制定的、基督团体内的成员都应当友爱的法律吗? 他们总是借着弥合分歧以及为基督团体建立一个政府的名义,他们总是通过外在的强制要求团体中的全体成员要在宗教事务方面必须保持观点一致,保持礼拜仪式的统一,他们难道就没有发现自己不正好就诠释了《科林多前书》第12章中所描述的宗派精神(他们似乎是想要消灭这种宗派精神)吗? 这种宗派精神鄙视比自己地位更低的,而妒忌比自己地位更高的,认为他们都并非不可或缺的成员,最好是将他们从团体中清除出去;因此,他们试图将整个团体变成一个孤家寡人,他们损害与分裂了基督的团体;如果只有一个成员,又谈何团体呢?"*Twelve Weighty Queries*,p. 8.

"别再将更多的政府职责压在神甫牧师的肩上了,基督曾经给与他们多少……别再给与他们更多的权力,圣灵明确地给与他们多少就给他们多少……我担心野心的陷阱,我是有理由的。我看到是什么促使主教制和教皇制走到这个地步。一旦他们插手某项工作,他们很快就不再允许其他人插手,并将其作为宗教主要的、唯一的重点。他们中的一个人说:'基督徒的完美不在于慈善行为和献身,而在于提高教会的权力,那是真正的、坚定的完美。'" Coleman, *Hopes Deferred and Dashed*, p. 25.

"哦,光荣而尊敬的人们,睁开你们的眼睛,看看你们要走向哪里,或者某些人要把你们引向哪里。教皇曾经令你们的先辈唯命是从,你们也会重蹈覆辙的,因为如果长老会占据统治地位,你们就会散失你们的自由。蒙上天恩典,英国将再也不会有这么的一天——议会由于宗教的原因而无法干预教会政府。" Coleman, *A Brotherly Admonition*, p. 6.

最大权力的教士阶层,也是蒙骗在俗民众最甚的一批人。"①

事实上,训导的目的并不仅仅在于获得说服性的职权,相反它试图获得政府职权。证据如下:(一)其中有一名支持者提到,训导的目的是教会的外在的和平,而不是为了教徒的内心思想;②(二)另外一个人提到,维护教会秩序,组织教会骚乱的合适人选是教会的权威;③(三)伊拉斯图和布林格都提到的一个案例,长老会评议会急于想要确保自己的司法权,事实上被迫采取了赦免一个人违反人伦的罪行。④

正是这种咄咄逼人的争抢司法权的行为以及教权主义特征令伊拉斯图感到恐惧。不过,他花了很多篇幅谈论世俗权力,这也是可以理解的。他巧妙地引用了马斯库鲁斯,似乎是为了证明,最离

---

① *Table Talk*, Op. Ⅲ. 2064. 贝里的一项不满就是,在之前起草的一份训导书中,在长老会法院体系中,神甫教士有可能会被俗人控制(Ⅲ.452)。对加尔文体系的教权主义特征进行的生动描述,参见 Bancroft, *Survey*, chaps. Ⅱ. and Ⅲ.

② "对人的思想产生影响或主导人的思想,这既不是训导在教会治理中的内在目的,也并非其直接目的,教会或教会官员对它们都一无所知;相反,训导的主要目的在于实现教会外在的和平,这是能够实现的,而他们是根本不管说服人的内在思想的。"*Answer to a Libel*, 55.

③ "设想,在教会中举办的公共的礼拜上帝的仪式中,如果有某个酒鬼或疯子或一些异端,他们或是嘲弄、咒骂,或是唆使,或是采取其他一些不堪的行为而导致了一些骚乱,那么谁有权力来整治这些骚乱呢? 是世俗官员还是教会官员? 我认为,这种权力掌握在教会官员的手上。首先,因为他们要负责把守大门,他们要保证在神圣的礼拜仪式中不会发生此类骚乱行为。"*An Answer to those questions*, 15.

④ 参见格瓦特在书信中提到了这个案例"在帕拉丁,原先没有一个恶表,这些恶表遭遇了更大的过错……因为,假如我们由此畏惧能够支撑新的教会的暴政,除了这个理由谁还会说我们害怕这一点呢?"*Explicatio*, 379.

经叛道的异端就是将基督教的官员同异教官员等而视之。① 和一切宗教改革家们一样,他也完全乐于看到在世俗权力的帮助下将自己的信仰强加给不愿意接受此种信仰的人民(并且他很可能也得到了这种帮助)。这点同样也是毫无疑问的。他的作品中,没有任何宗教宽容的暗示,不过他的圣战既支持世俗权力,同时也支持民众的自由,反对那些心怀叵测之徒,他们试图诱骗世俗权力将自己连同民众的自由一同毁灭。如果想要引入这种宗教体系,那么在伊拉斯图看来,就必须征求君主和人民的意见。此外,在另外一两段文字中,他说,世俗统治者之前一直都没有时间,如果他有足够的时间,他也可以教导宗教真理,甚至可以成为神甫祭师。② 不过,伊拉斯图是极其反僧侣教权主义的,他的上述观点都是建立在有关俗人祭师的一般原则之上的。③ 甚至在这点上,我们也必须记住,伊拉斯图认为应当要建立起真正的宗教;伊拉斯图根本没有提到君主可以随意地改变宗教。同时也没有任何证据证明伊拉斯

---

① 虽然在很多方面,马斯库鲁斯都要比伊拉斯图更加伊拉斯图主义得多,不过他还是有所节制,使自己不会遭受到将宗教受制于国家政策这种指责。"假如基督教的长官与宗教关怀相关,这个显明的因素又被恢复了,尽管不与这一点相符合,以致上帝的言语无论什么都构成在宗教之内。事实上,他不能带着以致悦纳任意的上帝的照管,因为不与上帝的意志相合;它们也不能与人类的确定的联合真正地服侍上帝,即造就恩典之物。"他还证明,《旧约》中的摩西和《新约》中的使徒们都得到了明确的指示,他们不能依照自己的意志自由裁决。"我们愿意把这一点拔得更高,这样我们的长官就不会被看到应允了应受惩罚的鲁莽,他们在上帝的言之外想要通过任何方式把宗教的形式展示给自己的属下,而且在权力面前,他们愿意接受上帝是真正服侍的存在;并且假如任何人拒绝追随这一点,都将遭受此类傲慢和反叛,仿佛基督宗教要权衡长官的权力和不比上帝的言的不可错性更大的正确性和权威性一样。"Loci Communes, 646.

② Confirmatio, Ⅳ. 2, p. 265.

③ Ibid. Ⅲ. 1, p. 175.

图会将真理按在政策下摩擦,会像霍布斯一样将宗教拖到国家理由的讫里什那神车(Juggernaut car)下碾轧。在他看来,宗教的职能是纯粹说服性的。① 在这点上,他没有进一步否认国家进行宗教迫害的权利(无论是否出于教会的要求),这多少有些遗憾。② 不过,至少他想要实现的目标是自由而非保证。他没有被那种别出心裁、似是而非的宗教启灵欺骗,他不会天真地认为在世界上建立起长老会的司法权是无害的,因为在长老会的支持者们眼中,这种司法权的唯一德性就在于它必须依靠恐惧,也即强制为基础,因此它需要国家的强制力。③ 的确,我们可以用《巴克斯特传》中的一段话来总结伊拉斯图的观点(巴克斯特,在我们看来很难说是伊拉斯图主义者)。"伊拉斯图主义者比其他人都更加坚定地支持世俗统治者在宗教事务方面拥有权力,我觉得,这种做法是完全正确的。也就是说,一切强制性的权力都应当掌握在世俗统治者的手上,这也是至高权威宣誓(Oath of Supremacy)充分要求的;此类强制性的权力不属于牧者或其他教会中人。""他唯一赞同的是牧者的权力仅仅是说服性的,尽管这种权威具有极高的权威,并且是

---

① 例如,他并不反对在布道中指责俗界官员。他无法忍受的是要通过司法对他们进行审查的主张。在他看来,这意味着获得了政府的统治权力。V.1.

② 如果"我的国不在这地上"这一真理没有授予教会针对道德的强制性司法权的可靠理由,那么它同样也可以用来反对国家在教会方面拥有强制性的权力,而无论国家是否得到了教会的建议。参见 *Confirmatio*, p.173。

③ "如果缺少权威不能让当事方出庭,那么就根本不可能对罪行进行审判和审查;说服和司法权——因此通过耶稣基督的权威(耶稣基督承诺在天国将进行特别而有力的裁决)在良心上由于对上帝的畏惧而形成震慑——与通过其他任何一种教会所采用的手段(这些手段要效果要更差一些,一方面仅仅依赖于说服,另一方面依赖于自由意志)可以说都是一样有效的。"(参见 *Reformation cleared*, 23。)这里显然就是诉诸强力了。

上帝神圣授予的;牧者是上帝任命的官员,他们不仅仅要通过布道说服民众,同时还要特别看护某一部分羊群;并且作为布道的说服力的基础,他们要用上帝的使命或命令证明他们所说或做的。但是作为牧者,他们并不拥有世俗或强制性的权力;并且除非世俗统治者将他们作为自己的官员而授予他们权威,他们是不能触碰人们的身体或财产的,他们只能触动人们的良心。"①这同时也是科尔曼采取的思路。

一个国家中存在两种并驾齐驱的司法权(jurisdictions),这点令伊拉斯图最为震惊。显然,这是不可能的。只要国家是统一的,必须有一种司法权处于最高地位。② 在一个其世俗统治者是非基督教徒的国家中,假设他因此迫害教会,那么他有可能允许教会拥有司法权。但是,他发现,如果情况不是这样,诸如教皇派,就需要统一。的确,他指出,教皇普遍君主制的主张也是以这样的事实为基础的,即只存在一个最高的权威,地位更低的,也就是世俗权力,必须要服从至高的权威,即教会权力。伊拉斯图坚持现代的观点认为,教会的官员本质上是纯粹说服性的。③ 但是,由于他将教会同国家等而视之,因此他自然就补充说,公共政策应当以基督教的诸准则为依据,如果必要的话,既可以惩罚犯罪,也可以惩罚罪孽(sins)。在一个所有人都信仰同一种宗教的国家中,犯罪与罪

---

① *Reliquiae Bacterianae*, 139; Calamy, p. 113.
② "在一个国家之中,我从来没有发现可以存在两个彼此不分高下且可以相互合作的政府,并且,就我所知,《圣经》中也不存在这种事情。"他解释说:"政府,我指的是严格意义上的具有强制力的政府。"参见 Coleman, *Hopes Deferred*, 25.
③ 他质问,牧师神甫布道说服的职责是如何一步步日益坐大成为审判权的呢?(Ⅳ.3)

孽在形式上是可以互通的，并且很多宗教信仰上禁止做的事情也可以不失公正地通过世俗的手段进行惩罚。而如果国民信仰的并非同一种宗教，那么试图如此这般地将道德强加在共同体身上就意味着迫害；不过，在这种情况下，不同宗教团体的司法权就可能呈现一种独特的形式，因为它们可能将自己的信徒的某些行为认定为是错误的行为，而国家，考虑到全体人民及其思想观点上的多样性，可能就无视这些行为。可以多说一句，我们知道训导实际运作的情况确实印证了伊拉斯图的观点，并证明自身是限制了个人的自由。①

伊拉斯图的主要目标并不是为了提升国家的地位，也不是为了奴役教会，而是为了保障臣民的自由。他将训导视为一种狭隘、偏执的迫害，它即便不完全是教权主义的，也不乏一颗教权主义的

---

① 以下引文出自一部在英国（1648年）强制推行训导的法令，它从一个侧面反映了训导体系的触角伸得多么深远。以下提到的各类人员都将被革除教籍：："一切膜拜画像、十字架、耶稣受难或圣徒遗物的人；一切绘制圣三一或与之相关的人物形象的人（这将谴责一切宗教艺术）；一切狂热地崇拜圣徒、天使或一切异能者的人；一切公开表示自己不会体恤邻人的人；一切体现出恶意并拒绝悔改的人……除了依照1644年4月6日议会通过的法令豁免的人，一切在主日跳舞、掷色子、打牌或进行其他游戏的人，一切在主日进行假面剧、过守夜节、打猎、打保龄球、踢足球、玩凳球（stool-ball）、摔跤的人，一切在主日进行任何娱乐休闲、表演、观看喜剧、进行击剑活动、进行猎牛、猎熊活动的人，一切在主日利用鹰、猎狗打猎，进行赛马、捕鱼、猎杀飞禽的人，一切在主日公开售卖货物的人，一切在主日没有合理理由而外出旅行的人，任何允许自己的孩子同天主教徒结婚的人，无论是父亲还是母亲，任何向女巫、巫师或预言家们求签问卜的人。"有关人们试图将训导体系引入英格兰的完整的故事可以参读尼尔（Neal）的作品，他是绝对不会不受清教徒们欢迎的。另参见格瓦特的书信，他抱怨说，主教制下革除教籍还会告诉你理由，而在海德堡，人们都被毫无理由地排除在圣礼之外。*Explicatio*, p. 387.

核心,如果允许它肆无忌惮地发展的话,势必将毁灭国家。① 他尖锐地质问,服从谁才是更好的呢,是世俗统治者还是那些有权革除教籍的人？如果长老会教务评议会不相信君主的虔诚,将他排除在圣礼之外,那么尽管君主的王位安然无恙,布道的时候也依然宣扬世俗的服从是一种义务,然而,在一个所有人都虔诚地信仰同一种宗教的国家中,人们还有可能尊重这样的君主吗,尽管他也非常渴望参加圣礼,并表达了自己的悔过之心？② 伊拉斯图厌恶的不仅仅是长老会试图偷走君主的权力,同时更讨厌长老会的狂傲,他们自认为有能力完成上帝才能做的事情,有能力阅读人们心灵身处的思想。如果一个人想要参与圣礼,在信仰上也保持正统,并且公开进行了悔过,那么对于人类来说,这就足以证明他的忏悔了。因为我们只能通过外在的形式进行判断,我们是不可能毫无错误地主观认定行为的虔诚与否。因此,革除教籍就不仅通过它要求的司法权篡夺了人类的权威,同时还通过它所宣称的确定性而篡夺了上帝的权威。教皇们曾经看到了这点,并合乎逻辑地主张,被革除教籍的国王不再有资格统治天主教的人民,因此,教皇们进而

---

① "他们同欧洲那些令人讨厌的耶稣会士们唯一的差别就在于耶稣会士们把他们所做的一切都归于教皇及其僧侣,而长老会则将为非作歹的一切都归于他们自己及其长老。"Bancroft, *Survey*, 208.

② "你们至少尚且使长官之外的人服从。但是,谁相信我愿意服从他,对其我认定能够把全部的生活方式有权地和强迫地预示出来？谁敢于违反你的意志什么也不做,他们表现出服从是很容易的。确实,长老服从司祭,与司祭的仆人相比,另一个什么都不是:当时他们考虑他的意志,无论是柔弱、坚强、身受酷刑、贫弱、桎梏、死亡等等,对某人施加酷刑。"*Confirmatio*, V. 1, p. 301. 班克罗夫小心翼翼地将布坎南的废黜君主的理论同所谓的革除君主教籍的权利联系在一起(*Survey of the Pretended Holy Discipline*, 204);参见 Knox, *Exhortation to England*, *Works*, V. 516。

主张拥有废黜君主的权力。伊拉斯图担心长老会也会干出同样的勾当;并且,只要稍微浏览以下诺克斯的作品,我们就会发现,伊拉斯图的担忧并非毫无道理。

因此,我认为,想要回答伊拉斯图是否是一名伊拉斯图主义者这个问题并不像许多人想象的那么容易。如果肯定地回答这个问题,我们就必须由于我们的对手而放弃这个颇受人欢迎的绰号。我相信,伊拉斯图不如惠特吉福特①,也许也不如克兰默②,更远不如塞尔登或霍布斯③那么伊拉斯图主义。非常奇怪的是,甚至帕雷乌斯(Pareus)④也曾描述了世俗统治者在宗教方面的权力,他的这些描述也可以被称为伊拉斯图主义。正如威廉·卡宁汉(William Cunningham)博士所言:"相比于许多现代被称为伊拉斯图主义者的人来说,伊拉斯图要更少具有伊拉斯图主义的色彩;伊拉斯图被称为伊拉斯图主义也许对他多少有些不公正,而将那些现代人称为伊拉斯图主义者真是再恰切不过了。"⑤

不过,即便情况确实如此,也并不是因此就可以说,伊拉斯图

---

① 见 Defence of *the Answer to the Admonition*, Tractate ⅩⅩ., Works, Ⅲ. (295—325),尤其是第 306 页。在此处他肯定地引用了"君主决定宗教事务,尤其是在重要的与根本的观点上"。

② 见克兰默的作品,各处,尤其参见 Corrections of the Institution, *Questions concerning the Sacraments*, Ⅱ. p. 117。

③ 参见 Lee,论文前言。他说,霍布斯认为世俗权力可以随心所欲地建立自己喜欢的宗教,并强迫人们服从它(并且臣民们必须发自良心地服从这种宗教),或者可以随心所欲地建立起任何形式的教会政府,并可以为所欲为地不断改变教会政府的形式;千万不能将伊拉斯图主义等同于霍布斯的教条(ⅩⅬⅤ.Ⅵ.)。

④ *Aphorisms*, §Ⅺ.

⑤ *Hist. Theol.* Ⅱ. 572.

是正确的或者伊拉斯图的观点同伊拉斯图主义或拜占庭主义没有任何关联。在一场持续了数个世纪,甚至迄今也尚未终结的争论中,他看到了问题的一个方面。经验告诉他,必须阻止长老会体系的建立,因为在他看来,长老会体系就是一种教权独裁。在参与论战的过程中,他提出,在一个宗教统一的国家中,保障臣民信仰虔诚、道德淳朴的一切工作都可以并且应当由世俗统治者完成;其他任何人想要获得一种最终的强制性控制权就无异于是篡夺主权权威。不过,伊拉斯图承认,世俗统治者所拥有的权力即便受到一定的限制,也是相当广泛的。而且,这些限制都无法持续存在。伊拉斯图主义这一称谓如果仅仅指涉伊拉斯图明确提出的教义,就不太准确了。然而,将伊拉斯图主义归之于伊拉斯图也并非完全错误。因为如果将伊拉斯图的教诲从它所处的历史背景中割裂出来,并将它原本要受到的一些限制去除掉,它就不可避免地,即便并非逻辑上必然地将发展成伊拉斯图主义;伊拉斯图主义这个词就反映了这个实际的发展过程。伊拉斯图只不过想要主张,一切强制性的权威都寓于国家之中。不过,在此之上,他又补充了一种流行的观念,即国家必须支持一种宗教而不能宽容其他宗教。至此距离霍布斯提出的理论就不远了,霍布斯认为,国家可以出于自身政策随心所欲地支持任何一种宗教,而无需顾及真理问题。事实上,伊拉斯图为信仰基督教的世俗统治者主张的这种权力同样也可以适用于非基督教的世俗统治者,尽管伊拉斯图和其他许多伊拉斯图主义者都不会做这种推论。伊拉斯图为一种比起自身的理论更加强硬、更加体系化、更加违背理性的理论铺平了道路。因为显而易见,再没有比允许世俗统治者单纯出于政策的理由而建立某种宗教但禁绝其他宗教这种观点更加荒谬不经的观点了。这种态度如果被严格地执行,对自由研究活动的破坏力可要比任何教权独裁都要大得多。我认为,这种影响并非直接地源自伊拉斯图或伊拉斯图派改革家们的理论。不过,他们是非常容易遭到误解或歪曲的,并且事实也确实如此。

相反的(或教会的)观点已经主导了数个世纪的风骚,尽管并非不曾遭受过攻击。宗教改革一方面意味着俗界兴起对抗教士,另一方面提出国家有关反对教会事务方面的联邦帝国主义。事实上,伊拉斯图的思想是个人主义和地方主义的,而反对社会主义与中央集权的体系。只不过,产生它的历史环境迫使人们必须主要依赖君主的权威作为最主要的支持力量。它使得一些宗教改革家,诸如国外的伊拉斯图和英国国内的国教徒以及许多独立派都非常恐惧长老会的训导,认为训导不过就是戴着面具的教权官僚主义,而他们相信自己刚刚才从教权官僚主义中逃脱出来。伊拉图斯主义者或其中大部分人,无论他们身处海德堡、多特还是威斯敏斯特,他们的目的都是为了保护个人而非国家,尽管在威斯敏斯特,人们更明显地致力于保卫国家这一目的。的确,这也就是后来的人们在使用伊拉斯图主义这个术语时更多地考虑到国家权威,而不谈及革除教籍的主要原因。只要宗教迫害存在,教会同国家之间的冲突将难以避免。因为宗教迫害要求国家的支持,而人们是不可能期待在不征求国家意见的情况下,国家就会支持宗教迫害。伊拉斯图以及他那个时代的人们没有找到拯救之道,而威斯敏斯特宗教会中一些反对伊拉斯图主义的人则距离拯救之道更近了一步。随着良心自由被作为国家政策提出,两种司法权之间的斗争事实上就终结了。当国家卸下了以暴力强迫一种信仰与崇拜仪式这一毫无希望的任务,并且教会也不再宣扬迫害是一种义务的时候,它们之间就没有理由再继续激烈的斗争,并且在伊拉斯图的原则中再也找不到干涉宗教团体对其信徒的司法权的理由。而其他宗教团体的存在能够防止此类司法权对人们的世俗权利造成严重损害,尤其是在整个共同体(不论其信仰如何)都不支持被告人的案件中。① 革除教籍要想产生非常严重的影响就必须具备不存在其他竞争性的教会或宗教体系这一条件。但是,伊拉斯图并不知晓走出困境的这种办法。人们或许就会认为,他因此过分地提高了国家的地位。伊拉斯图主义者们当然都是这么做的,正如奥列维安努斯、诺克斯和训导派们将国家作为教会的得力工具一样(它们虽然在表面上尊重国家,但在骨子里他们对待国家的态度不会比格里高利七世或卜尼法斯八世好多少)。只要天主教徒和新教徒都一致认为,作为统一"信仰"的手段,"火刑自白"(auto da fé)仍然具有十分有效,具有重要意义,那么这两个派系就不可能和平相处。因为这种观点使得教会和国家的力量彼此需要,但同时也使得它们之间不断地发生冲突。问题并没有解决,只是被升级了。只有当人们看到各种宗教间的和平共处成为国家目的时,战斗才能止息,只有这时允许各种宗教团体充分自由地组织、发展和布道,才能实现社会的福祉。利用类似的方法,相互矛盾但又彼

---

① 例如,出于论证的需要,我们可以假设革除一个同离异人士结婚的人的教籍的做法是正确的。他的此类行为也许会对虔诚的教会人士造成影响,但是除非共同体、教士、独立派和诺斯替教徒的普遍舆情都支持这种做法,否则不太可能会因此严重地影响此人的生意或职业。

此互补的世俗权威和宗教独立才能在高层次即宗教宽容上实现统一。胜利是属于双方的,而不仅仅属于任何一方。一方面,教会的主张无论多么荒唐,都会在人们的心灵(以及人们的身体)中审慎地烙下一种情感,认为社会在强力之外还需要其他一些基础。我们必须感激教会提出的主张,它使人们肩负着必须保卫表达宗教情感的自由的职责;要是没有教会,这种自由就很可能成为国家野心或帝国王朝的虚荣的牺牲品。另一方面,要不是伊拉斯图及其追随者们,甚至包括霍布斯以及神圣王权的支持者们坚定地坚持国家的正当权利,坚持政治社会对于人类幸福的不可或缺,坚持反对一种邪恶体系的统治(这种统治在表面上是由人类来进行的,而在权力与主张方面是神圣的,并因而很有可能在实行暴政方面更加不受限制)而拯救了人类,人类的思想和行动也许很可能会(之前几乎就是)被一种体系长久奴役;在某些方面,相比于中世纪曾经实行过的最糟糕的体系而言,这种体系要狭隘得多,因为它更加无所不包,更加缺乏人道,更加无视文化与理智的启蒙。

巴托鲁斯与欧洲政治思想的发展

一

每一个对 16、17 世纪欧洲大陆产生的法律、政治作品略有了解的人一定非常熟悉两个人的名字。圣·奥古斯丁被诸如阿尔瑟修斯（Althusius）之类的作家引用得最多，而英诺森四世（Innocent Ⅳ.）这位"教会法大师"（dominus canonistarum）、教令集大师在思想史中的地位也绝不会被忽视。而佩鲁贾的两颗伟大的双子星，巴托鲁斯[①]和巴尔杜斯（Baldus）（前者的学生、朋友和对手）足以同圣·奥古斯丁和英诺森四世比肩。他们二者是被遗忘的杰出大师。格劳秀斯、贞提利（Gentilis）和博丹都不仅引用了巴托鲁斯，并且他们之所以能够成为伟大的思想家在很大程度上都应归功于他。历史上，人们对他的赞誉延绵不绝。他是法律之镜鉴，是法律之明灯，他的名字几乎就是法学精神的代名词。有人认为，他是唯一要比罗马天主教最高法庭（Roman Rota）更加崇高的权威；

[①] 我认为，最好还是用这个他最为人所知的名字。把他称为巴托洛（Bartolo），这实在是太学究了，巴托洛这个名字只有在使他变得出名的那些小圈子中才为人所知。对于那些想要知道其全名的人来说，他的全名是巴托洛·波纳库斯·达·萨索费拉托（Bartolo Bonacursi da Sassoferrato）。

而在西班牙,如果人们发现法律中存在缺陷,他们就会认为巴托鲁斯的观点本身是决定性的。

据说,他的权威不仅体现在学校中,在法庭中,他的权威也是神圣的,无论是教授还是法官都不敢产生同他相矛盾的意见。

有一位作者用黄金时代的思想将他引导到现代世界,认为佩鲁贾为各个民族带来了一种法律。

> 巴托鲁斯,他享誉整个世界,
> 将法学从浮华的艺术中分离出来;
> 他宛若阿斯特里亚,用大能与本性,
> 拯救悲惨的人类,令其再次繁荣。

甚至,后世的人们虽然发现依然很难消化巴托鲁斯提出的观点(他认为,否认皇帝乃普世统治者很可能是异端行为),但是他们还是必须谦虚地提及他的权威,就像诉诸"沉睡的"荷马。有一位作者认为有必要将巴托鲁斯的论述编撰在一起,消除其中相互矛盾的观点;在卡洛斯·德·尼塞里斯(Carolus de Nicellis)的《矛盾观点之和谐》(*Concordantia Contrarietatum*)一书中,一共解决了337个此类的疑难。

后世有一位教皇派的作家[①]坦率地承认,他的作品主要是为特定的读者写的,他们的阅读范围主要局限在巴托鲁斯和巴尔杜斯的作品。如果一个主要以提升教皇的权力为实际目标的人愿意

---

① Thomas de Simanca in Roccaberti, *Bibliotheca Maximal Pontificalis*.

这么做,那么我们考察一下这种专注的激情将培育出何种心智也一定是有价值的。在我看来,它的确培育出了一种独特的心智氛围,在之后的二三个世纪里,也就是说,至少从让·佩蒂特(Jean Petit)到约翰·洛克的这二三百年里,人们首先是在法学家,其次是在教会法学家和经院哲学的基础上讨论政治以及相关的一些问题。

这些评论纯粹是尝试性的。我担心,在法学家们看来,这些评论要么错误,要么琐碎,或者二者兼而有之。不过,我相信,总得有人严肃地研究一下巴托鲁斯对我们这个世界的贡献;这篇简短的论文也许可以带来一些启发。

通常人们只需要引用巴托鲁斯就足够了,并且在很多时候,会完全忽视了他的先辈们;这种情况是如何产生的?为什么贞提利会将巴托鲁斯视为那些老派法学家们的首领,尽管他更多地引用巴尔杜斯?

简要地浏览一下人们通常写的那些论著(尤其是欧洲大陆的论著,在英国,我们的胡克可以作为例证;这些论著主题横跨政治、法律和神学),我们就会清楚地看到,在这些论著的讨论中,都有一种共同的要素。这是一种由严格意义上的法律高度浓缩的氛围,其中包含萦绕着体现在罗马法和教会法中的一些普遍观念以及某些伦理和神学的共同原则。正是这种氛围部分地造成了欧洲各个现代国家(除了英国之外)的内部结构,并且在一定程度上也影响了英国。[1] 它显然是国际法的基础,与此同时,在很长一段时间

---

[1] 尤其见 Maitland, *English Law and the Renaissance*。

中,它都对人们进行政治思考的方式和对象产生了很大的影响,尽管生活在边沁和卢梭之后的人们都不太愿意承认这点。

因此,巴托鲁斯(我们可以将依赖于他的巴尔杜斯包括在内)就成为了一个将这种思想氛围引入现代世界的渠道,或主要渠道之一。只要简要地浏览一下贞提利的作品,包括《论战争法》(*De Jure Belli*)和《王权议题》(*Regales Disputationes*),这点就很清楚了;翻看两眼惠威(Whewell)编撰的格劳秀斯的作品或博丹的《论共和国》(*De Republica*),也足以证明这点。这是什么原因呢?这是我们必须回答的第一个问题,之后,我们将看看巴托鲁斯作品的某些更加重要的特点。

造成巴托鲁斯影响力的原因是双重的——其人及其环境背景;这是一种陈旧的解释。巴托鲁斯出生于1313年,是律师弗朗西斯科·波纳库斯(Francesco Bonacursi)的儿子;他生活的那个时代,正好是意大利的一个转折动荡的时代;在意大利,这种转折与动荡要比其他任何地方都开始得更早。帝国的权势曾经令但丁的美梦有一丝丝实现的希望,如今帝国权势的最后一丝波光也已经熄灭了。这时距离卜尼法斯八世"死翘翘"不过十年的时间。教皇(如今身处阿维尼翁)对帝国取得了最终的胜利。巴托鲁斯是查理四世的忠臣,并且曾经作为大使从查理四世那里为自己的城市及佩鲁贾大学获得了诸多特权。意大利的城市已经建立起了自由;教皇和帝国的权威在很大程度上都暂时缺位;独夫暴君的时代正在来临。经院哲学已经形成了最权威的形态;随着皇帝亨利七世最后一次"华丽的"添付,《国法大全》最终定型,并且自身就像《圣经》一样,强有力地见证了历史的统一。《七篇》(*Sext*)最近也由卜尼法斯八世增添到教会法中；尽管有许多编外教令都还没有最终定型,但教会法体系基本上完善了。顺便提一句,最精彩的巴托鲁斯传记是由兰塞洛蒂(Lancellotti)[此君本身也是一名名气不小的教会法学家,是《教会法法学阶梯》(Institutes of the Canon Law)的作者,有时候他的名字也会被印刷在《教会法大全》的最后]写的。此外,巴托鲁斯不仅接受了学术训练,还参加了许多实务工作。他曾经在托迪(Todi)担任过法律顾问；在这个地方,据说他由于虐待一名年轻人,遭到当地人的憎恨。同时,在比萨他也担任过法律顾问。佩鲁贾这座城市非常急于要留住巴托鲁斯,它给予巴托鲁斯及其继承人极大的自由,防止另外一座城市将巴托鲁斯作为杰出的"专业人士"挖走。① 最终,巴托鲁斯接受了佩鲁贾大学的教席。这些就是当时的情况。巴托鲁斯不仅接受了理论的训练,同时也接受了实践的训练,这些帮助巴托鲁斯在职业生涯开始的时候就具备了非凡的能力。当时,罗马法正日益变得有影响力(除了在英格兰),而皇帝的权威比以往任何时候都微弱,对教皇可以说是百依百顺。意大利当时的情形正在朝着这个方向迅速地演变着,现代欧洲的国际政治都可以在科西莫·德·美第奇(Cosimo de'Medici)家族建立的均势中发现自己的影子,文艺复兴的政治哲学也促使当时的君主纷纷效仿马基雅维利。僭主政治正在成为一个事实,也正在成为一种新的威胁；而当时的情况也倾向于将两方面的帝国法律——罗马法和教会法——合二为一。归尔甫派(Guelphs)和吉伯林派(Ghibellines)这些术语已经

---

① 相关文件,包括授予其博士学位的文件,大部分都包含在兰塞洛蒂的传记中。

丧失了其原本的含义，成为了单纯的政治派系的标签，并且巴托鲁斯也的确是这么理解这些术语的——它们代表了为实现合法的目标的派系精神，并且这种派系精神能够用圣保罗的话"我是法利赛人，也是法利赛人的子孙"加以证实。① 巴托鲁斯就生活在这么一个转折过渡的时代。我们必须记住，罗马法的主导地位只是在现代才成为一个事实的，在中世纪并非如此，德意志罗马法的"继受"也只能追溯到1495年。因此，时代就在召唤一颗伟大的心灵，能够巧妙地将学术理论同现实结合在一起，能够从古代的学问中萃取出精华，将其应用到现实中，那么这样一颗伟大的心灵必然也可以为后世保存下在一个行将结束的时代中依然富有生命力的一切，同时也能够启发那些必将在后世占据主导地位的思想。

巴托鲁斯便是这么一颗伟大的心灵。他是"过去时代"的继承人，同时也是"那个时代最为杰出的见证人"。除了作为一名伟大的罗马法学家之外，在其他许多方面，他也具有重要的意义。对于他而言，法律不仅仅是一种热情追求的目标。据说，全部的罗马法已经转化成他生命存在的血与肉；对于我们来说，法律可能是枯燥、冰冷的，但巴托鲁斯在谈及法律的时候都是带着最为真挚的情感，就像对待金玉良言，就像慈爱的父母赞许听话的孩子一般；在对兄弟的博士学位进行讨论的时候，他将法学这高贵的大厦同"我

---

① 参见巴托鲁斯对吉伯林和归尔甫这两个术语来源的考证。"吉伯鲁斯（Gebellus）指的是一个城堡，因此吉伯林派指的就是相信该城堡中的战士及其武器的人；归尔甫指的是言辞，因此，归尔甫派指的就是信任上帝与祈祷的人们。"引自巴托鲁斯的论著 *De Guelphis et Ghibellinis*，这事实上是一篇论述国内派系与叛乱的作品。

们父亲家里"宽阔而有特点的华宅公馆相比。① 无论他所要解决的问题是什么,他头脑里想到的永远都是怎样做才是合法正当的;而即便在那些法律无法解决的案件中,他会征求神学家。这种特征决定了接下来四个世纪的政治讨论方法,同时它也解释了神圣王权理论、原初契约理论以及国际法理论中在我们看来无法理解的大量观念。相同的这种观念也是大部分伦理体系的缺陷,并且部分地要为"或然论"(probabilism)负责。在很大程度上,它也是忏悔时代(confessional era)人们在神学上尝试凝练、神秘化上帝的天意与人类自由过程中的决定性因素。因此,正是这一事实帮助巴托鲁斯吸收、利用在当时能够获得的一切其他知识,不仅影响了他的法学知识,同时也影响了他的人生阶段。他拥有纯粹学者的孩子气,也拥有一颗智识上敏感的心灵,永远都保持着活跃。在他身上,我们找不到任何可以同文艺复兴联系在一起的对美的感受能力。据说,他是用重量来考量食物,在走路的时候,眼睛也是炯炯有神,时刻保持着思考,而不是四处张望。他的目光事实上是向内的,他吸收的是理性的智识而非审美的文化。在这方面,他是典型的中世纪的人。他接受了经院哲学的训练,因此他习惯于对事物进行理性的即便是错误的解释,他绝不会满足于事物的表象。例如,他会为纹章上的各种颜色进行哲学上的论证;因此这也引起

---

① "是我的祖产中的许多住所……这是具有许多民事智慧的住所,因为它们提供了在国家统治方面需要阅读的东西,引发了在君王和首脑政务方面需要咨议的东西,有些要求与卡麦里亚的常住居民进行商讨,其他的则用于对首脑提出建议。其实这些都是治理共和国所需要的。它们是智慧的住所,无论到什么地方,法学的安逸和盛情都会回到它旁边。"(Bartolus, *Sermo in doctoratu domini Joannis a Saxoferrato*, X. 223)

了洛伦佐·瓦拉(Lorenzo Valla)对他的嘲笑;瓦拉只能发现眼睛能够看到的那些价值。①

用文艺复兴学者的话来说,巴托鲁斯的风格是乡土气的而非古典的,更多粗俗气息而更少拉丁味道;不过,巴托鲁斯的风格是真诚、直接和有表现力的。文艺复兴的古典主义所体现的精雕细琢的学究气是否是一种完全的进步,这个问题可不像瓦拉所理解的那么确定。②

事实上,文艺复兴的一个后果是用新闻报刊中的浮泛印象取代了理性和思想。这点甚至对于伊拉斯谟(Erasmus)和路德来说也不能幸免。经院哲学也许真的为千夫所指,罪有应得,不过追随经院哲学的人都是一些有教养的人,而不是那些"为了鸡毛蒜皮的小事就破口大骂"的人。巴托鲁斯也非常生动地诠释了这点。他的论文《论见证》(De Testimoniis)③可以证明他是多么深刻地吸收了圣托马斯的教诲;我在前文中提及过的《论徽章与图章》也可以证明这点。《论徽章与图章》的德文编者郝普曼(Hauptmann)认为,该书是最早对纹章学进行广泛讨论的著作。将它同瓦拉的批评进行一番对比是饶有趣味的,因为它们呈现了两个相互冲突的世界,而不仅仅是个人的一些差别。巴托鲁斯为纹章学确立了

---

① 请对比诸如布莱克伍德的 Apologia pro Regibus,或者更进一步可以对比图乐(Teulet)的 Relations Diplmatiques 中支持玛丽·都铎的生硬的、学究气的演说。关于这整个主题,可参见 Creighton, The Early Renaissance in England。

② 在这个问题上瓦拉写作的论文是一封短小的书信,被附在《辩护》(Apologia)的附录中。他写这封书信是为了辩驳对他的异端指控。

③ 尤其参见其关于天意的段落。顺便说,他认为,专业的见证人应当是真正的法官,而不仅仅是合适的证人。这点值得注意。

一些原则,并努力确定每一种颜色及图案具有的哲学意义。

瓦拉嘲笑拉丁语,嘲讽要为颜色确定意义——诸如金色代表太阳,因此是一切颜色中最高贵的颜色——的做法,他认为,其中所需要的仅仅是秩序,而不是个人的任性及口味。他的话有点像是出自一位18世纪的英国学者笔下,热爱优美的拉丁文,但非常讨厌姿势或形式所具有的含义。就他们厌恶一切的陈规旧俗而言,他们和拉伯雷(Rabelais)的特勒美修道院具有相同的精神气质。巴托鲁斯似乎能够从一切细微之处发现普遍的原则,就像后来的哲学家们能够从普鲁士国家的宪制中发现道成肉身的观念一样。但是,至少他看待事物的方式是理性和审慎的,不会为巧智误导,标新立异,用极端的个人主义戕害个性。这篇短小的论著还体现了作者另外一个特征——他自身天真的兴趣。为了说明一块盾牌上的纹章的含义,他谈到了自己个人的一个经历。问题是关于盾的左边还是右边具有的不同含义。他告诉我们,为此他曾同一名教过他希伯来文的犹太人进行了争辩。①

巴托鲁斯之前曾经宣称,犹太人肯定是野蛮人,因为他们文字"非常奇怪,并且是从右向左书写的";他还反复体提到关于眼睛的阅读习惯的讨论。类似地,为了阐明一些最为抽象的主题,他不断地提到一些个人的经历。谈及罗马法上关于解放孩子的法律时,他谈到了一个事例,说的是有一位修道士,阿西西的彼得(Peter of Assisi)曾经在威尼斯开办了一所收容弃婴的学校,并且经常要求只有有人实际收留他们,才可以抛弃这些"寄养的"孩子。巴托鲁

---

① §29,pp.22—23.

斯告诉我们,这位修道士为人虔诚万分,是他的第一位老师。他要感谢这位修士的大恩大德,因为巴托鲁斯从他那里受益良多,结果在 14 岁的时候,他就可以跟随奇诺(Cino)学习罗马法了。跟随奇诺学习期间,巴托鲁斯进步很大,很快就可以到博洛尼亚学习,并在 21 岁时便获得了博士学位。他又流露出自己的感情:"每每我提笔写作,不免总是想起彼得修士的爱与善良,每每使我的眼里充满泪水。"① 这样的情感仿佛能穿越时空,令我们为之动容。我想,没有哪位读者第一次读到这样的语句的时候会不热爱巴托鲁斯的。他同威克立夫是多么不同,后者是中世纪思想家中最为桀骜不驯的一位了。其后,他还谈到了其他的一些感触。《论徽章与纹章》一书至少部分地是为了感谢——正如他自己所言——他从查理四世那里获得了携带武器的权利而写的。

他告诉我们,它们是什么——纹金上的一头红色狮子(a lion rouge on or)。他写作了一部作品讨论亨利七世的报复行为;这部作品是献给亨利七世的孙子查理四世的,因为查理四世任命他为我们所谓的枢密阁员,并授予他及其后代这样的特权——只要是法学博士,就可以将私生子合法化。他在蒂沃利待了一个暑假,这也是他的论文《论水库与河流》(De Alveo et Flumine)的由来。只要能够通过当前的时事或自己亲身经历的事件来解释某项法律,他是不会放过这种机会的,例如,他谈到托迪的党派分歧,谈到在托迪人们的习惯做法就是保证归尔甫派和吉伯林派在政治会议中

---

① Ⅵ.53.我是从 1547 年里昂版的巴托鲁斯作品集中引用这句话的。稍稍流露出的这点情感对巴托鲁斯造成了伤害。结果,人们都说,他肯定是个私生子。

人数相等。为了说明皇帝在加冕前所具有的权力,他谈到了自己作为大使前往查理宫廷的经历,并引用了查理颁发给佩鲁贾的令状的文字。在放逐这个问题上,他谈到了"我们这个时代"的那些被放逐的人,谈到了每个城市都放逐了一些人,以此证明,这些人仅仅丧失了他们的市民权(civic rights),而并没有丧失作为罗马公民的普遍的权利。当然,在他看来,普通法(Common law)无论何时何地指的都是罗马法;民族性的普通法这本身就是一个自相矛盾的观念。他论述报复问题的论著同国际法有着密切的联系,而他写这本书是为了解决意大利当时的实际困境。有关僭主的作品也都具有现实针对性,都是为了指出并且(如果可能的话)消除当时存在的直接危险。所有这些都足以表明,即便是在进行最深奥的法律推理的时候,他的思想也是多么清醒,是多么密切地关注现实的需求。另一方面,他采用的是圣·托马斯的辩证法的方法,首先陈述双方的权威观点,接着谈自己的看法。这种方法有巨大的优点,它赋予人们选择的权力,而不是为了将稀奇古怪的观点强加给人,并且通常可以防止人们忽视事物某些重要的方面。洛伦佐·瓦拉可能会嘲笑这种土办法;但是,作为达至真理的手段,尤其是在法律事务方面,这种方法可要远比自文艺复兴以来笼统马虎的文学修辞强多了;自埃涅阿斯·西尔维乌斯的时期到理查·勒·加里恩(Richard Le Gallienne)的时代,注重文学修辞的方法就在一切非科学的问题上占据主导地位。

这就是我所了解的巴托鲁斯这个人。他是一个极有天赋的学生,在自己的领域以及对自己都充满了孩子般的天真,但在理智上却是成熟的。在精神上,他对那个时代的各种趋势都极为敏感,对其中的许多法律问题都极为关切;他接受了经院哲学的训练,相信经院哲学无论在方法上还是目标上都适宜用作理性的解释;他记忆的一切,无论是历史事实、个人事件、政治事件还是法律事件,都是为既有的政治事态服务的,并且在历史的一开始便能辨识出其发展趋势。本质上,巴托鲁斯是一颗"理智的"灵魂,容不下任何虚幻的观念,但也不乏野心;他牢牢地把握住了抽象理性的实践方面,根本不想编织一张形而上的蜘蛛网。巴托鲁斯思维敏捷、活跃,并充满想象力,但他从不关注形式或色彩的美,而是醉心于法律与政府。这么一颗伟大的心灵尤其适合总结历史长河中法律的发展,并指引其将来发展的道路。

二

接下来,就让我们看看巴托鲁斯在这方面的贡献。

巴托鲁斯可以说是帝国派作家——但又有所不同。这种不同使得他的观点在将来产生巨大的影响。初看起来,巴托鲁斯坚持皇帝是世界君主的理论,其坚决程度就正如波祖斯(Bozius)坚持教皇是世界君主的理论一样。所有的法律都孕育于皇帝的胸中(*in scrinio pectoris*);帝国的法律才是唯一普遍的法律;其他的法律都只是某个地方的特殊法律。一切叛乱都应受到谴责,因为国王事实上就是皇帝的官员。甚至英格兰和法国的国王们,无论他们自己如何看,都是罗马帝国的臣民;谁要是怀疑皇帝作为普世统治者的地位,谁(有可能)就是异端;也正因为这个原因,这种做法也只在犹太人、萨拉森人和希腊人中间是自然的。事实上,令皇帝满意的就具有法律效力(Quod principi placuit legis habet vigorem),尽管皇帝咨询人民的意见是一种得体高贵的举动。

在讨论"劝君箴言"(digna vox)*的时候,巴托鲁斯承认皇帝也要受法律的约束,只不过皇帝受到的约束是他自己强加的,而并非必须的,尽管皇帝也必须遵守同各个城市签订的条约,因为"遵守契约是万民法所要求的"。这种契约观念对于原初契约理论具有重要意义,同时也有助于格劳秀斯创建他自己的思想体系。

显然,他也坚持惯常的一项格言,即皇帝所命令的即主权者许可的,主权是不可转让的。① 不过,在这点上就体现出了巴托鲁斯

---

* 《国法大全》之《法典》中的一条,规劝君主尊重法律;《法典》[1.14(17).4]。——译者

① "主要有两种民族,一种是罗马人,另一种是外邦人。围绕第一个我们考查谁受命于罗马人……你会说:有相当多的民族都服从罗马的统治权。这是显而易见的,因为罗马人数不多。我回答说,这些民族是这样的,它们服从罗马的统治权;而且,毫无疑问像罗马人那样服从。有些人并不在整体上服从罗马的统治权,而是在某些事情上服从。因为他们按照罗马法律生活,并且罗马皇帝被公认统治一切,包括托斯卡纳公民、伦巴底公民等等。而且,那里都像罗马人那样。因为对于波西米亚人,他对他们行使每一项管辖权,他保留了全部管辖权……还有些人,他们既不服从君王也不按照法律生活,他们说这是根据皇帝特权去做的;而且,这同样来自罗马人,而且威尼斯人就是这么做的。因为有时它们宣布自己有脱离罗马统治权的自由权,并享有任何恩赐的特权,只有当它移除的时候这种特权才可以废除;有时它赋予自己可变的意志以效力……还有些人,他们不服从君王,他们宣称自己具有基于契约的自由权,以及行省的自由权,它们被罗马教会保存下来,乃是君士坦丁大帝的赠与……到这里为止我说的都是罗马人。因为罗马教会在自己的领地上行使罗马皇帝的管辖权,并且这是公认的;由此证明,他们不像罗马人那样;但是,行省的行政是对其他事项的同意……对教士的管辖是全体教皇的同意,教士难道不是罗马公民吗? 而且,对于其他的君王和首领我也会同样说,他不断地否认自己是罗马君王的下属;法国国王、英格兰国王等都是如此。假如他们真的被公认为世界之主,允许基于特权和类似的东西夺去这种普世所有权,而不是停留在罗马公民身上,那就是他们自己特有的;几乎所有服从神圣罗马教会的种族都是来自罗马人。而且,如果有人说皇帝的所有权不是完整意义上的所有权和君权,那么他一定是异端者。"(De captivis et postliminio, Ⅵ.237)这是有关主权方面最重要的文段。

务实的思想风格,也就是说,法律是一回事,而事实又是另外一回事。首先,在教皇控制的领地中写作,因此他并不质疑教皇的最高权威;人民是没有权力的,无论《君王法》(Lex Regia)最初为人民保留了多大的权力;只有选民才能选举,而也只有教皇才能剥夺权力;教皇只是将权威转让给了世俗的君主。① 教皇高于罗马法。任何法律,只要它使其他习俗更加无所顾忌或使教士提心吊胆,那么它们事实上都是无效的(多么遗憾,如今已不是这样!)。

《教令集》中的文段和引自《法典》中的法条一样具有崇高的权威。他引用英诺森三世《教令集》中的话来证明,任何有损"君主威仪"的誓言都是无效的。此外,他发现英诺森四世对《教令集》中的一段话进行的评注也具有足够的权威。② 他对罗马法与教会法之间差别的论述全然不是在论述两种分属两个不同社会的法律,相反,说得刻薄一些,就像是在讨论印度民事部门和军事部门的规则一样。

臣属于教会的人在某种程度上也就是帝国的一员,并且每个

---

① "首先是巴比伦帝国,接着是波斯和米底亚帝国,第三是希腊帝国,第四是罗马帝国。罗马帝国在基督降生之前很久便已存在,那时基督教帝国都还没有开始;并且因此基督的代牧是两把剑——精神的和世俗的——之一。基督其实是分割两边的界石,没有通过希伯来先知的预言分散的君王的灵魂……由此可以说,在基督之前罗马帝国依赖自身;而且,人品正直的皇帝被供奉为神,他是世界之主,一切都是他的。在基督降临之后,真正的帝国在基督及其代牧身上,并且通过教皇转移到世俗君主身上。"(Tractatus super "Ad reprimendum", X.91)16世纪有一位作家曾经写过一段话(我想应该是弗朗索瓦·欧特曼,不过我找不到具体的出处),认为巴托鲁斯并不真正地相信教皇的权利,但"公开的把戏"(plane ludit)谈道,他自己这么做,只是因为他太靠近罗马,因此不敢否认教皇的权利。

② 值得注意的是,对于巴托鲁斯而言,《教令集》依然仅仅只是一些"编外"的法规。

使用了帝国之法律的人，无论出于自愿还是被迫，也都是帝国的成员。事实上，由优士丁尼编撰的《法典》并不是一部"作古"的文献，也不仅仅是一部世俗的法律。它是后奥古斯丁时代的作品，它对基督教地位的理解也完全是中世纪的。神圣罗马帝国事实上与其说是出自查理大帝之手，不如说是优士丁尼一手缔造的。后世的教皇派作家们都非常善于利用罗马法中的教会条款。并且，毫无疑问这也就是为什么巴托鲁斯告诉我们，即便在罗马，法学家的数量也远胜于教会法学家的数量。我的意思并不是说优士丁尼的观点是希尔德布兰德主义的，而是说，它们都是中世纪的观点，并且教会法也是帝国法的一部分。教会和国家并非独立的社会，相反同一个共同体到底是教会还是国家，主要依据视角的不同，因此当然这个特定的阶级——教士自然也就有自己特定的法律。

所有这些都表明，巴托鲁斯为后来人开创出了一条道路。巴托鲁斯将教皇的法律和帝国的法律都视为是同一个法律体系的一部分，并使罗马法法成为一种（通常与事实不符的）理想的存在；因此，他也就为后来的人们铺平了道路，他们能够普遍地论述法律，无论是自然法、教会法还是罗马法，都是国家的一个部分；他们一方面承认罗马法作为一种规范或理想具有至高无上的地位，另一方面，他们也能够毫无困难地将罗马法同地方特殊的法律或同教会法学家和神学家们的原则调和起来。

罗马法学家巴托鲁斯的注疏是 16 世纪那些作家——主要是西班牙的作家，诸如索托（Soto）、纳瓦拉（Navarra）或科瓦鲁比亚斯（Covarruvias）——的论著的前提。当然最著名的例子就是苏亚雷斯。他们所构想的思想体系已经在巴托鲁斯对《国法大全》的处理中被预见到了。

不过,这并非全部。在法学家的宇宙中,教皇并非唯一的因素。还有国家,尤其是意大利的众多城市。在这方面,巴托鲁斯做出了重要的区分;基尔克认为,巴托鲁斯所做的划分异常重要,它为现代的主权理论铺平了道路。巴托鲁斯将国家划分为两类,一类是必须承认存在更高权威的国家,另一类是无需承认事实上存在更高权威的国家。法律可能站在皇帝一边,但事实是站在城市这一边的。因此,甚至帝国法也不能废除城市的法律,因为城市的法律是事实存在,而皇帝被假设是不了解事实的。

此外,由于这些事实的存在,在这些地方,完整的主权就彻底地属于它们自身;这点正如我们的理查二世所想的那样。巴托鲁斯是一名真正的意大利人,从不担心支持教皇至上主义的野蛮民族。他心中考虑的是意大利的城市。

这也就是他写作论报复的作品的缘由。① 巴托鲁斯明确地提到,论报复这部作品就是要考察在何种情况下,这些城市国家是事实上独立的,并正如他所说,将主要以神法而非实证法(无论是罗马法还是教会法)作为独立的依据。这部作品同国际法的发展有着重要的关系,如果将其同贞提利或格劳秀斯的作品比照阅读,就更可以证明这点了。

· ① "报复的材料既不是经常的也不是日常的,而是见之于罗马帝国处于生机勃勃的扩张时期,实际上人们认为回溯那段时期就是回到绝对君主制,而且法学学者和古代法学阐释者极少深入研究这个材料。然而之后,我们陷入了真正的错误:罗马帝国衰败后很长时间,国王、王公和公民,尤其在意大利,至少暂时在事实上不承认罗马帝国的君主,这时报复开始被频繁使用,并且这样就形成了经常和日常的材料,因此不能认为回溯是对前人的不公。"(*De Represaliis*, X. 117)

因此,巴托鲁斯坚持罗马法可以在更加广阔的范围内使用,他限定了罗马法的纯粹法学的特点。与此同时,他主要都是在法学的基础上来讨论一切问题的,因此,他向人们表明,罗马法事实上是独立于皇帝的,这样,他就为大部分国家接受罗马法铺平了道路。在对罗马法的评注中,他将罗马法同教会法以及经院哲学结合在一起,这样,他就为16世纪各种普遍的体系奠定了基础,而后者又是现代政治以及国家法体系的前提。与此同时,他也明确地意识到实际存在的领土性主权的实际特征。①

这样,他就推动了由独立、自足的国家组成的体系的形成,而同时他又承认一种共同的万民法,作为现代欧洲的基础。

他有两部作品非常特殊,值得一提。他说,由于普世统治者常常咨询法学家或政府的意见,而现在虽然普世的统治已经不再了,但主权者人民似乎还是要做相同的事情,因此他写作了《论公民政府》(De Regimine Civitatis)一书。它是为法学家们写作的;并且,虽然他非常熟悉罗马的吉尔斯(Giles of Rome)和亚里士多德的观点,但他不认为他们理所当然就是正确的;相反,他要用法律来检测他们的观点,并提出自己的观点。值得注意的是,他的判断是非常明智的,并且也非常坚定地坚持自己的事实。他赞同君主制在理论上是最佳的政府形式,但是他认为,我们必须考虑到不同的地方及历史背景。大一统是一项伟大的目标,但不能因此牺牲了正义。和一切真正的自由主义者一样,他将品格置于效率之上。

---

① "对于主人的法律管理权的平等分配:如果领主一般地出让给你一片土地,也就被认为一般地给了你管辖权,因为如同某人一般地出让了土地,就被认为是出让了管辖权,这与某个特定物品的主人是一样的。"(Ⅰ.53).

将后者作为目的本身来追求总是直接导向马基雅维利主义。巴托鲁斯认为,我们首要考虑的不是抽象的原则,而是政府对公民可能产生的影响。国家按照领土大小可分为三类。一类是小城市国家,它不可能由宫廷统治而不带来压迫,它应当实行直接民主制,或更准确地说民主制应当将权力授予给官员。他不了解代议制议会。值得注意的是,在小的城市的实际经验中常常存在随意征税以及暴政的情况,这些可能是巴托鲁斯的观点的真正理由。第二类是领土较大的城市国家,诸如威尼斯和佛罗伦萨,这类国家应当实行贵族制。这种制度由统治阶层依靠只有他们才掌握的知识进行适宜的统治。第三种国家就是我们所谓的领土国家(country states),这种国家应当实行君主制。巴托鲁斯认为,选举要比世袭继承更加神圣(magis divinum),因为选民的内心是掌握在上帝的手中的(他现在还会这么说吗?);否则统一将不再可能,叛乱将绵绵无绝期。这项观点显然都反映了当时的历史事实对作者思想的影响。这些领土更辽阔的国家,无不都要经过一段专制暴政的时期才能获得统一。威尼斯在很长时期里都是贵族统治的光辉典范;但是那些单独的城市无不都落入了僭主暴君们的手上,它们忍受着纯粹君主制的弊病,却少有能享受到君主制的好处的。有人认为,巴托鲁斯的这种相对主义的政治理论太过超前了,因此没有产生什么影响;而孟德斯鸠是第一个重新提出相同观念的人。[①]不过,我认为,萨沃纳罗拉(Savonarola)就已经有过这种思想了,

---

① 参见 C. Salvemini, *La Teoria del Bartolo da Sassoferrato sulle Costituzioni politiche*,出自他的 *Studi Storici*。

因为他认为,虽然君主制是最佳政府形式,就像教皇制所证明的那样,但是,对于佛罗伦萨来说,民主制是确保正义的唯一出路;也并不乏其他一些作者,他们也并不唯一地支持一种政府形式。

的确,贝拉明支持教皇权力的一项理由就是,认为亚里士多德提出的有利于城邦国家的理由可能无法适用于事实上的帝国。马基雅维利自己事实上是一个共和派,他之所以渴望君主是将君主当成社会的救世主。与此同时,巴托鲁斯认为,环境、历史和领土大小这些因素在决定政府形式方面具有的意义要比抽象的理性以及完美的理想重要得多。在这点上,巴托鲁斯无疑是不同于同时代(例如圣托马斯)或后世的大部分作家。不过,有一点是异常明确的,也就是说,巴托鲁斯害怕意大利诸城市落入僭主暴君之手。在除了法学专家之外的一般人中间,他的作品《论僭政》(On Tyranny)①也许是知名度最高的。它之所以出名不在于它提出了什么观点,而在于它忽视了的那些观点。不同于后来几百年中无数的作者,巴托鲁斯并没有讨论人们在多大程度上可以抵抗亵渎宗教的僭主;因为他所关注的是那些至少在名义上臣属于皇帝或教皇的城市或国家的僭政。因此,在表面上似乎就不太可能产生僭政,或不存在法外权力。不同于后来几百年中的无数作者,他并没有讨论在多大程度上可以为了保卫宗教而抵抗僭主;因为在他关注的这些地方,僭政至少在形式上服从皇帝或教皇。因此,表面上就不存在令两个世纪之后索尔兹伯里的约翰的读者大为震惊

---

① 有关僭政之完整历史的讨论,请参见罗森(Lossen)精彩的讲座 Die Lehre von Tyrannenmord in der christlichen Zeit。

的原创性的或华丽的辞藻,也不存在将近一个世纪之后让·佩蒂特的那种大胆言论。不过,无论如何,巴托鲁斯的论著还是具有重要意义,因为它确立了几个世纪的讨论方法。

他引入了缺乏名分的僭主(tyrannus absque titulo)与实行的僭主(tyrannus in exercitio)这一不为圣托马斯或更早的作者知晓的区分。前者指的是希腊通常的僭主,他们非法地获得了权力。但是,和之前一样,巴托鲁斯关注事实,他想要指出在法律掩盖之下实际存在的僭政危险,无论它仅仅体现为专制还是体现为剥削压迫。他既害怕科西莫·德·美第奇,也恐惧艾塞林·罗马诺(Eccelin Romano)。因此,他详细地讨论了僭政可能会利用许多面具伪装,并指出了各式各样的僭政形式。顺便说一下,值得注意的是,具有压迫性的合法会众组织(congregationes etiam licitae)也是僭政的一种形式。这些不同种类的僭政,尤其是其中的两种,是后来三个世纪中人们最为经常讨论到的僭政形式。贞提利在一个地方也承认这点。巴托鲁斯认为,缺乏名分(absque titulo)的僭主违反的是侵害皇权方面的尤里亚法(Lex Julia de Majestate),他犯下了叛国罪,而实行的(de exercitio)僭主违反的是侵害公共利益方面的尤里亚法(Lex Julia de Vi Publica)。

这种区分同那些指控查理一世背叛人民犯下叛国罪的思想是否存在某种间接的、遥远的关联呢?至少,巴托鲁斯将僭主视为某种意义上的叛乱者(当然反叛的是"君主")这种思想必须同他对叛乱的讨论以及如下的观点联系在一起,即叛乱者人人得而诛之,无需经过任何法律程序。这种思想出现在巴托鲁斯讨论亨利七世的报复行为(Ad reprimendum of Henry Ⅶ.)的作品中,并且肯定同让·佩蒂特的观点有联系。众所周知,佩蒂特主张,任何人都可以杀死僭主(按照佩蒂特的观点,僭主指的就是叛逆);而佩蒂特的这种主张遭到了康斯坦茨公会议的谴责。虽然佩蒂特明确地说自己不是法学家,并且完全没有提到巴托鲁斯的权威,不过,几乎可以肯定的是,巴托鲁斯的权威地位及其观点的普遍影响力必定对佩蒂特的思想造成了实际的影响,即便可能只是下意识的或至少是间接的影响。① 无论如何,毫无疑问,这部作品中提到了该如何对付一名僭主的重要观点,而这种观点又必须以巴托鲁斯对僭主的区分为基础。巴托鲁斯区分了法律上的篡权者和实际上为非作歹的国王;并且后世的学者都有意识地依赖于巴托鲁斯的这种区分。此外,在预见到当时的意大利可能遭受暴君统治,并尽可能地防范这种风险方面,巴托鲁斯也享有很好的名声。意大利本身的文化并不能完全防止暴政的残酷与腐败。再者,巴托鲁斯也看到了意大利中部地区由于受到身在阿维尼翁的教皇的影响而处于无政府状态的悲惨处境。他厉声痛骂罗马各式各样的僭主:"罗马先前是世界上统治得最好的城市,而现在,天呐,可是世界上统治得最糟糕的城市了。"他敏锐的目光看到了当时的各种邪恶要么已经是像野火一样四处蔓延,要么则是方兴未艾。他一点都不信任那些想要确立纯粹抽象政治体系的做法。那些坚持这种做法的革命家们犯下的罪孽延绵不绝,数也数不过来,从曾经写下帝国之绝世悲歌的但丁那个时代一直延续到卢梭或卡尔·马克思(Karl Max)的

---

① 让·佩蒂特的作品以及相关的一些讨论占据了杜平(Dupin)编撰的热尔松作品集中一整部对开卷的篇幅。

时代。

他要求切实有效的补救方法;切实有效不仅仅是指经验法则,还包括参考了现实与历史环境,经过深思熟虑之后获得的政府形式与统治方法。他从来没有幻想存在完全正义与自由的方案,相反,他所渴望的是那些在特定的历史条件下多半可能对人类生活和品格产生最佳影响的方案。因此,他就完全远离了那些思想体系贩卖者,也远离了马基雅维利主义者。

他的思想中很少有抽象理性什么地位,毫无良知的社会救世主*在其中也无容身之地。不过,他知道,如果缺乏理性,人类事物将陷入混乱,而光凭仁慈博爱是完全不够的;像马基雅维利一样,他也知道,要摸着石头过河,走投无路之时也就只能不择手段。他是那类心智还算健全的改革者,会依据事实来考虑、思考问题。因为马基雅维利自己的理论表面上看来是那么的务实,如果严格地进行解释,就只会变成并且也的确变成了另外一种关于"国家理由"的学说,完全无视良知与法律,无论是自然法还是市民法。

不过,许多人主要是通过一部理智游戏(jeu d'esprit)而知晓巴托鲁斯的;这部理智游戏的名称是《撒旦与贞女玛丽亚在耶稣法官面前对簿公堂》(*Processus Satanae contra Divam Virginem coram Iudice Jesu*)。这部著名的作品是一出中世纪的喜剧;现在在我们看来,它怪诞,令人完全无法理解,并且有时候看起来也是颇为亵渎的。这部小书描述了一场假象的审判,基督是法官,撒

---

* 指马基雅维利作品中切萨雷·博古贾这种马基雅维利主义者。——译者

旦和贞女玛丽亚则是两造。撒旦要求谴责人类，而贞女则为人类辩护，并最终确保了人类的无罪。这部作品看起来非常戏谑、浅薄。不过，它表明，在中世纪的人们看来，贞女完全取代了基督成为真正的中保；因为我们的耶稣仅仅扮演法官的角色。同时它也表明，罗马法和教会法的法律都被视为具有同等的约束力；再者，它还以法学的视角阐发了耶稣救难——耶稣的救难在这部作品中似乎达其极限了。非常有趣的是，它引用了"令皇帝满意的，就具有法律效力"这句著名的格言。法官耶稣指定周三审理这个案件。对此，撒旦抗辩说，周三是休庭日（dies non）。但是，法官耶稣告诉撒旦，皇帝高于法律规则，皇帝可以随意确定哪一天开庭。

但是，这部作品真出自巴托鲁斯之手吗？在巴托鲁斯的各种全集版本中，这部作品上印的都是巴托鲁斯的名字。不过，17世纪的一位编者否认这点。尽管萨维尼在讨论巴托鲁斯的那篇毫无启发性的文章中似乎并不了解这部作品是否出自巴托鲁斯之手这个颇有争议的问题，但是，我认为，它不可能出自巴托鲁斯之手。戈达斯特（Goldast）指出，单凭写作日期（1311年）就足以证明它不可能出自巴托鲁斯之手，因为当时巴托鲁斯（生于1312年）[*]都还没有出世呢——尽管也有许多权威将巴托鲁斯的出生日期界定得更早。单单这点还并不具有决定性，因为手稿被许多人篡改并不是什么难事；并且，巴托鲁斯有可能是在1330年写下这部作品的。如果确实是巴托鲁斯所写的，那么至少我们会看到，大学生习

---

[*] 原文如此，但前文提到巴托鲁斯生于1313年，此处应为笔误。——译者

作的质量自巴托鲁斯以来提升了很多。同时,戈达斯特还指出错误是怎么产生的;他说,错误是由于人们将 BAR 三个字母误以为是巴托鲁斯,而它实质上指的是安德烈·巴巴提乌斯(Barbatius)。反对这种观点的人指出,巴巴提乌斯出生得更晚,尽管也有许多人认为他出生得更早些。就这些内在的证据而言,在我看来,它们是不利于巴托鲁斯的;整部作品比较浅薄,枯燥乏味,充满学究气;完全缺乏巴托鲁斯其他作品中体现出的那种厚重感和现实感,也不像巴托鲁斯其他作品那样充满生机与活力。在我看来,这部作品实在是出于一颗浅薄的心灵。当然,这点也并不具有决定性。因为对于许多人来说,其处于学生时代的心智自然是不如日后其成为著名学者时的心智那么成熟。不过,总体来说,我倾向于认为这部作品并非出自巴托鲁斯之手。

还有一部更加有趣的对巴托鲁斯进行了更加严厉批评的作品。它出自兰塞洛蒂之手。兰塞洛蒂是 16 世纪的一位佩鲁贾人,他想要为自己的同胞巴尔杜斯遭受的无理诽谤进行辩护。事情是这样的。有一次,巴尔杜斯和巴托鲁斯在一个法律问题上发生了争论。后者引用了《法典》中的一段话。巴尔杜斯认为,巴托鲁斯的引用不当。巴托鲁斯颇有过目不忘的能力,他觉得自己肯定不会出错,并要求参考一份文献复本。巴尔杜斯因此更加相信巴托鲁斯要遭受挫败。不过,巴托鲁斯可没那么容易对付。他非常相信自己的记忆,他怀疑一定有人搞鬼,因此他派人或亲自前往比萨查考手稿原文。事实证明,他是正确的,并且他发现巴尔杜斯为了在这场争论中获胜,居然对手稿动了手脚。因此,巴尔杜斯被打了,有人说是鼻子被打了,有人说是其他地方,还有人说是他的雕像被打了，另外有些人又说，巴托鲁斯请求他离开。不管怎样，巴尔杜斯在他自己的著作中暗示了这件事情，因为在对相关法律进行评注的时候，他写道："由于这项法律，我仿佛成了主教。"这句话暗示，当时的人们会给受到鞭打的人戴上一个有些类似于头巾的帽子。兰塞洛蒂考据，这个故事出自一部作品；这部作品通俗易懂、有说服力并且很厚重，因此可能出自采夫博士（Dr. Driver）或伊利主教。兰塞洛蒂指出，巴尔杜斯受到鞭笞这个故事矛盾百出；并且，在佩鲁贾偌大的大学里，要篡改手稿是何其困难的事情。他又补充说，巴尔杜斯要是遭受此等奇耻大辱，他又怎么可能只要一提到他的老师巴托鲁斯，就一直对他赞不绝口呢。有两段他似乎特别敌视的话得到了考察与解释，因为没人会认为，他在一切法律问题上都持相同的观点。最后，兰塞洛蒂提到，巴尔杜斯是如何在罗马碰到了某个人，并要求他去找出上文提到的使巴尔杜斯秘密地遭受不幸的那段话。这位朋友宣称这段话是众人皆知的，不过，长久的找寻后最后什么也没找到。接着，兰塞洛蒂指出，巴托鲁斯的确在某个问题上同人发生了争议，并且他们都心照不宣地一致同意到比萨去查考原文手稿。只不过，从来没有发生所谓的篡改手稿、挨打这些事情，而且巴尔杜斯同这整件事情也毫无关系。兰塞洛蒂的这项批判考证的工作体现了非凡的才智，考证也进行得充分彻底；在这点上，它本身已经远远超越了那个时代，并且也超越了这件事本身所具有的意义。因此，这件事情也还略值一提。

不过，此类事情得以产生意义的那个世界早已消逝了。其间进行争论的那些人，在我们看来都只是一些名字而已了，并且他们的争论似乎也枯燥乏味。巴尔杜斯受到的指责，引发争议的事件，彼此对立的博士们，所有这一切都已经"化为尘与土，最终归于死寂"*。我们也几乎再想象不出那挤满了人的课室；而这样的教室，巴托鲁斯却曾经宣称空无一人，因为他真正的听众巴尔杜斯不在教室内。同样，我们也没什么兴趣打听一些奇闻逸事，诸如据说有一次学生巴尔杜斯提出了一个问题，难倒了老师巴托鲁斯，后者没办法马上回答，不得不花了一整天的时间去思考这个问题。巴托鲁斯早已享誉欧洲，但是他的作品集甚至如今在我们这些伟大的大学图书馆中都没有收藏。中世纪那些法学院也如烟消逝了，完全消逝了，消逝的不仅仅是那些建筑、宗教和装饰。它们得以存续的那个观念世界对我们来说已经是完全陌生的了；同样，我们再也意识不到，律师是否还需要考虑当拉撒路死而复生的时候他享有哪些财产权这样的问题。① 我想说，巴托鲁斯对这个问题的讨论可以从另外一个方面证明他没有写《撒旦与贞女玛丽亚在耶稣法官面前对簿公堂》这样的作品：二者的风格完全不同。我们甚至无法想象存在如此伟大的一颗心灵，他是杰出的"双料法学博士"（doctus in utroque jure），他熟练地掌握了经院神学、罗马法和教会法；他可以随意地引用优士丁尼的《论三位一体与基督教信仰大全》（De Summa Trinitate et Fide Catholica）来证明，在纹章中金色是最高贵的颜色；他对整个人类事务的考察可不像今天的律师们那样只能局限在狭隘的法学教义中。因为即便是在一个事事都

---

* 原文"Dust and ashes, dead and done with"，引自布朗宁的诗歌"A Toccata of Galuppi's"。——译者

① 事实上，威尔斯先生（Mr. H. G. Wells）在《复苏的沉睡者》（When the Sleeper Wakes）一书中的确考虑过一个非常类似的问题。

受到法学形式约束的时代，对法律的理解本身也是要比现代的法律教条主义宽广、普遍得多。如果你限制了神学、冷冻了伦理学，那么因此，你也就使法律人道化了。问题在于，尽管并且也许由于我们已经忘记了巴托鲁斯的存在，但他依然存在于今天的世界中，存在于国际法中，存在于领土性主权国家的观念中；并且政治讨论的论调也只是最近才终结的。为了能够对现代世界产生影响，趋近走向封闭的罗马法体系必须有所发展并吸收新鲜的因素。就像罗马教会一样，用纽曼的话来说，"为了保持原来的样子，她必须有所改变"。巴托鲁斯便是为这个进程做出必要贡献的重要人物之一。他帮助人们能够更好地"继受"罗马法，帮助人们能够一方面承认忠于古典世界，另外一方面由能够或多或少下意识地吸收大量源自基督教与中世纪的因素；他影响欧洲的政治文艺复兴，并使其得到真正的发展，哪怕它披着革命的面纱。我并不是想说巴托鲁斯的作品都是有益的，也并不想否认，如斯塔布斯所说，自由无时无刻不受到罗马法的伤害；的确，我们这个时代的许多危机都是肇始于一些关于社会与个人观念，这些观念是抽象的而非实在的，它们源自拉丁世界，而非条顿世界。但是，无论如何世界确实就是这么发展的，而巴托鲁斯是这个发展链条中的一环，即便不是其中主要的一环。

至于巴托鲁斯的思想有多伟大，具有多大的原创性，我们还是将它留给其他在法学方面造诣更加精深的人去研究吧。不过，我相信，巴托鲁斯是众多将一个时代的思想传递给另外一个时代的思想家之一，他转化、传承了他们那个时代的思想遗产。因此，他将我们同他曾经生活的那个世界，同他曾经解释过的那些法律联系在一起。他的作品一方面同学者密切关系,另一方面则同皇帝们联系在一起。在他的帮助下,我们看到,他曾经描绘过的台伯河这条雄壮的河流,她的历史可要比我们想象的更加悠久,她一路奔涌而来,携带了土壤泥沙,也携带着一代代人的希望、思想和梦想。甚至英格兰也没能完全逃脱罗马法的影响;甚至罗马法也不可能完全仅仅是罗马的,不可能完全是法学的;而这两个事实即便不是理解现今这个理智世界的实质,也是洞悉这个理智世界的形式的关键因素。相比于人类社会的外在历史,社会结构的发展以及人类思想对其中重要问题的讨论具有更多的内在连贯性。抛开一切分歧,人类的思想构成了一个有生命力的统一体,这点是人类的那些帝国,甚至他们的那些道路不能比拟的。巴托鲁斯可能非常有趣、伟大和重要,也可能不是;但是,我相信,他是有意义的。我相信,试着花些时间探讨一下他的思想,我们也许可以更好地理解我们自己。[①]

[①] 里昂版本最末页题写着 Γνῶθι σεαυτόν;而在其每一卷的开篇则画一只被蜜蜂环绕的狮子,并写着"强者的甜蜜"(de forte dulcedo)。

附录一　涉及王位继承权的
　　　　　相关法律摘录

从1483年到1603年通过的涉及确立或宣布王位继承权的法律中可以清晰地看到继承权观念的发展以及选举理论的彻底衰败。

一、《君主权利》(*Titulus Regius*)将王位授予给了理查三世。在这部法律中,我们发现,选举性君主制和通过世袭继承权获得的君主权利混淆在一起。值得注意的是,这部法律似乎将议会视为一个有权宣布不得上诉的法律的最高法院而不是一个指定新的法律的立法机构。议会主张自身无权改变继承权,而只能宣布王位继承权,因此特向人们澄清这一事实。

"我们认为,已故的约克公爵理查毫无争议的儿子和继承人是英格兰王位和庄严的头衔的继承人,依据世袭继承的方式成为英国合法的国王;……由我们这份法律,推选崇高而尊贵的王子为我们的国王和最高的主人。我们知道,依据世袭继承权,我们应当推选您……我们祈祷、祈求您最高贵慷慨地,通过我们这英格兰王国三个部分所做出的选举;同时依据您名副其实的世袭继承权,请您接受并承担起英格兰王位和庄严的头衔,以及依据世袭继承权以及合法的选举附属于王位的一切事物。……尽管我们最高的主上理查三世国王对于英格兰王位拥有的合法权利都是正当与合法的,都能够得到神法和自然法的支持,并且熟悉英格兰王国古老的法律和习俗的人们都反复表明英格兰的法律与习俗都是支持国王的。然而,即便我们对这些都甚为了解,但是大部分的人民并不充分知晓王国的法律与习俗,因此有关国王权利的真相就有可能被掩饰起来,不为广大人民所知晓,使人民产生质疑与困惑。介于议会法庭(the court of Parliament)的权威以及英格兰民众的品性与气质,正如经验所教导的那样,王国的三个等级齐集于议会对真相与权利做出申明与宣告,并通过同样的权威使其他所有事物都能够为人所信,确切无疑,以此安抚民众的心灵,消除产生疑虑和流言蜚语的任何机会。"(Speed's History, 724.)

二、授予亨利七世王位的法律在言简意赅方面显得与众不同。这份法律明白无误地暗示了议会可以任意处置王位继承权。

"依据本届议会的权威,兹制定法律并昭告天下,英格兰王国和法兰西王国的王位以及附属于王位的一切杰出而崇高的头衔……属于我们最尊贵的至高主上亨利七世国王以及他的继承人……而不属于其他任何人。"(Statutes of the Realm, II. 499)

三、宣告伊丽莎白女王王位的法律虽然承认她的权利是继承而来,并且充满了阿谀奉承的溢美之词,不过它却毫无顾忌地认为,议会法案是王位的真正依据。第二条核准了亨利遗嘱的效力,并因此搁置了世袭继承权理论的效力。

"高贵的女王陛下是英格兰王国王室血脉正当与合法的嫡出,君主的身份、王国尊贵而崇高的地位、王位和尊荣都应当并且无可争议地属于高贵的女王陛下……这是依据亨利八世第三十五年的法律。……因为在这部法律的条文中……我们发现,它已经做出此等规定。因此,本届议会的宣告……以及上述法律(35 Hen. Ⅷ. c.1)关于王位继承权的限制与宣告应当永远成为英格兰王国的法律。"(*Statutes of the Realm*,Ⅳ. 358; Prothero's *Statutes*,21.)

四、最后,承认詹姆斯一世王位的法律则浸透了世袭继承权的观念,对其他理由只字未提。这部法律小心翼翼地捍卫者授予王位继承权的权利,不过它依然宣称议会仅仅是宣布王位继承权。

"兹愉悦而正当地承认明确、合法和无可争议的王位继承权。

我们(依据神法和人法的规定)确认并承认(因此我们愉悦地宣布),自伊丽莎白驾崩后……英格兰王国尊贵的王位……就通过世袭的权利以及合法的、毫无疑问的继承权而由最高贵的国王陛下继承,国王陛下是英格兰王室血脉正当、合法的嫡出,也是其唯一的继承人。"(*Statutes of the Realm*,Ⅳ. 107; Prothero's *Statutes*,251.)

附录二　第八章与第九章中所涉及文本的摘录

一、教皇制认为教皇有权废黜国王,因此它是一种叛逆的理论。

"我并不认为(尽管人们都认为)罗马天主教徒的思想是虚幻的,他们的宗教是叛逆的;但是我必须要说,他们所教导和传播的此类学说是与基督宗教背道而驰的,因而对于王国和国家都是非常危险和有破坏性的。它会直接导致骚乱、叛乱和叛国。"(Duport, *Sermon on the Fifth of November*, 64)

"我不认为,同时也不会认为所有罗马天主教徒都倾向于叛乱;我丝毫不怀疑在他们中也有许多诚实、忠诚的臣民;但是我必须要说,只要他们还承认外国司法权(而只要他们还是彻头彻尾的天主教徒,他们就必须承认外国司法权),无论是精神的司法权还是世俗司法权,只要教皇还篡夺废除君主、剥夺王国的权利,享有解除臣民对于最高权威的效忠誓约的权利,只要罗马天主教依然还具有叛逆的必然趋势,那么罗马天主教要成为善良的臣民,他们就不能支持教皇制;并且我担心,他们是不可能在成为罗马善良的天主教徒的同时,成为他们各自国内善良的臣民的。因为,这只有可能发生在令国王满意(durante bene placito)的同时也令教皇满意时。但是一旦他们触怒了国王,他们就会被称为异端,他们的命运将由国王任意处置,他们只能听天由命了。"(Ibid. 68)

"我们教会的改革颠覆了一条对于政府十分有害和危险的原则,即任何宗教都能够以错误的理由存在(这会危害到对真正的、合法的主权者的效忠),并因此毁灭我们创建已久的、合法的世俗政制和教会体制。"(Sacheverell, *The Political Union*, 54)

下面的引文表明,世俗权威和精神权威之间爆发的论战必须依据当时的视角进行考察,当时各个思想流派都认为,强制实施统一的信仰是国家的义务。

"依照他们(罗马天主教徒)的理论,没有任何国王或君主能够成为他所生活的国家的自由人,因为任何一位国王在制定教会法律方面都没有任何发言权,而他、他的人民以及他所有的世俗及精神领域内的法律都必须服从这些教会法律。因为没有人会认为,一个对于制定能够约束自己的法律都没有任何发言权,或者至少在选择某些影响着制定公共法律的因素方面没有任何发言权的人会是任何组织中的自由人。"[Jackson, *Treatise of Christian Obedience* (*Works*, Ⅲ. 909)]

"耶稣会士是抵抗更高权力的行动的始作俑者。"(Ibid. 971)

"废黜理论和将权力置于人民之手都不过是耶稣会士的牙慧,只不过被我们的辉格派和独立派拾起来了。"(Leslie, *The Wolf stripped of his Shepherd's Clothing*, 4)

"这些暴民统统都是天主教派,他们赞同教皇的废黜权力,是不择不扣的教皇制。"(Leslie,*A Battle Royal*,174)

"教皇的最高权威剥夺了君主绝对的主权,剥夺了君主的立法权,并使君主制的地位或其继承权不安全;教皇的最高权威使君主不再受法律保护,剥夺了君主结盟的权利,剥夺了他获得人民忠诚的权利。教皇的最高权威破坏了人民的自由与财产。"(*The Common Interest of King and People*,Chap. Ⅶ)

"这些人虽然厉声反对教皇制,但是他们却公然声称,所有善良的新教徒都应当将耶稣会教义中危害最大的那部分内容视为珍宝。"(Dudley Digges,*The Unlawfulness of Subjects Taking up Arms*,64)

二、教皇派和独立派乃一丘之貉。

"显而易见的是,我们先前厌恶的内战、骚乱和流血,对已故君主残忍恐怖的谋杀,以及对现任君主的驱逐,所有这些都是出自天主教徒们的预谋,并且得到了独立派的帮助。天主教派曾经教导独立派要为彻底的教会改革而反叛。而此前在苏格兰爆发的所有骚乱与叛逆活动也都是源自于同样的建议与指导。"(*Foxes and Firebrands*,32)

"我们现在看看年轻的反对君主制的人的观点,它强调长老会民主的最高权威。它就像是勒娜湖畔的恶魔(Lerna Malorum),就像是复活的、日内瓦湖畔的辛德拉(Hydra),是一个多头(例如再洗礼派、贵格派和平等派等)的怪物。所有这些派系的人都是遭人憎恨的恶棍,他们反对君主制妄图和教皇保持一致（长老会派还和教皇争夺普世的最高权威），他们背叛了忠诚，背叛了君主，背叛了真正的宗教。"(Nalson, *Common Interest of King and People*, 201)

"清教派只不过是耶稣会士的工具（至少迄今为止一直如此）。他们从耶稣会士那儿学到了废黜君主的理论，并以私人的精神反对《圣经》，反对教会的所有权威。"(Leslie, *The Rehearsal*, No. 84)

"每一位弑君者都长着一双约押(Joab)之手，满脑子耶稣会的弑君理论；在每一位弑君者的胸中都住着一位教皇，他随意地摆布弑君者，解除弑君者对君主的忠诚誓约。"(Duport, *Sermon on Thirtieth of January*, 11)

"这个邪恶的联盟(fratres in malo)，双方都是邪恶的狂热之徒；一边是轻率狂躁的暴徒，一边是背信弃义、背叛忠诚的恶棍：我同时加入他们双方，比图斯和巴库斯(Bithus cum Bachio)，因为我不知道哪一方更加邪恶；不过我认为他们都在利用对方作恶。"(Ibid. 22)

"难道你会以为，我们的罗马天主教徒们至少耶稣会士们在11月5日和1月30日的事件中仅仅只是旁观者，并没有插手其中吗？使我们陷入先前那个恐怖的陷阱、混乱的阴谋中的罪魁祸首不正是伟大的红衣主教大人，或者甚至是整个枢机主教团，这点难道不是已经很清楚了吗？……不过现在还不清楚的是，教皇的特使和间谍是否是以再洗礼派、追寻真理派和贵格派的名义被派遣而来的。同时我也不清楚他们是如何在我们先前的纠纷中煽风点火的。"(Duport, *Sermon on*

Fifth of November, 72)

"我们这些好搞派系、好搞分裂、狂热、狂暴的精神都是出自耶稣会士。"(*Ibid*.76)

三、长老会教会的教权主义

"他们(长老会)的教会体制对世俗权力是有危害的,并且容易破坏公共和平,受其统治真是极其悲惨的一件事。"(Leslie, *The Trojan Horse of the Presbyterian Government Unbowelled*, 3)

"他们主张,如果王国中涉及教会方面的法律对他们不利或者伤害了他们,他们就有权废除这些法律。……他们要求世俗统治者必须服从他们的权力。"(*Ibid*.5)

"在这些叛逆的文章中存在着普遍的对君主权力的厌恶,这很可能使某些人不了解这些理论与之前的主张的危害后果。这些理论并没有其他目的,只是在教导要剪除国王特权的羽翼。但是这是一个严重而危险的误解。每个人都必须知道,世俗权力(假如它被从国王那儿夺走,无论它在议会还是别的任何人手上)必须使人们了解到,当世俗权力不愿意遵照长老会意志的时候,长老会教会对于世俗权力(不论是谁掌握着世俗权力)会产生极大的敌意。因为他们所侵犯的不仅仅是国王或其他官员,而是普遍的世俗统治(无论是谁在统治)。"(*Ibid*.8)

"国王和议会不仅仅要服从于长老会大会,甚至(如果受其控制的话)还必须听命于任何一个他们生活与居住所在地的、微不足道的教区会议。最后,如果国王和议会的统治违背了长老会的意志与意愿,长老会的训导就会命令他们发动人民抵抗国王和议会。"(Ibid. 8)

"他们决定,世俗统治者必须依照上帝自己的法律将通奸者处死。……他们认为,世俗统治者宽恕死刑犯是不合法的。"(Ibid. 9)

"依照他们的理论,他们可以为了精神目的而染指一切世俗事务;而教皇通常是依据为了促进精神领域的利益(in ordine ad bonum Spirituale)这一理由进行干涉的。而这些人是为了教会的利益(in ordine ad bonum ecclesiae)而追求同样的效果。不过,长老会和教皇在篡夺世俗统治权这方面是没有任何差别的。"(Ibid. 10)

"他们如此崇拜的这项训导只不过是乔装打扮过后的教皇制的教义,是罗马从未实现过的更加残暴的暴政;它和一切世俗政府的形式都是相冲突的,会破坏一切政府,危及人们的良心;它会对人民带来最沉重的压力与无尽的危险,因为它声称自己是神圣的体制。它夺走了奴隶的权利,却并未拿走奴隶的枷锁。"(Bramhall, *A Warning to the Church of England*, 2)

"它(长老会训导)使长老会长老免除正当的处罚。"(Ibid. Chap. Ⅳ)

"长老会以宗教为口实骗走了统治者的世俗权力。"(Ibid. Chap. Ⅶ)

"它们赋予长老们统治的自由与权力,甚至在世俗事务方面也是如此。"(Ibid. 25)

"它们间接地要求为了基督王国的利益而处理世俗事务的权力。"(Ibid.26)

"议会希望恢复国王的否决权;这仅仅是一件世俗事务。长老会委员会反对,因为它认为这有可能会对宗教造成极大的危险。议会提名军队的指挥官和将军,这也仅仅是一件世俗事务。长老会教会不同意这些提名,因为他们希望这些职位必须满足上帝的要求,直白地说也就是因为被提名者不是长老会教会的追随者。还有哪一个教会敢像长老会这样挑战最高权威?世界上再没有比这些事务更加是世俗或隶属于政治的事务了,但是长老会还是可以以促进基督王国的利益为借口而进行干涉。"(Ibid.27)

"这些就是长老会想干的事情:使所有事务和所有人都受他们的教会法庭的统治,批准和废除世俗法律;支持或推翻议会,征召军队;入侵其他王国;其他一切能够以某些正当理由和宗教的利益为借口的事情。"(Ibid.31)

第八章　长老会以神圣权利为由要求过度的权力
第九章　长老会把国家变成一个怪物

"我们已经看到,长老会的训导(正如在苏格兰所实施以及准备通过约法被引入英格兰来的那样)对于最高统治者而言是极其有害的,它剥夺了统治者在教会事务方面的最高权威,剥夺了统治者的臣民对君主的最终上诉权,它使长老会长老不受世俗统治者统治,并使统治者服从于长老会教会;它限制了君主宽恕罪犯、中止法律的权力,剥夺了臣民对统治者的忠诚;它挑战并剥夺了君主运用言辞与剑的权力,剥夺了君主和平与战争的权利;它高于一切的法庭与等级,高于一切世俗与教会的法律。所有这些都是为了促进基督王国的利益,而只有长老会长老才是由上帝恩典的统治者;并且所有这些都是假借神圣权利的口实,而且除非将长老会从这个世界上消灭掉,否则就没有任何拯救的希望。简言之,长老会就是教皇制的主干,是更加残暴的僭政,甚至比罗马都更加罪恶深重。接下来我们要证明,长老会对于臣民也是有害的。"

"首先,一般对于国家而言,长老会把国家变成像一个长着两个脑袋的双头妖这样的怪物,每一个头都有自己的目的。它把同一个社会中统一的主权分割成王国或国家中两项最高的权力,一项是世俗的,一项是教会的。这种情况无论是对于臣民的良心还是臣民的财产都是最为有害的,因为这两个脑袋有可能发出完全相反的命令(情况常常如此)。"(Ibid.35)

这段文字和奥卡姆反对教皇制的观点几乎如出一辙。

第十章　长老会训导对于议会是最为有害的

第十一章　长老会训导对于个人也是暴虐的

(Nalson, *Common Interest of King and People*, Chap. Ⅸ.)

事实上,长老会既是君主制的大敌,也是民主制和议会的死敌。简要评述长老会教会法院对世俗官员、教士和俗人的残暴统治。将所有事务都纳入长老会教会法院管辖所引起的义愤……耶稣会和日内瓦的长老会之间的细微差别。两者都致力于获得最高权威。

"我们应当知道,长老会和一切政府形式(除了长老会自身的精神上的寡头专制外),甚至和长老会心仪的民主制都是绝不相容的。长老会假装热情与温柔地热爱与拥抱民主制……其真正的意图就是让议会反对国王,把它们弄得支离破碎;他们就像火中取栗这个故事中的猴子,利用猫的爪子,即下议院,从革命这个烫火盆中取出栗子;而也是他们自己把王国变成了革命与叛乱的状态的。一旦得到下议院的帮助之后,他们就会建立自己的体制,他们会把下议院变成彻底的奴隶,连其在君主制时期的地位都不如。"(Ibid.241)

"这个日内瓦反对派的全部目标并不在于反对某个人或某些人,而在于反对最高的权威。"(Ibid.)

"这些妄称有权束缚国王的圣徒们毫无顾忌地主张,他们也应当将贵族们锁在铁打的枷锁中。"(Ibid.242)

"他们的目的就是希望用宗教为掩饰获取主权;凡是会阻碍这一目的实现的一切,无论是国王、议会、教士、上议院还是下议院,都会被宣布为是敌基督和不合法的权力。"(Ibid.244)

"长老会大会和评议委员会在当时是苏格兰民族绝对与最高的主权权力,而长老会正控制着它们。"(Ibid.247)

"他们(长老会和耶稣会)和君主制以及一切政府形式都是不相容的。他们妄称自己由于基督的授权而对君主制及一切政府形式拥有权力,一个是为教皇主张这种权力,另一个是为长老会。对于教皇和长老会都无法再上诉。"(Ibid.257)

第十章　长老会既危害君主制及其他一切政府形式,同时也

危害人民的自由与财产

"无论任何人,只要他继续成为一名真正的长老会教徒或者是他们的后裔,无论他妄称自己多么虔诚、圣洁或无辜,他都永远不可能成为一名善良的臣民。他们所信仰的宗教的主要原则总是与君主制背道而驰,并且破坏忠诚;他永远不可能成为一名可靠的、值得信赖的朋友,他认为在自己的领域内拥有比君主更高的权力;长老会的这种权力可以废黜国王,夺走君主的王冠和生命。所有这些就是日内瓦、苏格兰和英格兰长老会公开的、理论上与实践中的教义。"(270)

"长老会民主的宗教最高权威是并将永远是君主制、法律、自由、和平、财产和真正的新教信仰的永恒的敌人。"(279)

"长老会和教皇一样,牢牢地将整个世俗政府掌握在手中,并且通过同样的精神权力(ordine ad spiritualia)的准则,他们也追随着教皇的脚步,使他们自身不受世俗权力的约束,即便犯下世俗的罪行。而这也正是教皇制的必然结果。"(Leslie, *The New Association*, Part Ⅱ.33)

四、国王的神圣权利事实上是为所有的世俗政府反对教皇侵害而做的辩护。

"人们应当注意到,罗马天主教徒进行了一种不公平的对比,并使自己处于有利的地位;他范围不确定的精神权力同王权或君主的权力(君主的权力只不过是世俗权力最重要的一支)进行对比。真正的对比应当在范围不确定的精神或教会权威与同样范围不确定的世俗或民事权力之间进行。世俗或民事权力也是从上帝那里直接获得的,某种形式的世俗政府本身(例如君主制、贵族制或混合制)也和精神或教会的权力一样是神圣的权利(de Jure Divino)。"[Jackson, *Treatise of Christian Obedience*(Works,Ⅲ.903)]

"某个民族是由国王统治的,而另一个民族又是由贵族统治的,其他的民族由人民或者人民选举出的官员(无论其任期是一年还是终身)统治的,这都并非是由上帝的语言或上帝的实证法决定的,并非是神圣权利;相反,这些都交由上帝通常的天意指引,它有时候指导一个民族选择这种形式的政府,指导另一个民族选择另一种政府形式。但是,只要人民已经选择了某种形式的政府,或者通过战争的权利而被强加了某种政府形式,那么服从某种政府形式或权力的义务就产生了,这种义务是神圣的权利,它是由上帝的法律明确、专断地规定与要求的。任何人只要抵抗国家中已经确立的政府形式,只要他是该国的一名成员,而无论他所抵抗的是哪种政府形式,他都是在抵抗更高的权力,并因此他也是在抵抗上帝的命令。"(*Ibid*.963)

五、只要宗教宽容的原则没有被确立起来,世俗权力与精神权力之间就不可避免存在冲突。

"确实,这些权利之间是不可能和谐共处的;因为它们之间必定会不断地相互侵犯,每一种权力为了捍卫与支持自身都将不断地斗争、挣扎着爬到另一种权力之上；除非一种权力征服了另一种权力并将其制服，否则它们之间就绝不可能平静地共处；而当某种权力的主权权威被摧毁之后，它们又将以一切理由主张最高权威以及双剑的权力，并且一方将获得使用双剑的权力……"（Barrow, *Treatise of the Pope's Supremacy*, 144）

值得注意的是，这种观点不同于严格的高卢主义的代表人物巴克莱的观点。巴克莱特别强调，这两种权威必须和谐共处，而巴罗则否认了和谐共处的可能性。"自由国家中的自由教会"是高卢作家的理想，而英格兰作家则知道，这个梦想是不可能实现的。

六、英格兰政治同法国的论战的联系。

"国王的权威反对国王人身这种观点是在罗马天主教的领地上孕育而生的，并且在法国神圣联盟中被利用。"（Falkner, *Christian Loyalty*, 356）

七、霍布斯的理论由于建立在原初契约的基础上，因此尽管在实践中具有教诲作用，但还是被视为是危险的。

"虽然霍布斯先生有时候夸大了统治者的权力，然而由于他将某种形式视为是政治政府的起源，因此他同时也危害了政府和统治者的安全与稳定。……但是，由于这些观点都是建立在如下假设之上，即将人放在最初状态中考察，缺乏对上帝以及善恶观念和规则的适当尊重,因此它们对政府与和平都有可能产生危险,并且这些观点尤其会遭到那些断言主权者具有神圣起源的人的拒绝。"(Falkner, *Christian Loyalty*, 409)

"关于政府实施统治权利方面,我是同意他的;但是在政府获得统治权利的方法方面,我不能同意他的观点。我赞赏他的理论大厦,同时我却不喜欢他的理论基础,这点似乎难以理解。但事实就是如此。我不同意他关于自然法和君主制度方面的观点;它们充满了矛盾与悖论。"(Filmer, *Observations touching the original of government*, 前言)

八、以自然状态和《圣经》为基础的王权父权制理论,自然状态和《圣经》是王权唯一权威的证明。自然权利是神圣的权利。

原初的自然状态应当是一种统治与服从的状态,而不是独立的状态。(Leslie, *The Rehearsal*, No. 55)

"我们辉格派常常提到的原初的自然状态事实上是反对他们的,而完全站在支持政府以及政府神圣起源的观点的人一边。关于原初独立的自然状态,辉格派只是提出了这种设想,但从未证实它,除非他们能够在《圣经》中告诉我们的事情之外,再找到其他一些出于原初状态之下的人类。"(*Ibid.* No. 56)

"假设人们是出生在法律与政府状态之下,并且这个政府的立法机关不仅对我们的财产而且对我们的生命都具有绝对的、专断的、无需负责人的权力,根本不需要征求我们的同意,假设这就是生而自由的含义,那么全世界都是这样的状况,并且从亚当以来一直都处于这种状态。只有一种情况例外,即国王还没有出生,而他的父亲却已经去世了。"(Leslie, *The New Association*, Part I. 15)

"'因此,假设亚当就是全人类普世的君主或世俗统治者,并且终其漫长的一生都是统治者,那么这难道还不能证明他拥有神圣的权利统治人类吗?'难道不能吗? 如果是这样的话,那么我敢肯定,亚当之后没有任何国王能够主张这种权利。如果亚当拥有的都不是神圣权利,那么他拥有什么权利呢?"(Leslie, *The Finishing Stroke*, 18)

"我依据《圣经》中直白地记载着的事实来判断。"(*Ibid.* 38)

"《排演》(*The Rehearsal*)已经谴责了那些将野蛮的人类作为政府起源的人,因为人类的历史记载从未达到如此高的程度,他们并不清楚,世界或人类是如何开始的……关于世界开端的唯一确切的记载……只能在《圣经》中找到。"(*Ibid.* 89)

"《排演》将政府的起源置于上帝的神圣创制之中,尽管同时他也表明,它也是从人类拥有一位共同的父亲中推导出来的必然结论,并且是同我们的本性相适宜的。父权或父亲般的权威不仅仅是以自然为基础,同时它也明确地渊源于上帝授予亚当的最初创制的政府。"(Leslie, *A Battle Royal*, 128)

"一个家庭就是一个微缩的王国,而一个王国只不过就是一个放大的家庭。因此我认为,诸如洛克以及其他一些作家假设的那种人类状态——因为每个人都是生而自由的,并且任何人的生命与财产除非获得他自己的同意就不得被剥夺，因此所有人都是平等的，并且每个人的同意是创建政府的必要条件——就根本不能被称为自然状态，因为自然暗示了父亲和母亲；这种状态只能被称为人类的状态，但这种人类绝非是像我们一样的人类，而是像从云里落下的雨滴一样的人类或者是像其他诸如鱼、鸟之类的动物一样在世界创生之初刚刚被创造出来的人类，他们相互之间谁也不需要依赖谁。因此，即便霍屯顿（Hottentot）也不能代表这种必然使人民成为政府起源的状态。"（*Ibid*. 128）

"但是，难以理解的是，对于那些相信《圣经》所揭示的真理的人来说，他们为什么会质疑如下的观点，即认为世界肇始于一个人，他活了差不多一千年，一出生就充满青春活力。因此，考虑到从由拥有完美健康状态的一个男人和一个女人依靠必然的发展规律使得人类的人口实现了的极大增长，亚当统治的君主国不可能比如今在世界上广泛存在的王国更加微小。世界上任何人敢反叛亚当，便犯下了叛乱和弑亲的罪行。自由上帝的权威才能终止人们对整个世界的自然之父亚当的服从。"（Leslie, *Obedience to Civil Government clearly stated*, 14）

莱斯利和法国作家的分歧体现在他们对待宁录的不同观点上。对于法国作家而言，宁录是君主制的创始者，而对于莱斯利而言，宁录是第一个成功篡夺了君主王位的人。

"如果它（自我保存）是一项自然法，那么放弃自我保存就

是一种罪行……自我保存只不过是一种本能。"(Ibid.72)

九、亚当式的社会与现时代之间的鸿沟通过时效权利理论而得以弥合。

"占有能够赋予权利,即便是对于不正当获得的事物……(如果)除了占有者之外,没有任何人能够主张更有说服力的权利。"(Leslie, *The Sham Sermon Dissected*, 2)

十、法律的渊源问题。必定存在一个最高的立法者。必须存在一个主权者授予法律约束力。

"法律必定由国王制定。因此,国王必定先于法律。"(Leslie, *Cassandra*, 22)

"在法律产生之前,国王就已经存在……国王的权力先于法律,法律的效力源于国王。"(*The Apostate Protestant*, 41)

"君主享有的只不过是法律赋予他的权利。君主的权利是先于法律的,因为君主赋予法律效力,那么又是谁赋予君主这么做的权利呢?在这点上,我们认为,君主享有的权利都是源自法律的。那么除非我们发现某项法律在国王产生之前便存在,它能够确立国王,并使国王有权赋予将来的法律以效力,否则国王就不能赋予任何法律以效力。"(Leslie, *The Sham Sermon Dissected*, 5)

"有人认为,法律优先于国王和统治者,这是政治领域中最重大的一个错误;仿佛国王和统治者是由法律而产生的,而事实上,上帝与自然通过长子继承权赋予国王和统治者们权利;他们制定了最初的法律。"(Nalson, *Common Interest of King and People*, 13)

"除非存在某种政府体制,它能够确立、制定某些法律,否则法律就不可能存在。除非法律从某个或某些有权制定法律的人那儿获得了效力,否则它就不可能拥有法律的约束力,不可能要求人们服从。有权制定法律的人也有权惩罚那些不服从法律或忽视法律而应当受到法律惩罚的人。"(*Ibid.* 14)

"(普通法)在时间上是晚于政府的,而不可能先于政府,也不可能由于任何原初或激进的宪制而约束政府。"(Filmer, *Anarchy of a Limited and Mixed Monarchy*, 267)

十一、每个国家必定存在一个不受实证法律约束的主权者。

"必定存在一个最终的源泉(dernier ressort),否则就不可能存在政府。在存在一个会议的地方,该会议就像一个人一样,是一个统一的机体。"(Leslie, *Cassandra*, 23)

"霍德利:'我们是自由的,因为政府是受法律约束的,它们不能随意地绞死我们;我们必须接受公平的审判,并且也只能由我们的同侪们审判。'

霍屯顿:'对,因为你是被陪审团绞死的,所以你是自由的!不过,对于《褫夺公权法》,你是怎么看的呢?它可以不经审判而绞死罪犯。或者,对此你有何解释?'

霍德利:'它是我们的宪制的一部分,我们的议会在极端情况下,有这种权力。'

霍屯顿:'确实,你是自由的! 不过,只要议会愿意,这种极端情况就可以频繁地发生。议会不受任何规则约束,它们只要头脑一发热就可以利用这种权力。'

霍德利:'好吧,不过,国王不能随心所欲地绞死我们。'

霍屯顿:'你确实可以不受一个人的任意摆布,但是却要受500个人的摆弄。哦,这就是美妙的自由。'"(Leslie, *A Battle Royal*, 142)

"法律与社会产生之后,法律与社会之下的一切都生来就是奴隶,也就是说,它们必须受到每个社会中所谓的立法机关的绝对统治。无论它们受一个人还是受更多人的掌控,都并无实质区别,都是自由的瓦解。因为,被某一个人的命令绞死还是被500个人的命令绞死,对我而言还有区别吗?"(*Ibid.* 159)

"每个政府对于其所有臣民的生命和财产都享有绝对的权力,它无需征得他们的同意或者同他们签订契约。他们生而服从,并且是无条件地服从。"(Leslie, *The Best Answer that ever was made*, 8)

"没有一个最终的源泉,就不可能存在政府。并且如果最终的源泉是人民,同样不可能存在政府。而如果在人民之前止步,那么它停留在哪里,哪里就有'绝对的、无需承担责任的'人。"(*Ibid.* 15)

"这些人对君主制和绝对主义政府的理解是非常奇怪的。

正如我经常提到的那样,绝对的政府在任何一种政府形式下都是同样存在的。唯一的差别在于,这种绝对的权力应当掌握在一个人、一些人还是大多数人的手上。"(Leslie, *The Rehearsal*, No. 59)

"世界上的一切政府的权力都必定是专断的,掌握在某些人手上,因为在每一个政府中都必须存在一个最终的源泉,而它必定是专断而无需负责人的,世界上没有任何事物能居于其上。"(*Ibid*. No. 36)

"如果有人能够为我们找出一种政府,它的最高权力是受到人类的法律的约束,那么请他首先为我们指出……一个受到人类法律约束的立法机关来。"(Filmer, *Observations upon Mr. Milton against Salmasius*)

"为了避免陷入混乱,在所有政府中,都必须授予某些人豁免权。"(Dudley Digges, *Unlawfulness of Subjects*, 43)

"任何人都不能使自身受制于其他人专断的权力,这是洛克先生的观点,并且他自认为已经证明了这个观点。如果真是这样,那么任何人都不能使自身受制于任何类型、任何大小的政府。只要政府还能够在世界上存在,这样的事情也绝对不可能存在。"(Leslie, *The Rehearsal*, No. 38)

"在世界上一切的王国或共和国中,无论其君主是人民最高的父亲或者只是这位父亲真正的继承人,无论他是通过篡位获得王位还是通过贵族或人民的选举或者其他任何形式获得王位,无论是某些人或一大群人统治着共和国,而且,无论是一个人、许多人还是所有人享有的权威,都只不过是这位最高

的父亲的权利与自然的权威。"(Filmer, *Patriarcha*, I. §10)

"人们争论的真正问题并非他们是否应当承认约束……而是应当由谁来施加约束;问题并不在于是否要服从,而在于服从一个人还是很多人(an servirent, sed an uni vel pluribus);服从于更多的主人通常就被称为自由。"(Dudley Digges, *Unlawfulness of Subjects taking up Arms*, 29)

十二、主权不可分割。混合君主制是无政府状态。

"他们非常清楚地知道,权力是不可分割的,它必须是完整和统一的;反对它的就是无政府和动乱。"(Leslie, *The New Association*, Part II. 11)

"权力是不可分割的,无论它是在一个人还是许多人手上。"(Leslie, *Cassandra*, 23)

"他强调宪制是像我们的宪制。而对于他所装扮的这个宪制,我们可以说,世界上还没有一个宪制是和我们类似的。他用一些协作性的权力把宪制打扮起来,而这是和我们的宪制完全背道而驰的,是荒谬不经的。"(Leslie, *The Sham Sermon Dissected*, 5)

"从统治者会生病这一点并不能推导出政府的形式本身会罹患疾病;无政府或缺乏统治将彻底地毁灭一个民族。"(Filmer, *Observations upon Mr. Milton against Salmasius*, 494)

"混合君主制正如有限君主制一样,最终都只能以混乱和政府的毁灭为终结。"(Filmer, *Anarchy of a Mixed and*

Limited Monarchy，272)

"不可能存在混合的统治权(mixtum imperium)这种事物……因为如果国家存在多个最高权力,那么它就不再是一个国家了。如果最高权力只能是统一的,……它就必定在一个人身上……或者在某些贵族身上……或者如果某个国家的世俗政制引导我们诉诸人民,那么它就是一个绝对的、真正的民主制。"(Dudley Digges，*Unlawfulness*，77)

"之前,我已经证明,混合君主制是自相矛盾的事物。"(*Ibid*.168)

十三、神圣权利理论不仅仅是在为君主制辩护,同时还是政府反对无政府的辩护。

"我知道,引起这些蛊惑民心的演说家们恐惧的一切原因就在于要为政府确立有效、可靠的基础,以反对毫无原则的、骚乱的、永远混乱的民主制。"(Leslie，*Cassandra*，I.41)

"(政府)从最严格意义上而言,就是上等人和下等人为了共同的安全而团结在一起;使他们彼此分离便是推翻政府。"(Leslie，*Obedience to Civil Government clearly stated*，8)

"反对国王的原因也可以同样有力地反对所有权力,因为无论享有何种头衔的人都会犯错,人越多,犯的错也就越多。"(*Ibid*.63)

"这种理论会引起当前政府的骚乱,并将威胁到将来所有的统治者和政府。"(*Ibid*.64)

"能够用于证明自我保存的所有理由都仅仅是建立在如下的假设之上的,即上帝任命的官员或统治者会冤屈或压迫人民。而这种理由因此既可以用来反对在任的官员,也可以用来反对一切世俗政府。"(Ibid.90)

"如果最终源泉在于人民,那么争论就将永无止境,并将引起永无宁日、无可救药的混乱。"(Leslie, The Best Answer, 14)

"抵抗最高权威(即王国全部的合法权力)所在的那个人或那些人是不合法的,并且对此类抵抗行为……绝不能赦免他们的叛逆罪行。最高权威不仅仅是君主制得以保持稳定的支柱,同时它也是其他所有政府的支柱。"(Dudley Digges, Unlawfulness of Subjects, 10)

"抵抗那些依法享有利剑的权利(jus gladii)的人的自由将危及到政府的本质。"(Ibid.8)

"霍德利:'他一直都代表了我的观点,他坚持的这些原则是有悖于一切政府的安全的。'"(Leslie, Best of All, 8)

"共和国的臣民甚至必须出于良心服从共和国,而他们所反叛的君主却必须放弃服从的主张。"(Ibid.27)

"你所确立的人民的权力对于共和国和对于君主国一样具有威胁……并且任何政府都不可能支持人民的权力。"(Ibid.30)

"我更加愿意提出如下的观点,即当我提及主权君主时,我希望人们不要恶意中伤我,误以为我仅仅是在谈论某些君主而不包含其他主权者,误以为我认为自由君主制才是唯一具有神圣权利的政府形式。正是由于没有进行这种区分,其他一些作家都已经背上了不佳的骂名;而由于主权者是上帝的代理人,他仅仅服从上帝,因此人们不得抵抗主权者。这是对主权者都必须被动服从的最普遍的原因,无论主权者是国王还是其他形式的主权者。"(Hickes, *Jovian*, 240)

十四、政府必定是神圣地被创建的。

"因此,我认为,既然上帝是上天以及地上一切权力的唯一来源,那么除了上帝之外,没有任何其他人能够授予人们权力或者权威。因此,上帝并未授予人们处置自己生命的权利,也没有授予自然状态中的人们处置其他人的生命的权利;那么决定生与死的权力(这是一切政府都必不可少的权力)就不可能是自然状态中的人民所享有的天赋权利。相反,政府必须由上帝实证地、神圣地创制,并由上帝将生与死的权力交给统治者。除此之外,任何人的良心都无需服从任何形式的政府。"(Leslie, *The Best Answer*, 9)

"我要你好好考虑一下,除了源自上帝的权威之外,就不存在任何权威了。要假设任何其他独立的权威,这就等同于设置了另外一个上帝。"(*Ibid*. 18)

"什么才能使一个人依其自然的权威而约束另外一个人?这可远远不止生命、自由或者财产的权力。因此,人们发现政府必须具有神圣的起源。"(Leslie, *The Rehearsal*, No. 37)

"《论证》:'构成政府基础的事物必定要高于政府,超越于政府之上。政府必定是从中获得了其最初的、全部的权威,并且必须对其负责,在它认为合适的时候,被它解散。'"

"既然人类不可能高于人类,因此人类的政府就不可能仅仅源自人类的权威。无论何种形式,何种类型的政府,无论哪个民族,信仰何种宗教的政府,它们都宣称具有神圣的权利。这是一个显而易见的事实。……总而言之,人们必须承认,如果没有神圣的、最初的权利与权威,政府就不可能存在;因为除此之外,还有谁能够赋予人类统治其他人,统治其他人的生命、自由和财产的权利呢?"(*Ibid*., No.53)

十五、霍布斯论被动服从。

"像这样说明对于得救来说什么是必需的以后,要把我们对上帝的服从和对世俗主权者(不是基督徒便是不信基督的人)的服从调和起来便不困难了。如果他是一个基督徒,他对"耶稣是基督"这一信条以及包含在这一信条之中或根据明显的逻辑结论可以从其中推出的所有其他信条,便都会承认,这一切便是获救所必需的全部信仰。由于他是一个主权者,所以他便要求对自己的一切都服从,也就是要求服从所有的世俗法律;世俗法律中包含着全部的自然法,也就是全部的神律,因为除开自然法与作为世俗法的一部分的教会法(因为能制定法律的教会便是国家了)以外,便没有其他的神律了。所以任何人服从他的基督徒主权者时,在信仰或服从上帝方面并没有因此而受到妨碍。假定一个基督徒国王根据耶稣是基督这一基本信仰得出了许多错误的结论,也就是搞了一些草木禾秸的上层工程,并命人教导这种学说,但既然圣保罗说他是可以得救的,那么奉他的命令传布这种结论的人就更可以得救,不传布而只听信自己的合法教士的人就更不成问题了。假定一个臣民被世俗主权者禁止宣布他有关上述见解中的某些见解,那么他根据什么样的正当理由就可以不服从呢?基督徒国王在得出结论时可能发生错误,但由谁来审定呢?当这问题是一个平民自己服从不服从的问题时,难道要由这个平民来审定吗?难道单单是教会指派来的人(也就是代表教会的世俗主权者指派来的人)不能审定,其他任何人都可以审定吗?要不然的话,如果由教皇或使徒来审定,他在得出结论时会不发生错误吗?当圣保罗当面反对圣彼得时,他们两人之中是不是总有一个在上层工程的理论方面发生了错误呢?所以神律和基督教体系国家的法律之间是不可能有矛盾存在的。"

"当世俗主权者是一个不信基督的人时,他自己的臣民中每一个反抗他的人都是对神律犯罪(因为自然法有此规定);同时他们也背弃了使徒劝诫所有的基督徒服从自己的君主、所有的儿女与仆人凡事服从父母与主人的劝告。至于他们的信仰,则是内在的和看不见的,他们可以具有乃缦(Naaman)所具有的那种自由,并无须为此而自行冒险。但如果他们冒了危险的话,他们也应当期待天上的报偿,而不应当对他们的合法主权者发出怨怼,更不应当对他开战。因为在任何正当的殉道时机不能慷慨就义的人便不具有自己表面上宣称具有的信仰,而只是假装出来使自己的顽梗抗令能有声有色而

已。"(*Leviathan*,Ⅲ.43)*

"像乃缦那样一个臣民所做的任何事情,都是为了要服从他的主权者而被迫做出的。他不是为了自己的心,而是为了国家的法律做出的;这行为不是他的,而是他的主权者的;他在这种情形下也没有在人面前不认基督,而是他的统治者和他国家在人面前不认基督。"(*Ibid*.42)**

十六、达德利·狄格思论父权制理论。

"尽管父权权威确实带有君主权力的性质,并且因此它也是源自上帝的直接创制,以自然为基础,然而它和当前的决定并不是特别相关,同时和现代的、统治者与人民之间的争论也没有必然的关系。因为,显而易见的是,在今天没有任何国王(更别说其他形式的政府了)的王位是依据父权权利获得的。在所有国家中,许多父权权力都已经被放弃了,同时被凝聚在一个共同的父亲身上,而这个共同的父亲并不能宣称只有他才是亚当的嫡系后裔,而所有其他人都不是。"(*The Unlawfulness of Subjects*,16)

---

* 引文参见霍布斯:《利维坦》,黎思复、黎廷弼译,北京:商务印书馆2010年版,第486—487页。——译者

** 引文参见同上书,第400页。——译者

索　引

（索引中涉及的页码为原书页码，即本书边码）

A

Anabaptists　再洗礼派　286

Anglican Church　安立甘教会：～支持神圣王权理论　206；～对奴性指责进行的辩护　205；光荣革命时期～的活动　211；～对诸伟大原则稳固的认可　213

Arthur of Brittany（the"case of the king"）　布列塔尼的阿瑟（"国王的案子"）　24，80

B

Baldus　巴尔杜斯　343，345，346，368

Bartolus　巴托鲁斯：～的生平　346—347，352—353；他的思想特点　348—55；～思想的实践特征　366；他的法律概念　349sqq.；他对教皇制的看法　357—359；他对帝国与其他国家之间关系的看法　359—360；他对暴政的看法　363—366；他的专著《论公民政府》　361；他有关政治理论相对性的观点　362sqq.；他对后世思想的影响　346，348，359，360—361，370—362；他的《与撒旦对簿公堂》　366—368，370；～与巴尔杜斯的关系　343，345，346，368—370

Benedict XIII.（Pope）　本尼狄克十三世（教皇）　111

Bodin（Jean）　让·博丹：～的观点　126；～对英格兰的影响　129

Boniface VIII.（Pope）　卜尼法斯八世（教皇）　41，49，110

Bracton　布拉克顿：～所认为属于国王的权利　31，34；～在17世纪被误解　39sqq.

C

Charles I.（of England）　查理一世（英格兰的）　204，364

Charles VI.（of France）　查理六世（法国的）　111

Charles the Great 查理大帝 281
Childeric 希尔德里克：～被废黜在法国理论中的重要性 107,120；～在教皇理论中的重要性 281
Church and State 教会与国家：神圣权利理论作为～冲突的一种表达 44sqq.,219；～二者间不可避免的冲突 216,340,387；单一的社会还是双重的社会 274,275,285sqq.,359
Church cannot allow unconditional freedom to the state 教会不允许国家获得无条件的自由 214,287
Civil Law 罗马法：罗马的影响 278,281,360；罗马帝国的独立 360
Civil War 内战：～对国王神圣权利信念的影响 141
Clericalism 教权主义：被神圣权利理论攻击 44,179sqq.,255,281,386；长老会理论中的～ 137,186sqq.,381；为～辩解 213,317—318
Constantine 君士坦丁：～的赠礼 47,58
Coronation Oath 加冕誓约：～作为契约的证据 9,58,122

D

"Discipline" 训导书：长老会～ 299；～引入海德堡 304；～在英格兰 271,300,308；～的目的在统治而非理论 330；～对个人自由的限制 335
Dissenters 独立派：～被等同于教皇派 133,180sqq.,379；～和不从国教者 270
Divine Right of Kings 国王的神圣权利,神圣王权：～不仅荒谬 1；分析～ 5；论证～ 7；～涉及主权观念 13,235sqq.,279；～反对教皇的主张 44sqq.,90,100,179；～反对长老会 195；～出现于法国 120sqq.；威克立夫坚持～ 67sqq.；理查二世～ 74；～在都铎王朝时期盛行 93sqq.；～由詹姆斯一世完整阐述 137；～在内战时期流行 141sqq.；～受到排除法案的影响 147；～的基础被菲尔墨改变 149sqq.,282；～变成自然权利理论 152sqq.,389；1688年之后,～仅仅作为一种情感残存下来 166；受～影响的活动 211,259；～的成功与失败 261sqq.；反教权的～ 257,281；一种自由理论 257；表达了国家之有机特征 250,261,283；～是为中世纪政治向现代政治的转折 15,258,284；教会与国家之间斗争的阶段

44sqq.,216,219;～表达了政治忠诚中的道德基础 254;～主张君主制和世俗权力内在的权威 278sqq.,287;～是英格兰人尊重法律与秩序的基础 263;～是宪制有序发展的原因 168,264

Divine Right claimed in all theories of seventeenth century 17世纪一切理论均主张的神圣权利 177,276,396

Divine Right of Man as Man 人本身的神圣权利 277

Divine Right of Ruling Elders 统治长老的神圣权利 267,270sqq.,300

E

Edward Ⅰ. 爱德华一世 26,66

Edward Ⅱ. 爱德华二世 27

Elizabeth(Queen) 伊丽莎白(女王) 86,236,322

Empire 帝国:～的转变 47,48,121

Erastian language of supports of Divine Right 伊拉斯图支持神圣权利的话语 202

Erastianism 伊拉斯图主义:～和改革者 285;界定～ 317—319;～在英格兰 311—317;阿米尼乌斯争论中的 311;～和独立性 311,313

Erastus 伊拉斯图:～在多大程度上是"伊拉斯图主义者" 293,309,316,319sqq.,337sqq.;～生平 294—309;～反对引入海德堡训导 300sqq.;～毕生反对统治的长老 300;～对革除教籍的看法 288,301sqq.,319;～并不主张宽容 294,331;他的主要目的是臣民的自由 302,335;～只关心宗教统一的国家 294,322,338;～允许世俗官员获得极大权力 331,338;他的作品 304;～出版的作品 309;～译成英文的作品 316

Exclusion Bill 排除法案 147

F

Filmer,Sir Robert 罗伯特·菲尔墨爵士:～改变了神圣权利理论的基础 148sqq.;其作品向自然权利理论转换 152,252

France and the Papacy 法国和教皇制 63;～对英格兰的影响 129,388;～政治 107sqq.

G

Gallicanism 高卢主义 110sqq.,146,207

Government all forms of 一切形式的政府:神圣权利理论支持反对无政府的～ 237sqq.,396;～

得到17世纪所有思想家的维护 245

H

Harold, Earl 哈罗德,伯爵 21
Heidelberg 海德堡:选帝侯奥托·亨利治下的~ 297;选帝侯腓特烈三世治下的~ 298sqq.
Henry Ⅳ. 亨利四世:~的主张 80
Henry Ⅶ. 亨利七世 84
Henry Ⅷ. 亨利八世 78,85,197,236
Henry Ⅳ. (of France) and Legitimism 亨利四世(法国的)与王朝正统主义 109
Hobbes 霍布斯:~论主权 248;~受到神圣权利信奉者们的憎恨 248sqq.;~和原初契约 250sqq., 388;~同伊拉斯图的关系 322, 332,337,338,342
Huguenots 胡格诺派 113sqq.,199

I

Independency and Presbyterianism 独立性与长老会教义 268—271, 311,339
Innocent Ⅲ. 英诺森三世 48,68

J

James Ⅰ. 詹姆斯一世:~阐发神圣权利理论 137;~同议会的关系 140
James Ⅱ. 詹姆斯二世:~错误地试图用理论反对其原初意图 211,282
Jesuits 耶稣会士:~对政治基础的攻击 104,181sqq.;~被等同于独立派 180,380;~被等同于长老会派 186,384
John(King) 约翰(国王) 24
John ⅩⅫ.(Pope) 约翰二十二世(教皇) 44,46,73,281
Julius Ⅱ.(Pope) 尤里乌斯二世(教皇) 111
Jus Divinum 神圣权利 267,270, 276,278,279

K

King 国王:~的个人与政治能力 28,108;~同律师们的斗争 231sqq.;~被视为主权 233;~被视为上帝的化身 17;~被视为神圣的后裔 18;最高地主 22;都铎王朝时期~的地位 88sqq.

L

Law 法律:涉及~之争论的本质 225,391;普通法 228
League, the Holy 神圣联盟 108
Legalist atmosphere of political spe-

culation 政治思考的法学氛围 278sqq.,345

Legatine Council 教皇专使会议 19

Locke 洛克:~的观点,类似于法国人 113;~同菲尔墨对比 156;~并未意识到主权的事实 242

Louis Ⅻ. 路易十二 111

M

Mary Stuart 玛丽·斯图亚特 86,101

Maulbronn 摩尔布隆:~的谈话 299

Moral basis of obedience 服从的道德基础 206,254,265,398

N

Natural rights 自然权利:~理论,同菲尔墨的联系 152;~同神圣权利的联系 152,283,389;~的无效 254

Non-jurors testify to change of theory of Divine Right into a sentiment 拒绝宣誓者将神圣权利理论变成一种情感 166sqq.

O

Obedience 服从:教皇理论中的~ 51;帝国派作家理论中的偏爱 61;~和威克立夫 70;~在都铎理论中不受限制 88sqq.;所有人都将~视为私人义务 115,221;所有人都教导~ 219;法国理论中的~ 121;被动~的重要性 207sqq.,~被霍布斯攻击 399

Organic character of State 国家的有机特征:由神圣权利所表达的~ 250sqq.,261

Original compact 原初契约:~理论,其荒谬性 1;~在法国被找到 113sqq.;~是为霍布斯与神圣权利支持者之间的主要差别 250;~将国家视为人为缔造的 251sqq.,283

P

Papal claims 教皇的主张 14, 25,44sqq.;一种需要面对的理论 53sqq.,90,100,179;~和民权 101,184,219,376;~被等同为独立派的主张 180,379;为~辩解 213,287

Patriarchal theory 父权理论:~并非国王神圣权利理论的本质 8,150;菲尔墨对~加以利用 148sqq.;~转变成自然权利 152,389

Petit 佩蒂特(让) 364—365

Presbyterianism 长老会教义:教权主义的~ 137,186sqq.,381sqq.;~的合理性 213,287;~的神圣

权利 276sqq.;～的不宽容 289;
～的独立性 268,271,311,339
Primogeniture 长子继承制:～的
起源 22sqq.;～在理查二世时
期稳固 80;亨利四世主张～
81;～被教皇制反对 101;支持
～的情感,发展 103;～得到排
除法案强化 147
Putney 普特尼:在～争论,1647
年 276

R

Reformation 宗教改革:～同神圣
权利理论的联系 15,89,262;
～增强了君主权力 91,284—
285,318,339
Relativity of political theories, doctrine of
政治理论的相对性理论 362sqq.
Richard Duke of York 约克公爵
理查 82
Richard Ⅲ. 理查三世 85
Rousseau 卢梭 9,152,243,254

S

Scotland, influence of France 法国
对苏格兰的影响 130sqq.
Shrewsbury, Parliament of 什鲁兹
伯里议会 74,77
Sidney 西德尼(阿尔杰农):～与
菲尔墨的关系 154;～受到批
评 243sqq.
Solemn League and Covenant 庄
严联盟与约法 268
Sovereignty 主权:～理论同神圣
权利理论的关系 13,145,237,
279;～在中世纪英格兰是不可
能的 30;～在教皇的理论中兴
起 49;～在帝国派作家中
55sqq.;～在现代的发展 90;关
于～的争论 225sqq.,392sqq.
Sovereignty of the people 人民主
权 243

T

Toleration 宽容,教会与国家之斗
争的解决之道 216,263,290,
340—342
Tyranny 暴政 363—366

U

Unction 涂油礼:～是对神圣恩典
的信念,并非神圣权利的本质
8;～受到理查二世的信仰 79
"Unity, the soul of government" "统
一,政府的灵魂":～在教皇理论
中 45;～在帝国派作家的理论
中 55;～在现代 90;～是支持
君主制的理由之一 56,127
Utility 功利:～是奥卡姆和马西
利乌斯坚持的理论的基础 61;

~在《反暴君论》中 114;~得到洛克和西德尼的认可 154;~同自然权利的联系 161;纳尔森所教导的~ 163;17世纪没有人纯粹从~基础上看待服从 223

W

Westminster Assembly 威斯敏斯特宗教会议 267,300,311,327,340

Whig theory artificial 造作的辉格理论 240;~不同于神圣权利理论 253;~的不合逻辑性 243

译 后 记

维多利亚时代的英格兰,天才辈出,天才作品亦层出不穷。约翰·菲吉斯的《神圣王权理论》可算是其中之一。

按照辉格史观的解释,一部近现代的历史既是"天赋人权"、人类自由的胜利史,也是"君权神授"的失败史。17世纪以来,英格兰的历史意味着以斯图亚特王朝为代表的神圣王权衰落失败,以"光荣革命"为代表的议会主权及宪政自由、君主立宪取得胜利。于是,"神圣王权"便被鄙夷地遗弃在历史的角落。菲吉斯试图将"君王"这尊人类历史中最为悠久的雕像拯救出来,重新清洗并加以审视,以探求"神圣王权的真实含义和价值"。当然,菲吉斯也绝非要为王权或绝对主义招魂。

在菲吉斯看来,在近现代,虽然神圣王权已经失败,但它曾经并非荒谬之物。在中世纪的欧洲,神圣王权理论的提出出于独特的历史背景,因而具有独特的价值与意义。中世纪早期,尽管欧洲各邦国由于各种原因都接受了君主制度,但早期的君主制或者在君主的拥立方面强调民主选举的因素,或者将君主大统视为统治家族的集体财产,或均分或择优继承,而王位由长子继承的王朝正统主义并未产生,因此很难说是一种神圣君主制。英格兰早期的君主制也并非神圣君主制。首先,长子继承制在英格兰至少是在爱德华二世继位之后才得到充分承认的,王权中的选举制因素逐渐被抛弃;王位长子继承制而非选举制也就成为王权中最重要的一项因素。其次,中世纪早期的英格兰并不知晓和理解鼎盛时期神圣王权观念背后所蕴含的主权理念。因此,和欧洲其他国家一样,中世纪早期的英格兰对主权概念是陌生的,并且由于极少受到成文法和罗马法的影响,对奥斯丁式的主权观念更是难以理解。

在菲吉斯看来,神圣王权理论最早产生于中世纪神圣罗马帝国与教皇的斗争之中。中世纪基督教理想国家的观念乃是一种神权政治观念,它坚持"以基督为国王、基督的两位副手作为尘世统治者"的帝国理想。当基督作为国王直接统治的现实性消失之后,基督的两位副手——神圣罗马帝国皇帝与教皇——各自开始主张完全的独立性与至高权威;"首先是教皇……,之后是皇帝……开始主张自己是通过世界最高统治者的神圣权利而成为基督教世界名副其实的至高首领"。构成神圣权利基础的诸多观念最早也是在教皇对普遍至高权威的要求中被第一次提出的。针对"教皇全权"的主张,帝国派作家们也构造出了一些理论武器。这便是帕多瓦的马西利乌斯、奥卡姆的威廉和但丁《论世界帝国》的主要贡献。无论教皇派或帝国派作家们从何种角度来论证各自主人的至高权威,他们都必须将自己的理论建立在宗教或基督教神学的基础之上,主张教皇或皇帝的权利乃是神圣授予的。此后,在菲吉斯看来,无论英格兰是否受到欧洲大陆事态与理论的影响,英格兰的王权也开始变得神圣:理查二世本人便坚信国王地位的神圣性,认为国王是出于上帝的恩典,单纯地源于长子世袭继承权,并渴望建立绝对君主制,试图使王权不受任何宪制,摆脱习俗的控制。

从约克王朝到都铎王朝,虽然事实并不鼓励人们倡导王位世袭继承权,但由于宗教改革与文艺复兴,为了对抗罗马教廷对世俗王权的干涉,王权得到了极大的增强;并且,尤其在都铎王朝时期,强调世俗权威的政治理论家们都将主权寄托在国王身上,试图以此保证英格兰的独立。在这个时期,强调君主至上权威的诸多理论都并未受到民权理论的挑战。一方面,当时罗马教廷的危险迫在眉睫,因此神圣王权理论本身并未被认为是对民众的压迫;另一方面,最早的民权理论出自诸如苏亚雷斯之类的耶稣会士之手,本身就会遭到民众的怀疑。

苏格兰的詹姆斯六世单纯凭借着王朝正统主义的世袭继承权继承了英格兰王位。这点本身便足以强化王权具有的神圣性。此外,詹姆斯出于同苏格兰长老会斗争的需要,也有必要阐发一种"纯粹君主制"的理论。但导致神圣王权理论成为政治斗争中的一件有力武器,并使神圣王权的情感在民众中普遍流行的则是"内战"和共和国时期的混乱。更进一步,由于宗教改革的完成,教皇的威胁已完全淡化,因此,神圣王权理论就成为纯粹国内政治斗争的武器;"神圣王权"与"天赋人权"成为了直接的对立面。逐渐褪去宗教或神学政治的外衣之后,神圣王权的理论成为人们表达主权观念的一种形式:主权究竟在国王,还是议会,抑或是法律。最终,"光荣革命"结束了神圣王权理论在政治上的力量。但是,神圣王权理论并未完全消失。一方面,它通过菲尔墨与洛克演化成了"自然权利"理论;另一方面,神圣王权理论则成为一种支持旧的斯图亚特王朝、反对新秩序的情感,成为对"逝去的美好过往"的无限追忆。"它已经从一种现实的力量变成一种浪漫的情感……变成一项精神上的游戏",只具有审美的价值,体现在缅怀斯图亚特王朝的抒情歌谣以及沃尔特·司各特的小说中。

主要遵循着这些线索,菲吉斯考察了神圣王权,尤其是英格兰神圣王权的实践与理论史。笔者认为,他的论述具有两方面的特征。首先,在对神圣王权进行研究时,菲吉斯强调政治同神学或宗教的紧密联系,或者说菲吉斯能够更准确地将神圣王权的政治实践与理论还原到中世纪以及近现代早期浓重的神学政治背景中并加以解读。"的确,在当时,一切政治理论都要么以某种宗教为基础,要么是为了捍卫真正的信仰这个现实的目的。当时,政治与神学是紧密联系在一起的。"这点不仅体现在《神圣王权理论》中对神圣王权观念的讨论,同时也典型地反映在《从热尔松到格劳秀斯的政治思想研究(1414—1625)》一书中对英格兰宪制历史渊源的解读方面:依照菲吉斯的解读,英格兰分权制衡的宪制固然有自身的历史传统,但在欧洲大陆大公会议限制罗马教皇权威的实践中亦可以找到类似的踪迹。总之,在西欧中世纪,各种政治制度与政治实践或多或少都同宗教或神学理论与实践密不可分。诚如菲吉斯所言,甚至诸如菲尔墨、洛克等政治理论家的理论仍然具有极强的神学意蕴,"自然权利"诸理论不过是神圣王权理论的自然变种,也是神学政治的一种表达。

其次,在对神圣王权的历史与理论进行考察的过程中,菲吉斯敏锐地发现,神圣王权观念只不过在以另一种形式表达近现代人熟知的主权观念。在近现代,主权国家或国家主权,无论在观念还是实践方面,都已经取得了主导性的力量。但在整个中世纪,无论在英格兰还是欧洲大陆,人们对主权的观念都极其陌生。即便在罗马法与教会法兴盛的欧洲大陆,体现为神圣权利的主权也从未在现实中取得独一无二的地位。无论教皇、皇帝、各民族国家的国王,虽然在理论上都主张自身拥有神圣权利,但在实践中,都不可能拥有真正的全权。教皇主张神圣权利,但实际上要受到多方面的制约,包括红衣主教团、大公会议、罗马城市市民、各民族国家的主教等等,更不用说,他的权威仅仅限于宗教事务方面。各国国王在很长的历史时间里都只是国内最高的封建领主,受到效忠誓约和封建法的约束,根本难以实践神圣权利理论中宣称的权威。而神圣罗马帝国皇帝的合法性本身源自选举,尚且无法保证德意志地区各选帝侯的统一拥护,更难言在实践中兑现皇帝的全权。在中世纪,每个个人、法人、组织都享有各自的权利与义务,没有任何人处于主权者地位。这是中世纪政治与社会的核心因素。每个个人、法人、组织的权利与义务交织成一张复杂的法律之网。在当时,法律主要并非主权者的命令,而是更多地源自习俗,法律、习俗、自然法基本同义。因此,在这个欠缺主权者的多元网络中,如果说必须存在一个真正的主权者,那么唯一可能的主权者便是法律——在英格兰体现为普通法。"法律就是上帝的呼吸,是上帝的声音,世界的和谐之音。并且,普通法是法律最完美的典范,因为它是无数代人的集体智慧发展与揭示出来的自然理性。国王和君主们要通过普通法来统治与制定判决。王国各个等级之间的关系以及宪制的基本法都必须通过普通法加以调整。……而普通法则是以不可追忆的历史和近乎超自然的智慧为基础,因而权威高于而不是低于议会法律或君主法令。"国家、社会之治理都必须以此种法律,而非任何其他人的意志为准绳。所谓"法律主治"的法律乃是一种客观的法秩序,而并非作为主权者命令的法律。近代早期,神学宗教退场之后,神圣王权转变成绝对主权,所有的封建自由与特权都最终被主权国家收割。主权的存在固然有不少好处,

译后记

但也必然会在实践中带来严重的问题。依照菲吉斯或戴雪之观点,议会主权下的议会依然必须受到制约,无论是外部还是内部的。菲吉斯告诉我们,英格兰,乃至整个西欧的自由与法治都源自于欧洲中世纪社会多元的权力结构,而绝非源自任何抽象主权或自然权利的观念:这种多元结构在哪里被保存得最为完整,自由之花就在哪里开得越发灿烂。各种组成要素均享有适当充分之特权的多元社会结构,这才是自由的根基。

菲吉斯的《神圣王权理论》最初由一篇获奖论文扩充而成,初版于1896年问世。1914年,菲吉斯对第一版进行了一些修订,出版了第二版。第二版增加了"盛开的亚伦之杖或1646年的神圣权利""伊拉斯图与伊拉斯图主义者"以及"巴托鲁斯与欧洲政治思想的发展"三篇长论文。此外,在第二版中,某些行文同第一版也略有不同。较大的一些版本差异,译者已在文中进行了说明,供读者参考。

本书翻译、出版得益于许多老师、朋友的帮助和支持。特别要感谢林国华、杨天江两位师友在拉丁文方面给予的鼎力相助:林国华老师翻译了正文271页的拉丁文,杨天江老师则翻译了本书注释中的全部拉丁文。感谢商务印书馆的编校人员为本书的出版所付出的辛勤劳动。没有他们的助力,本书的出版将不可想象。当然,所有翻译责任均由我本人承担。译者水平一般,能力有限,译文中的不当之处,祈望读者方家海涵、指正。

戴鹏飞

2022年夏

图书在版编目（CIP）数据

神圣王权理论 /（英）约翰·菲吉斯著；戴鹏飞译. 北京：商务印书馆，2025. --（汉译世界学术名著丛书）. --ISBN 978-7-100-24646-0

Ⅰ. D033.2

中国国家版本馆CIP数据核字第2024MP0863号

权利保留，侵权必究。

汉译世界学术名著丛书
神圣王权理论
〔英〕约翰·菲吉斯　著
戴鹏飞　译

商　务　印　书　馆　出　版
（北京王府井大街36号　邮政编码100710）
商　务　印　书　馆　发　行
北京新华印刷有限公司印刷
ISBN 978-7-100-24646-0

2025年3月第1版	开本 850×1168　1/32
2025年3月北京第1次印刷	印张 11⅝

定价：56.00元